전라문화유산연구원 학술총서 003

首長, 首長社會
복합사회 고고학 입문

티모시 K. 얼 지음

김범철 옮김

진인진

A PRIMER ON CHIEFS AND CHIEFDOMS by Timothy Earle

Copyright © 2021 Eliot Werner Publications

All rights reserved.

This Korean edition was published by Zininzin Co., Ltd

in 2024 by arrangement with Eliot Werner Publications, Inc.

through KCC(Korea Copyright Center Inc.), Seoul.

이 책은 (주)한국저작권센터(KCC)를 통한 저작권자와의 독점계약으로

진인진에서 출간되었습니다.

저작권법에 의해 한국 내에서 보호를 받는 저작물이므로

무단전재와 복제를 금합니다.

UMARP 조사단의 일원이자 지역권위자이고

모든 문제의 해결자이며, 내 절친인

만타로강유역 아투라 출신 모야 카스트로Andres Moya Castro에게

이 책을 바친다.

발간사

우리 전라문화유산연구원은 '문화유산의 보호와 보존, 조사와 연구, 관리와 활용 등을 통해 역사를 복원'할 목적으로 창립·운영되는 연구기관입니다. 2009년에 설립되어 2024년 올해 창립 15주년을 맞았습니다. 그간 설립목적에 충실하고자 다양한 활동을 펼쳐왔습니다. 이러한 활동 중에는 문화유산의 연구·활용과 관련된 학술총서 출간을 빼놓을 수 없습니다.

학술총서는 그동안 2권을 출간하였습니다. 학술총서 1은 『고고학을 위한 통계학』이고, 학술총서 2는 『우랄산맥의 청동기·철기시대』입니다. 이번에 발간하는 학술총서 3은 『首長, 首長社會: 복합사회 고고학 입문』입니다. 이 책은 고고학을 공부하고 있는 학생뿐만 아니라 전문연구자에게도 단비 같은 번역서라고 생각합니다. 이 책의 번역자인 김범철 교수는 그동안 고고학도에게 필독서가 된 몇 권의 서적을 번역한 바 있습니다. 이 책 또한 발굴 현장에서, 그리고 연구실에서 고군분투하고 있는 많은 이들의 필독서가 되리라고 믿습니다. 민족지 및 고고학 사례를 통해 수장사회를 다루고 있어 청동기시대 연구자에게는 그만인 번역서가 될 것 같습니다.

연구기관들이 어렵다고들 합니다. 하지만 어려울수록 기본에 충실해야 길을 찾을 수 있다는 진리를 새겨야만 하지 않을까 합니다. 앞으로도 꾸준한 학술총서의 발간으로 사회와 소통하면서 우리 연구원이 성장하고 성숙해가기를 다짐하고 기대합니다.

재단법인 전라문화유산연구원장
김미란

서문
Prologue

> 역사과학으로서 정치학은 강모래 속의 황금 알갱이처럼, 역사의 물결에 의해 퇴적된 일종의 과학이다. 그리고 드러난 과거에 대한 지식, 곧 진실에 관한 기록은 … 행동의 수단이자 미래를 여는 동력으로서 대단히 실용적이다(Dalberg-Acton 1895: 3).

수장사회chiefdom란 무엇인가? 그것들은 전통적인 공동체인바, 많은 이들은 현대 우리 사회와 어떤 관련성이 있는지 의문을 가질 것이다. 이 책에서 나는 수장사회연구가 사회진화social evolution에 있어 기초적인 권력의 역할을 이해하는 근본임을 주장한다. 인류학적 고고학은 장구한 역사적 과정의 자연실험을 비교 연구할 수 있는 사회과학의 한 분야이다. 이 점을 설명하기 위해 사적으로 상호 무관한 선사·전통사회에서 수장들과 그들의 권력 전략에 주목하고, 그들이 어떻게 국가사회에서도 유력한 주체로 계속 존재할 수 있는지를 논의한다.

수장은 누구인가? 그들은 사사로운 친족 기반의 공동체보다는 큰 (소속)집단에 대한 통솔의 직위를 가진 정치인이다. 그들은 어느 정도 (소속)집단의 만족을 위해 통치하지만, 개인적인 권력과 존경을 구축하는 데에 집중한다. 그들은 태생적으로 매우 변화무쌍하다. 종종 수장을 통솔자chieftain로 부르기도 한다. 대체로 이 용어들은 서로 바꿔쓸 수 있지만, 제도와 개인적 권력 간 상대적 변이를 지칭하기 위해 어느 정도 다르게 사용한다. 통솔자는 좀 더 자수성가한 우두머리이고 수장은 제도화한 우두머리이지만,

수장과 흡사한 모든 지도자는 권력을 쟁취하게 되고 그 권력을 일련의 정치적 과정으로 영속화한다.

내가 수장사회와 인연을 맺은 것은 제법 오래되었다. 나는 학생운동이 끓어오르던 1960년대 중반에 대학을 다녔다. 지금이 혁명의 시기라고 우리는 생각했었다. 우리는 인종적 화합, 세계평화, 사회적 불공평의 종식, 수입 불평등의 종식 등에 획기적 진전이 있기를 기대했었다. 1960년대 세대의 많은 이가 그러했듯, 나도 쉽게 급진적이게 되었고, 권위에 대해서도 회의적이었다. 우리 정치체제에 대해 이해해보기로 한 결심은 나 스스로가 인류학자가 되게 하였고, 왜 사람들은 흔히 자신의 이해에 반하면서도 지도자를 따르게 되는지에 대한 의문을 갖게 하였다.

권력이 부패하면, 진보운동은 수장을 길들이는 방식을 취한다. 우리는 인간의 더 선한 본성을 바탕으로 욕구와 이익의 균형을 맞추는 질서를 구축할 수 있다. 그러나 어떻게 그런 것이 가능할까? 인간사회에 대한 비교연구는 대안적인 제도의 구축 및 인간적 정의와 지속가능성에 대한 함의를 제시한다. 내 학문적 이력을 통틀어 그러한 낙관론은 장구한 역사에 대한 고고학적 관점에 뿌리를 두고 있다. 앞서 인용한 액턴John Dalberg-Acton 경의 말은 그에 관련된다—역사(및 고고학)는 정치제도의 사회과학으로 수장사회가 말해주는 교훈도 거기에 포함된다.

수장사회

수장사회는 제도화된 지도자들이 있는 공동체의 최초 사례이다. 많은 연구자가 수장을 문제해결자—침입자로부터 집단을 방어하고, 분쟁을 조정하고, 고난의 시기에는 지원을 제공하고, 공공사업을 위해 노동력을 조직하고, 필요에 따라 사람들 물품을 재분배하는 등—로 여겨왔다. 수장은 그런 일도 하지만, 수장이 수행하는 바의 큰 부분은 권력을 유지하고 통제를 정당화하면서 자신의 이익을 축적하는 것이다. 수장의 조력자들은 보상이 보장되는 한 멈추지 않는 지지를 서약한다.

아마 생경하지는 않을 것이다. 국가 수준 사회의 진화와 더불어, 수장은 부분적으로 법치에 순화되었지만, (기업가부터 마약왕이나 지역 정치인까지) 그들의 존재는 여기저기에서 드러난다. 현대사회의 과제는 기업가 정신이 충만한 수장들을 (그들의 노력을 공공선으로 유도한) 법치에 순응시키는 것이다. 실현 가능할까? 과거로부터의 교훈으로 보건대, 그러리라고 생각된다.

끝나지 않는 역사

(빈곤, 권력, 온난화 등 그 무엇이건) 현재 상황이 불가피해 보일지라도, 사회는 (주로 나아지는 쪽이지만, 적잖이 빈번하게 최악으로) 끊임없이 변화한다. 역사는 끝이 없으며, 고고학은 중요한 통찰을 제시한다. 인간사회는 엄청나게 변화무쌍하면서 창조적이었고, 사회·경제적 조건은 정해진 것이 아니다. 선사시대에 대해 기록된 바를 따라, 우리는 어떤 것이 가능한지, 여타와 비교된 한 정치체제의 성취는 어떤한지를 이해할 수 있다.

고고학은 변화를 위한 대안적 경로를 이해하거나 창조할 기회가 포함된 장구한 과정을 기록한다. 지난 2만 년이 넘도록 인류는 훨씬 더 커지고 다양해진 사회를 구축해왔으며 중앙집권화된 정치권력은 강화되기도, 한편으로 완화되기도 하였다. 예를 들어, 20세기에 (영국, 프랑스, 독일, 일본, 소련 등) 세계열강의 현저한 제국주의적 운명은 단지 붕괴를 위해 팽창한 것이었다. 이제 국가들은 세계의 비판적 시선 아래 놓여있다. 우리는 인간이 어떻게 서로 다른 규모로 조직되는지를 더 잘 알아가고 있다.

그러한 사회 규모에는 개별적이면시도 주로 상호경쟁적인 이해와 역량이 내포되어 있다. 역사는 진퇴를 거듭하는 권력과의 균형이 어떻게 가능한지를 보여준다. 선사 사회는 광범위한 인간 조직의 함의를 연구할 기회를 제공한다. 규모와 (가족, 공동체, 지역, 국가 등) 조직의 정확한 균형을 발견하는 작업은 경험적 과제로, 역사는 그에 대한 대안적 해결을 제시한다.

사회과학으로서 고고학

고고학은 장구성의 원리와 인간 행동의 결과를 발견하게 해주는 사회과학이다. 사회체제의 작동을 기술하는 고고학의 역량이 전반적으로 증대함에 따라, 우리는 인간이 스스로를 조직하는 대안적 경로와 그런 자연실험의 성과를 드러낼 대량의 자료를 활용할 수 있게 된다.

고고학은 더 이상 단순히 이것 또는 저것의 기원을 발견하는데 그치지 않는다. 향후 정책 방향을 형성하는 데에 일조할 수단으로서, 인간 사회를 과학의 관점에서 체계적으로 이해할 잠재성을 내포하고 있다. 방법적 역량 증대에 걸맞도록, 우리의 연구를 안내할 세련된 이론이 필요하다. 정치경제와 이론적으로 연결하면서 최근의 고고학 연구는 단순히 인간 사회가 인위개변의 환경을 창조하는 방식―일부는 쇠락과 붕괴를 맞이했지만, 여타는 장구한 시간 동안 지속되고 있다―을 의미하는 정치생태학political ecology을 고려한다.

고고학이 현대 사회의 변화와 안정 문제에 연관되게 하기 위해서는 고고학자가 그간 늘 해왔던 (물적 증거와 과거의 그 변천양상을 발견·발굴·분석하는) 작업을 계속해야 한다. 새로운 발견의 방법과 역사적 정황의 개념화를 진척시킴으로써 과거는 근본적으로 알 수 있다고 여기어야 한다. 지도자들은 인간의 과제 해결에 일조했는가 아니면, 자신들의 개인적 이득에 맞게 자원을 유도하면서 문제를 일으켜왔는가? 이는 근본적인 질문으로, 고고학은 수장사회와 그 통솔제도에 관한 연구를 통해 밝힐 수 있도록 준비되어 있다.

감사의 말

수장사회를 이해하기 위해, 많은 인류학자, 역사사회학자, 정치과학자들과의 평생의 협업, 토론, 강독은 내 경력을 이끌어왔다. 카네이로Robert L. Carneiro, 렌프류Colin Renfrew, 살린스Marshall D. Sahlins, 라파포트Roy A. Rappaport 등 내 지식의 '선조'들에 의지했다. 이 교수님들과 친구들은 사회진화와 강력한 지도자의 등장에 대한 내 접근방식을 형성해주었다.

나는 미시간대학교에서 대학원 과정을 밟았는데, 그곳에서 나는 동료들과 고고학 연구에 있어서 새로운 접근을 개척했던 공통의 이론적 관심을 가진 동지를 이루었다. 특히 브럼피엘Elizabeth M. Brumfiel, 파인만Gary M. Feinman, 길먼Antonio Gilman, 존슨Allen W. Johnson, 커치Patrick V. Kirch, 그리고 크리스티안센Kristian Kristiansen 등이 특히 그러하다. 캘리포니아대학교(로스앤젤레스)와 노스웨스턴대학교의 대학원 지도학생들은 (내 경력의 중심을 이루었던) 세미나, 토론, 현장 조사에서 일상적으로 소통했다. 특히, 카스티요Luis J. Castillo, 달트로이Terence D'Altroy, 드마라이스Elizabeth DeMarrais, 하스토프Christine A. Hastorf, 스타인버그John M. Steinberg가 생각난다. 그들은 내가 새로운 생각이나 접근법에 진정성을 가지고 뒤처지지 않도록 하면서도 항상 예의를 갖춰 얘기하는 법을 알았다.

이 입문서의 주장을 뒷받침할 증거는 인류학의 민족지 기록, 엄청나게 불어난 수장사회 관련 고고학 기록 등 여러 원천에서 얻어진다. 본문 중에 개별 원전을 일일이 인용하지 않되, 각 장의 **더 읽어 보기** 부분에 밝히고 있다―개별 원저는 상세한 참고문헌을 포함하고 있다.

나는 태평양지역(하와이제도), 안데스 산지(페루와 아르헨티나), 유럽(덴마크와 헝가리) 등지에서 내가 수행한 조사사업에 주로 의지하고 있다. 이들 나라에서 여름 내내 이루어진 조사는 다른 문화·민족·경관으로부터 얻을 수 있는 흥분과 보상을 제공했다. 각 조사에서 함께 일했던 연구자, 학생, 현장 일꾼 등으로 이루어진 큰 무리에 속했었다. 노동, 개인적 기술, 토착의 지식, 통찰 등을 의지했던 숙련된 비학계 인사들에게 특별한 애정을 느낀다. 만타로Mantaro, 티Thy, 벤타Benta의 지역주민이야말로 나의 작업이 가능하게 해주었다.

1967년부터 2008년까지 (미국)국립과학재단National Science Foundation은 (5개의 주요 고고조사사업에 걸쳐, 맨 처음에는 학부생 참가자로, 다음에는 대학원생과 중견 학자로서) 내 연구를 지원해주었다. (재단의) 이러한 지원, 연구를 다듬어주었던 많은 심사자, 이론적 성향이 강한 관점을 세심하게 기획된 자료 우선의 연구와 결합하려던 나의 과학적 접근을 부양해주었던 재단 고고학

분과의 장수 위원장, 옐렌John E. Yellen 등에 깊이 감사드린다. 현장 조사 결과가 내 이론을 바로잡아 주고 새로운 사고와 실천의 방향을 지시해주면서, 내 생각이 헛되지 않되 틀릴 수 있음도 깨달았다. 내가 수행한 과제에 대한 광범위한 지원의 상세한 사항은 내 저작들에서 찾을 수 있다.

이 입문서는 지적 일대기의 무언가를 증언하는데, 그 중심에는 내 가족의 지지와 이해가 있다. 1967년 애리조나주의 고고조사에서 당시 학부생이던 아내 일라이자Eliza Earle를 만났는데, 1969년 결혼 이후 그녀는 (내 생각에 대해 끊임없이 토론해 주고 지도작업에 기초를 마련해주고, 도면을 준비해주며, 토기편을 발굴·세척하면서) 나의 여러 발굴조사에 같이했다. 아르헨티나와 덴마크에서 함께 작업하면서 내 딸들은 고고학자처럼 사고하는 법을 배웠고 항상 날카로운 조언을 해주기도 했다. 아마도 가장 중요하게 꼽자면, 내 가족은 어정버정한 내 생각을 흥미롭게 들어주고 내 원고들에 대해 사려 깊게 논평해주었다는 것이다. 나는 왜 이리도 행운아일까?

워너Eliot Werner는 날 불러 수장사회 연구에 대해 집필해 보라고 권했는데, 그 업보로 이 책이 구현될 때까지 쉬지 못하고 작업해야만 했다. 그런 그의 조력과 더불어, 통찰력 있고 시의적절한 조언으로 내가 뭘 해야 할지를 일깨워 준 파인만에게 특별히 감사한다.

차례

발간사 ··· 5
서문 ·· 7

01 권력과 권위에 관한 수장사회 민족지 ·· 21
    정치공동체로서 수장사회 ··· 21
    수장 ·· 22
    수장체 ·· 23
    수장사회 ·· 24
    수장연맹 ·· 25
    민족지의 활용 ·· 25
    태평양제도의 수장사회 ·· 26
        티코피아 ··· 30
        마르키즈제도 ··· 31
    아프리카대륙의 수장사회 ··· 34
        누어족 ··· 35
        투루족 ··· 37
        스와찌족 ··· 38
    동남아시아의 수장사회 ·· 40
        카친족 ··· 40
    카리브해 연안의 수장사회 ·· 42
        파나마의 역사시대 수장사회 ·· 43
    요점 ·· 45
    더 읽어 보기 ·· 46

02 인류학을 통합하는 진화이론 ·· 51
    진화 ·· 51
        진화에 대한 초기 생각들 ··· 52

진화, 인류학 그리고 인종주의·····································54
19세기 사회문화적 진화론···54
    스펜서···55
    모건, 마르크스, 엥겔스··56
    스펜서 대 마르크스: 사회진화 개념의 초석············57
역사과학으로서 20세기 미국 상대주의·························58
    보아즈···59
역사과학으로서 20세기 영국 구조기능주의··················62
문화생태학과 기능주의···63
    화이트와 스튜어드··64
    스튜어드의 지적 계승자들··································66
    민족지에 기반한 사회진화모형의 문제들··············67
기능주의와 신고고학··67
    문화생태학과 고고학···68
    신고고학···69
과정(주의)고고학과 정치경제·······································70
    미시간학파의 정치고고학···································71
포스트모더니즘의 비판과 과정주의 확장판··················73
    호더와 캠브리지학파 고고학······························74
    전환기의 브럼피엘··75
요점··76
더 읽어 보기···76

03 수장사회와 사회문화적 진화······························81
수장사회에 대한 고고학적 조사···································81
    취락위계···82
    경제적 불평등··84
    기념물 축조···86
    전쟁···86
하향식 접근: 수장의 권력 쟁취····································87

  경제 흐름 통제······88
  전쟁과 종교이념······90
  권력 전략······91
 상향식 접근: 다중의 힘······92
  권위부재······93
  가문사회······94
  집단행동이론······94
  '도덕경제'······95
  요약······96
 공납적 생산양식: 수장 권력기구의 재원 조달······96
  의례적 생산양식······98
  영속적 생산양식······99
  아시아적 생산양식······99
  약탈적 생산양식······100
 요점······100
 더 읽어 보기······101

04 종교이념에 기반한 의례적 생산양식······107
 의례경제······107
  기념물이 있는 저밀도 사회······108
  지역 집단 조직하기······108
  권력을 표상하는 기념물성······109
 기념물 경관: 신석기시대 스칸디나비아(서기전 4000-3300)······110
  의례 구조물······111
  알름호브(서기전 4000~3700년)······114
  되셰리그(서기전 3900~3300년)······115
  사룹(서기전 3400~3200년)······117
 전기 신석기시대 기념물에서 보이는 사회적 노동······119
  알름호브······120
  되셰리그······121

사룹 122
요약 122
기념물 경관: 북미 동부 123
기념물 경관을 가진 채집사회 123
호프웰 사회 124
미시시피 사회 128
요점 129
더 읽어 보기 130

05 영속적 생산양식과 영토 수호 133
전쟁 133
방어시설 135
페루 고산지대의 산채 수장사회 136
완카 Ⅱ기 수장사회: 민족사 138
완카 Ⅱ기 수장사회: 광역적 취락위계와 사회경제적 통합 139
생계경제 142
수공경제 143
요약 146
완카 Ⅱ기: 취락조직 147
투난마르까 147
움파말까 150
챠윈 151
완카 Ⅱ기: 취락구조 151
완카 Ⅲ기: 가문 152
가구의 지위 구분 154
요점 156
더 읽어 보기 157

06 아시아적 생산양식: 토목경관 161
토목경관에 대한 소유권: 병목 161

토목경관에 대한 과정주의 접근 ··· 163
　　　근동의 관개기반 수장사회 ·· 164
　하와이제도의 복합 수장연맹국가 ··· 167
　　　하와이의 민족사 ·· 168
　　　하와이의 가내경제 ·· 169
　　　하와이의 잉여 전용 ··· 171
　　　하와이의 고고학 ·· 174
　　　하와이의 사회발달 추이 ·· 175
　　　최초 접촉 시기의 토목경관 ·· 177
　　　하와이제도의 보완적 이념 권력 ··· 179
　요점 ·· 181
　더 읽어 보기 ·· 182

07 약탈적 생산양식과 재부형 재정 ·· 185
　재부 흐름의 통제 ·· 185
　바이킹시대 및 청동기시대 스칸디나비아의 수장사회 ··· 187
　　　바이킹시대: 통시적 개관 ·· 188
　　　스칸디나비아의 초기 청동기시대: 고고학적 증거 ·· 192
　　　남부의 초기 청동기시대: 덴마크의 티 ·· 195
　　　북부의 초기 청동기시대: 스웨덴의 타눔 ··· 198
　　　해사구역 ··· 201
　스칸디나비아 청동기시대 수장연맹의 모형화 ·· 201
　　　잉여의 생산과 투여 ··· 202
　　　농장과 선박의 노동조직 ··· 203
　　　금속 재부 ·· 203
　　　호박과 노예 수출 ··· 203
　비교의 관점에서 본 약탈적 생산양식 ·· 206
　　　동남아시아 ·· 206
　　　태평양 ·· 207
　　　구대륙 사막 · 초원의 수장사회 ··· 208

요점 · 209

　　더 읽어 보기 · 210

08 수장사회에 관한 고고학 연구의 설명모형 · 215

　　수장사회: 고고학의 이례적 기회 · 215

　　수장사회에서 보이는 4가지 생산양식 · 216

　　　　의례적 생산양식 · 217

　　　　영속적 생산양식 · 218

　　　　아시아적 생산양식 · 219

　　　　약탈적 생산양식 · 219

　　정치경제에 대한 과정모형으로서 (생산)양식 · 221

　　대단원: 그 많던 수장은 어디로? · 222

　　　　실패한 국가인가, 성공한 수장사회인가? · 223

　　　　현대 국가에서 유순해진 수장들 · 224

　　더 읽어 보기 · 226

과제: 수장사회 연구하기 · 227

참고문헌 · 229

찾아보기 · 233

옮긴이의 말 · 239

그림차례

그림 1.1 주요 수장사회의 위치 ··· 27
그림 1.2 태평양의 여러 제도 ·· 28
그림 1.3 마르키즈의 전투용 곤봉, 우우 ··· 33
그림 1.4 금와장식, 파나마 수장사회의 사치품 ·· 45
그림 2.1 콰키우틀의 변신가면 ··· 61
그림 3.1 20세기 미국 도시를 활용한 순위-규모 곡선 ····························· 83
그림 3.2 부의 분포를 보여주는 로렌츠곡선 ··· 85
그림 4.1 되셰리그의 거석복합체(서기전 3900~3300년) ···························· 116
그림 4.2 덴마크 핀섬의 사룹 1기(서기전 3400~3200년) 제방 새소 ········ 118
그림 4.3 19세기 삽화에 반영된 오하이오주 남부의 호프웰 뉴어크 토루 ·· 126
그림 5.1 메이든 캐슬 ·· 136
그림 5.2 투난마르까의 유구배치도 ·· 148
그림 5.3 투난마르까의 근경 ··· 149
그림 5.4 투난마르까 두 내원집단의 평면도 ·· 153
그림 6.1 순동시대 메소포타미아 우바이드문화의 텔 아바다 ················ 166
그림 6.2 깃털 망토와 투구를 착장한 하와이 수장의 모습 ···················· 168
그림 6.3 최초 접촉(1778년) 당시 와이메아의 하와이 사원 ····················· 170
그림 6.4 토란 담수경작지가 있는 하와이의 전통적인 관개체계 ·········· 177
그림 7.1 덴마크 아이스트룹에서 출토된 바이킹의 은제 퇴장물(1000년경) ·· 189
그림 7.2 정교하게 제작된 플린트제 단검 ·· 193
그림 7.3 스칸디나비아 남부 지도 ·· 194
그림 7.4 스웨덴 타눔의 바위그림 ·· 200

01
권력과 권위에 관한 수장사회 민족지
Chiefdom Ethnographies of Power and Authority

수장사회 연구를 시작하면서, 중간수준intermediate-level 또는 -scale 사회들에 관련된 몇몇 정의에 대해 논의해 보자—각 개념은 상이한 용례나 의미의 변천사를 가지지만, 여전히 광역정치체의 기본적 특징을 담고 있다. 수장과 그들의 사회는 역사, 환경, 생계 관행 및 기술, 지역 간 관계, 권력 기반 등에 있어 고도로 변화무쌍한 특정의 실체임을 강조하고자 한다.

이렇게 얘기해왔지만, 여러 사례를 통틀어 수장사회 형성의 과정은 정치경제에 기반하는 공통적 양상을 보인다. 이런 정치적 과정을 이해하기 위해, 사회분화와 차별적 권력 등의 요소를 공유하는 수장과 수장사회라는 폭넓은 범주를 채택한다.

정치공동체로서 수장사회

수천 또는 수만 명의 정치적 행동을 조율할 수 있는 지도자가 존재한다는 의미에서 수장사회는 정치공동체이다. 큰 인구 규모의 단일 공동체도 그럴 수는 있지만, 전형적으로 수장사회는 지역 수준에서 마을 규모의 공동체 여럿으로 구성된다. 광역적인 정치체를 통합하기 위해서는 사회적, 경제적, 종교적, 그리고 특히 정치적 기구가 필요하다. 수장사회는 권력, 곧 다양한 관심과 정체성을 가진 집단에 영향력을 행사하거나 강제력을 미치는 역량에 관련되었(고 여전히 관련된)다. 수장사회는 다양한 정치구성체political formation를 대표하는 말이다.

근본적으로 권력은 배분적이다—명령받더라도 따르지 않으면, 모든 인간은 독립적으로 활동할 권력을 가진 셈이다. 이는 가족이나 공동체가 대부분의 일상에서 자신들의 수장을 상대로 매우 자치적으로 활동할 수 있게 하는 측면이다. 부모들은 얼른 깨닫듯, 연령, 신체 크기 및 명목적 통제에 기반한 권위 위계가 있음에도 불구하고, 가족 내에서조차 대부분의 시간 동안 아이들은 부모가 시키는 대로가 아니라 자기 하고 싶은 대로 한다. 권위부재anarchy는 강력한 인간 본연이다—개인, 가족, 공동체는 나름의 선호를 따른다. 모두가 권력을 요구할 수 있는바, 타인을 지휘하는 가장 쉬운 방법은 그들이 원하는 것을 주는 것이다. 처벌만 피할 수 있다면, 정치적 관계는 항상 자신의 우세에 대한 개인간 인식의 균형이다.

권력은 다중의 이익을 위해 희생을 강요하면서, 타인을 잠재적으로 지배하는 상황에 자연스레 드러난다. 따라서 권력은 자원이 아니라, 오히려 불평등관계이며, 위협, 차등적 보상, 그리고 반드시 저항을 내포한다. 불평등관계는 지시, 사회구조, 무력, 경제력, 의례 관념 등의 다양한 매개를 통해 형성된다. 권력관계는 상존하지만 태생적으로 문제의 소지를 내포한다. 어떤 상황에서는 수장이 권력을 쥘 수 있고, 다른 상황에서는 그렇지 않은지는 인류학의 오래된 질문이면서 고고학자가 답하기 적합한 질문이기도 하다.

수장

수장은 집단이익을 확대해주기는 하지만, 항상 중심에는 자신의 이익을 두는 정치적 숙련자이다. 그들은, 친밀한 마을 규모 공동체를 넘어서는 인구집단을 대상으로 통제를 집중·확장하는 권력 전략을 획책한다. 추종자들에게 재화와 용역을 제공함으로써, 수장은 사람들이 자신의 집단에 얽매이게 한다. 수장은 내부의 분쟁을 해소하고, 의례적 향연을 주관하고, 방어를 조직하며, 의례장소나 농업체제 및 방어시설을 구축한다. 수장은 자신의 권위에 항거하는 개인이나 공동체를 억압적으로 단죄할 수도 있다.

살린스Marshall Sahlins는 규모, 안정성 및 정치적 통솔력의 제도화 정도에 따라, 멜라네시아Malaneisa '대인大人, Big Man'과 폴리네시아Polynesia 수장 사이의 차이를 규정했다. 대인은 개인적으로 위신威信, prestige을 축적함으로써 권력을 구축하는 정치적 창업가인, 반면 수장은 이미 수립된 정치구조 속에서 통솔자의 자리에 오르게 된다. 대인이 권력을 구축하기 위해 해야만 하는 것과 같은 일을 수장도 한다는 점에서 그런 과정을 부가적이라 할 수도 있지만, 수장은 자신의 역할을 합리화하는 제도권 서열체계 속에서 그 일을 수행한다.

수장은 신분, 권위, 권력, 미명의 통솔권 등 측면에서 나머지 구성원으로부터 자신을 차별화하고자 한다. 실상, 살린스의 이원적 구분은 집단과 그 지도자 사이의 변증법적 긴장을 표시하는 통솔권 형태의 연속선(상의 양단兩端)을 대변하고 있다. 애초에 경쟁적 세계인 수장사회에서, 수장은 고도로 개인화된 연결망을 통해 지원 기반을 창출·확장한다―그런 측면에서, 대인과 다르지 않다. 수장이 된 대인은 정치경제에 대한 통제의 규모를 확장하고 통치기구를 통해 권력을 안정화할 수 있는 정도의 국가 관계자(술탄, 왕 그리고 황제)로 격이 올라간다.

수장은 추종자를 모으고 유지하기 위해 경제·전사·종교적 수단들을 실용적으로 조합하는 권력 전략을 개발한다. 가끔 수장은 경제적 편익이나 종교적 의례를 통해 추종자를 유인하기도 하고, 다른 한편으로 위협과 응징으로 그들을 억압하기도 한다. 권력 전략에 있어서 특정 조합은 시간이 흐르면서 변하기도 하며, 흔히 수장이 독점하고자 했던 권력을 잃음으로써 실패하기도 한다. 여기서 보여주고자 하는 대로, 수장사회는 하나의 사회 형식societal type이 아니라, 어떤 크기의 통제력을 추구하는 정치과정이다.

수장체

수장체首長體, chieftaincy는 미약하나마 중앙집권적인 지배를 뒷받침하는 전문화된 대리자들의 고도로 맞춤화된 연결망을 갖춘 정치기구이자, 통솔권을 창출·정당화·획득하는 정치적 장치이다. 수장체는 권력 전략을 뒷받침할 재원의 수집과 방어에 관련된 전사, 사제, 관리자 및 여타 인력으로 이루어진, 수장 세력의 전문가집단을 포괄한다. 수장에 대한 그들의 개인적 충성이 핵심이다. 그런 충성은 개인적 소득에 대한 기대로 강화된다.

수장은 후원자의 부와 복리를 수호할 법률대리인, 집사, 회계전문가, 개인 경호원 등 충성스러운 수행원으로 둘러싸인 현대의 독재자처럼 활동한다. 주로 친족과 계층의 원리에 기초하지만, 수장체는 개인화된 충성 관계로 더 잘 이해할 수 있다—예를 들어, 유럽의 봉건주의에 대한 설명을 참조해보자. 수장체는 어느 정도 정립된 사회적 위계, 자원에 대한 집합적 소유, 조직화된 전쟁, 의례 등을 갖춘 가변적인 제도상 구조를 수반한다. 수장체는 선물교환을 통해 구축되고 유지되며 실현된다. 토지와 재화의 배분을 조절함으로써, 수장은 계속 충성할 수 있는 동기를 부여한다. 수장 간 경쟁적인 전쟁으로 인해 수장체를 상실한 구성원은 (흔히 목숨을 포함하여) 모든 것을 잃는다.

수장사회

수장사회는 정치·경제·의례적 기구를 갖춘 광역적 공동체로 편성된다. 규모 면에서 수천 명으로 이루어진 단순수장사회 simple chiefdom부터 수만 명의 피지배자를 포괄하면서 제도적으로 더 복합적인 체제까지 다양하다. 수장사회는 공동체나 외부로부터 재원을 동원하는 유연한 권력 전략을 제외하면, 하나의 형식이 되기에는 응집력이 약한바, 태생적으로 (분절사회에 대한 민족지 서술에서처럼) 작은 단위로 쪼개질 수 있다.

수장사회는 본질적으로 종족적이다. 전형적으로 종족의 측면에서는 동질적이지만 어느 정도의 사회적 위계나 정치적 구심성은 있다. 정치·사회적 위계는 통상 수장이 구성원들에게서 잉여의 산물이나 노동력에 대한 권리를 요구할 수 있게 하는 자원소유권의 양태에 기초한다. 규모나 활동영역—사회적 관계, 정치적 연결망, 전사, 그리고 종교 등—을 달리하는 복수의 위계가 동시에 존재할 수 있다. 흔히 수장사회는 생산을 위한 토지나 여타 자원—주로 주요한 시설과 농부를 포괄하는 영토의 정복 및 재화와 노예 획득을 위한 습격—에 연관되어 있다.

수장사회는 다차원적 조직이다. 그것은 (정치기구인) 광역정치체의 부분으로서 국소공동체에 뿌리박은 가족의 조직인 것이다. 각 차원에서 개인은 인지되는 자신의 이익을 확대하기 위해 움직인다. 여러 측면에서, 수장사회 내 가족과 공동체의 일상은 좀 더 평등하고 구심력이 없는 사회에서와 달라지지 않는다. 수장은 대체로 기존의 조직을 보완하는 자신 관련 사안에, 주민 집단은 자신들의 삶을 자치적으로 영위하는 데 관심을 기울인다—수장이 추종자에게 노동력이나 봉사를 요구하는 상황이거나 추종자들이 특정의 편익을 얻는 상황은 예외일 수 있다.

수장연맹

수장연맹chiefly confederacy은 수장체 사이의 결연結緣이다. 흔히 일시적 제휴, 통혼 및 (전사, 사제, 건축가 등) 전문가의 교류 등을 포함한 실용적이며 변화무쌍한 연합이다. 수장연맹은 추가적 차원에 해당하는 조직상의 한 층이다. 이는 태생적으로 부수적이며, 급변하는 수장 간 공동 이익에 기반한다. 따라서 불안정할 뿐만 아니라, 변화무쌍한 전략적 발단과 정치 영역에서의 이해에 따라 기회주의적으로 결성·해체된다. 연맹은 영구적인 기구의 형태를 띠지 않지만, 폭넓은 (대체로 전쟁에서 의지하는) 정치적 관계를 창출하게 됨으로써 흡사 제국처럼 보일 수 있는데, 여러 수장과 그 수장체는 최고지도자에게 (연맹이 유지되는 한) 지지를 맹세한다.

민족지의 활용

수장사회를 이해하기 위해, 인류학자들에 의해 민족지로 서술된 사회들을 관찰하면서 시작해보자. 이런 접근은 고고학이 현대까지 존속한 사회들에 대표되는 인간의 조직 형태를 기록한다는 점을 가정한다. 어떻게 사회들이 작동했는지를 이해하기 위해 고고학자들은 전통사회에 관해 19·20

세기 사회문화적 인류학이 축적한 세계 민족지에 정통할 필요가 있다. 민족지 기록은 인류사회의 엄청난 다양성을 이해하고 평가하게 해주는 인류학의 위대한 유산이다.

수장사회의 기미를 파악하기 위해, 고전적 민족지를 요약하고, 폴리네시아, 아프리카, 동남아시아, 카리브해 등에서 얻어진 다양한 정치적 차원의 사례들을 망라한다(그림 1.1). 세계 여러 대륙의 수장사회는 유럽의 식민주의적 팽창 전까지는 역사적으로 별개였다. 여기서는 인류학자들에 의해 사적史的 기술이 많이 축적된 중간수준 사회의 다양성을 설명하면서 고고학의 미래세대가 과거와 현재의 인간 사회를 이해하기 위해 민족지 읽기를 즐기길 기대해 본다.

태평양제도의 수장사회

폴리네시아 사회는 민족지적 현재ethnographic present—인류학자들이 처음 그들을 기술했던 때—까지 남아있었던바, 수장사회에 관련하여 이례적인 경우라고 하겠다. 수천 년 전부터, 폴리네시아인들은 태평양 한가운데까지 항해할 수 있는 돛 디자인을 갖춘 독특한 통나무배 기술을 창안하였다. 인간에 의한 도서 점유의 현저한 한 사례로서, 이 숙련된 항해자들은 외딴 무인도였던 태평양 섬들 탐험했다. 그들은 티코피아에서 이스터섬에 이르기까지, 북으로는 하와이제도부터 남으로는 뉴질랜드의 온대성 섬까지에 이르는 '폴리네시아 삼각지대Polynesian Triangle' 내에서 거주가 가능한 모든 땅을 점유했다(그림 1.2).

역사적으로, 폴리네시아인은 언어나 문화가 밀접하게 연관된 단일종족이다. 그들이 점유한 섬은 자그마한 산호초에서부터 해발고도가 높은 커다란 화산섬까지, 홀로 섬에서부터 커다란 열도까지, 열대 또는 아열대에서 온대까지 이른다. 그들은 관개에 의존하는 건조지대 뿌리작물 재배, 돼지·닭·개 사육, 그물과 낚시를 이용한 어로, 무기와 작업구의 혼용, 간단한 초본 가옥 축조 등에 관련된 공통의 기술을 가지고 있었다. 그들은 친족

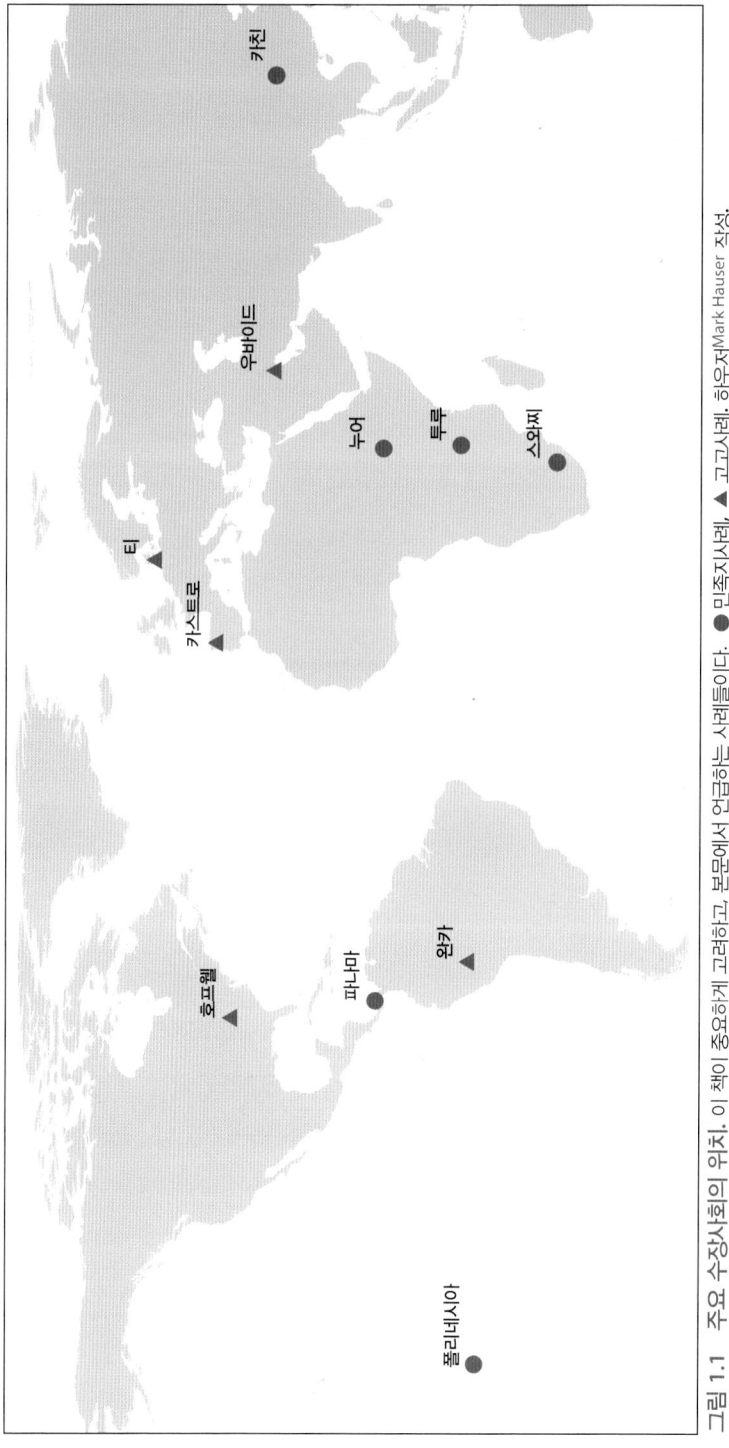

그림 1.1 주요 수장사회의 위치. 이 책이 중요하게 고려하고 본문에서 언급하는 사례들이다. ● 민족지사례, ▲ 고고사례. 하우저(Mark Hauser) 작성.

01 권력과 권위에 관한 수장사회 민족지 27

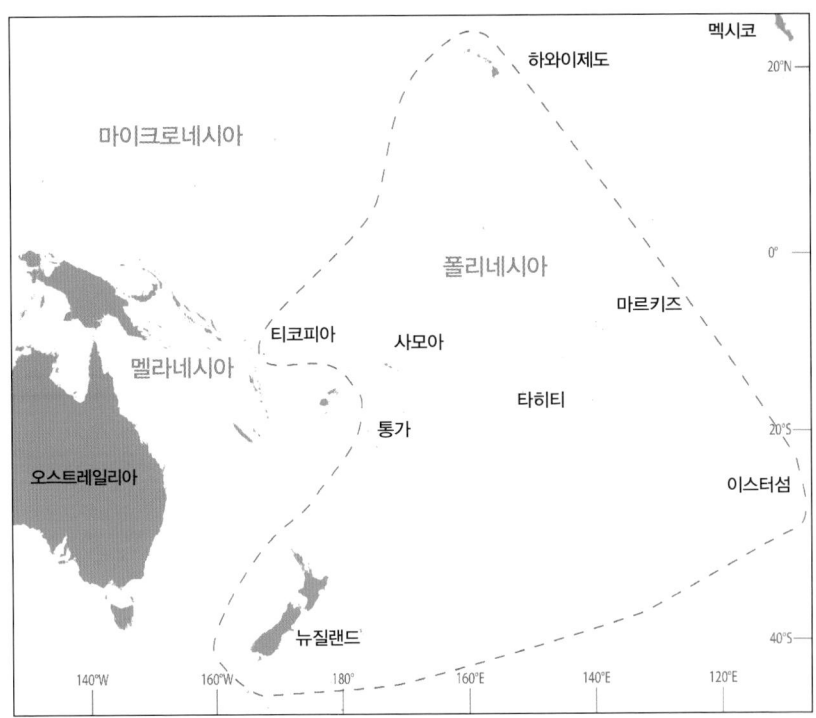

그림 1.2 태평양의 여러 제도. 오스트레일리아 동부에서 미주대륙 서부 사이 폴리네시아 삼각지대에 있는 것들에 주목한다. 역사적으로 이 섬들은 멜라네시아인들이 정착하면서 폴리네시아 수장사회에 의해 점유되었다. 하우저 작성.

이나 사회적 위계에 관한 공통의 원리도 공유했다. 모든 폴리네시아인에게는 수장이 있었으나 그 권력은 다양했다.

오세아니아 열도의 공간적 분리성으로 인해, 각 도서 집단은 대체로 고립적으로 발달하였다. 그리하여 폴리네시아는 문화적 적응 연구를 위한 실험실로 여겨질 수 있다. 그 선·역사 서술은 단일한 문화 형태가 다양한 경제·정치적 기회로 적응적 방산을 이루었음을 밝히고 있다. 새로이 섬을 발견했을 때, 그 점유 집단은 매우 개방적이며 작은 규모의 공동체를 형성하지만, 다양한 정치적 성과를 통해 (본질적으로 평등했던 티코피아에서부터 좀 더 전형적인 마르키즈사회로) 진화했다. 이런 독립적 역사는, 수장 정치체를 뒷받침하는 잉여의 산출·동원을 통제하는 역량에 대한 각 도서 집단의 전망이 유도한 개별적 적응과정이라 하겠다. 폴리네시아로 대변되는 잠재성의 최대 구현은, 토목경관engineered landscape과 정복 전쟁을 기초로 국가와 유사한 특성을 발달시킨 하와이제도 수장사회를 통해 예시된다(6장 참조).

인구가 성장함에 따라, (도서) 집단은 괴경塊莖·수목의 재배, (돼지를 비롯한) 동물의 사육, 어로에 과도하게 의존하게 되었다. 농업시설은 특히 환경조건에 따라 달랐다. 그런 개선은, 보속적이고 장기적인 산출을 위해 개별 가족이나 공동체가 단순히 경작지를 집약적으로 활용하는 데에 자기 노동력을 투자하는 것을 의미하는, 경작지자본landesque capital으로 불려왔다. 개별 가족은 토양을 비옥하게 하고 과수를 심는바, 농경은 단순 경작지자본의 예시가 된다. 그런 노동력 투자에는 바닥덮기와 같은 토질개선, 광범위한 경작지 조성, 고도로 생산적인 수리 체계 구축 등이 포함된다. 이러한 자본개선은 사람들을 농경지에 결속시킴으로써 생산성을 증대시켰다. 토란의 관개 생산이나 여타 형태의 농업집약화는 폴리네시아에 걸쳐 널리 퍼졌었다.

무역과 전쟁은 정도나 성격에 따라 다양했다. 서로로부터 고립된 도서 집단에게 무역은 그다지 중요하지 않았다. 그러므로 하와이제도에 있어서는 섬들 사이 무역이 극미했던 반면, 통가Tonga나 사모아Samoa같이 가까이 모여있는 섬들로 이루어진 여타 집단에서는 훨씬 중요했다.

국소공동체를 방어하기 위한 전쟁이나 그에 따라 구축된 경관built landscape은 폴리네시아 전역에서 일반적이었다. 취락분포양상이 (뉴질랜드에서처럼) 종종 요새화된 마을에 초점을 맞추었더라도, 개별 가구들은 주로 해안을 따라서나 경작지 가운데 산재해 있었다. 광역적 수장사회의 발달은, 여러 공동체로 권력을 확장하거나 구성 공동체 사이의 평화를 담보하려던 수장이 조직한 정복 전쟁을 파생하게 된다.

구조적 측면에서 사회·경제적 기초단위는, 공동으로 토지를 소유하는 국소공동체를 형성하는 부계-서열적 계보였다. 서열이 기저에 깔려있었던바, 국소공동체에는 본가 혈통의 세습 수장이 있었었는데, 그들은 의례상 늘 중요했을 뿐만 아니라 다른 영역에서도 대체로 그러했다. 서열에 관한 폴리네시아의 원리는 지위나 특권에 있어 본류 계보로부터 측정된 거리를 창출하였다. 이 문화권에 대해 역사적으로 특정해 보자면, 그러한 서열은 사회 위계 형성을 위한 구조적 조건을 만들어 냈다고 하겠다.

폴리네시아에 관한 풍부한 민족지 및 민족사 연구는 수장사회의 원형적인 사례를 제공했다. 그러나 폴리네시아 수장사회들은 각각의 국소적 조건과 역사에 맞춰갔던바, 매우 다양하다. 더욱이 태평양 제도들의 극단적인 고립성은 실제로 사회진화에 있어서 정형성이 매우 미약한 역사적 상황―거명하자면, 통제를 오히려 용이하게 해주는 극도의 사회적 제한성, 극미한 무역, 시장의 부재―을 파생했다. 폴리네시아 수장사회는 매우 비상한바, 어떻게 수장사회가 발달·작동하였는지와 관련하여 전형적이라고 고려될 수는 없다.

티코피아

티코피아Tikopia는 폴리네시아의 정치적 복합도 연속선상 한쪽 끝에 있다. 폴리네시아 삼각지대의 서쪽, 바누아투Vanuatu의 멜라네시아제도 바로 북쪽에 있는 홀로 떨어진 작은 섬이다. 영국 민족지학자 퍼스는 1920년대에 그 사회와 경제에 관해 기술한 바 있다. 티코피아는 바다 한가운데 홀로 선 5km^2 면적의 침식된 화산원뿔이다. 퍼스가 조사했을 때, 인구는 1,300명 미만으로, 산발적이지만 이름이 있고 경작지가 부속된 20여 개 영구취락에 흩어져 있었다.

생계는 비탈진 경작지의 (특히 토란) 한지旱地농경, 평지의 (빵나무, 야자수 등) 과수재배, (그물과 낚시, 주로는 통나무배를 이용한) 어로 등에 기반했다. 하천이 없었던바, 관개는 아주 소규모이면서 몇 안 되는 샘에 의존했다. 섬의 높은 인구밀도로 인해 휴경기간은 짧고 바닥덮기를 하는 집약적 농경이 필요하다. 티코피아는 매우 고립되어 있어, 그 산물은 선호되지 않았고 장거리 통나무배도 없었다. 무역이 극미했던바, 티코피아는 대체로 자급적이었다.

티코피아는 특정 지점에 거주하던 서열화된 종족들로 이뤄진 폴리네시아 사회의 전형이었다. (퍼스의 원래 설명에서는 '가문家門, house'으로 불린) 씨족들은 토지, 과수원, 통나무배를 소유했다. 북부와 남부로 갈라졌던 분파들 사이에는 고래로 전쟁이 있었다. 통나무배는 작았으며, 조악한 토종 나무로 만들어졌다. 통나무배는 어로를 위해 일반민과 수장이 차별 없이 만들어 사용하였다. 그러나 의례용 통나무배는 어느 정도 특별했다―퍼스에 따르면, "그것들은 일반민이 자기 재료를 가지고 스스로 발원하여 축조하였고 그런 뒤 자신들이 사용했다. 수장의 역할은 이름뿐인 소유자로 활동하면서 일반민을 위한 주요 의례를 수행하는 것(Firth 1936: 218)"이다.

일부 씨족은 수장 본가의 혈통이고 그 지도자는 어떤 특권을 유지했다. 수장 혈통은 샘과 함께 일반민 보다 많은 과수원을 소유했지만, 경작 관행으로 인해, 사회적 분화를 뒷받침하는 잉여를 생성할 만한 통제의 기회는 거의 창출하지 못했다. (의례용 음료인 카바kava처럼) 의식에 구미를 더하거나 향연을 위한 잉여 농업생산을 독려하는 데에 연관된바, 수장의 가장 큰 역할은 의례였다. 약술하자면, 위계의 구조적 요소들이 존재했지만, 티코피아에서 수장의 권력은 의례 수행에 한정되었다.

마르키즈제도

마르키즈 수장사회가 오히려 폴리네시아 사회의 전형이라 할 수 있다. 마르키즈제도the Marquesas는 합친 면적이 약 1,000km^2에 이르는 15개의 섬으로 이루어져 있으며, 타히티섬에서 북동으로 약 1,400km 떨어져 있다. 해당 섬들은, (그림을 통해 폴리네시아의 신비와 미를 담아낸) 고갱Paul Gauguin의 마지막 집이자, 멜빌Herman Melville의 민족지 소설, 『타이피Typee』의 배경이 되면서 서구사회의 예술에서는 낭만적인 이미지를 가지고 있다. 섬들은 해발 1,200m에까지 이르는 가파른 화산봉이다. 이 섬들은 지질적으로 오래되었는데, 좁은 계곡으로 깊게 갈라져 있고 경작에 적합한 충적토양은 한정되어 있다. 해안은 하천 하구에서 작은 만을 형성하지만, 주변에 평지가 없고 단지 작은 산호초가 있는 바위투성이 절벽이다. 살만한 곳은 제한적이고 고립되어있다.

마르키즈제도는 1000년경에 처음 점유되어, 1595년에 스페인 항해자에 의해 '발견'되고, 이후 19세기에 프랑스에 의해 점령되기까지 세계경제

world economy로부터 고립된 채 남아있었다. 인구는 (유럽인과의) 접촉 무렵 5만 명이 넘도록 증가했다고 추산되는데, 폴리네시아로 봐서는 큰 규모이지만 (대체로 1천 명이 넘지 않는) 소규모 집단 여럿으로 나뉘어 있었다. 기초가 되는 민족지의 서술은 핸디E. S. Craighill Handy에 의해서 이루어졌으며, 부인 Willowdean C. Handy의 정연한 문신 연구도 부가되었다.

생계경제는 하천 변이나 그 아래 사면을 따라 자란 (빵나무, 야자수, 바나나 등) 과수 및 관개된 자그마한 천변 대지에서 자란 토란에 과도하게 의존했다. 한정된 수의 돼지, 닭, 그리고 개를 키웠다. 어로는 통나무배, 줄낚시, 그물 등을 활용하여 근해에서 이루어졌다. 취락은 해안 근처에 자리 잡거나 계곡 여기저기에 흩어져 있었는데, 그들은 계곡 공동체를 형성했지만, 이산적이며 요새화되지도 않았다. 계곡들이나 인접한 섬들 사이의, (고급 자귀를 대상으로 한) 멀리 떨어진 섬들과의 일부 미미한 교역을 제외하면, 각 계곡의 수장사회는 대체로 자급자족의 경제를 유지하였다.

계곡 정치체 사이에는 전쟁이 만연했는데, 국소적 유력 씨족을 제거하고 광역정치체를 창출하려는 수장의 목적이 있었다. 아름다운 마르키즈 전투용 곤봉은 개인 전투를 위한 육중한 타격구인데, 문신에서 보이는 문양을 예술적으로 장식함으로써 전사나 수장을 위한 정교한 위신재를 만들어 내고자 하였다(그림 1.3).

전투용 곤봉의 대가리는, 수호자로서 전사 수장의 역할을 상징했던 반인반수의 존재인 티키tiki를 묘사하고 있다. 책(원전) 표지의 이미지에서 보이듯, 마르키즈의 한 수장은 자신의 지위—많은 문신으로 강화되는데, 폴리네시아 전역에서 흔히 개인의 권력을 보여주기 위해 주로 이용됨—를 대변하는 곤봉을 들었다.

계곡 정치체는 서열화된 계보를 대변한다. 자기 노력과 기술에 의존하는 가족 가구가 기초적인 생계 단위였다. 티코피아처럼, 수장은 신과 연결된 상위 혈통이었고, 일반민은 하위 혈통이었다. 수장은 위신에서 차별적으로 인식되었지만, 그 활동은 의례, 전쟁 그리고 일부 경제문제에 한정되었다. 수장은 (정교한 문신, 전투용 곤봉, 접대 용기 등) 자신이 후원하는 전문장

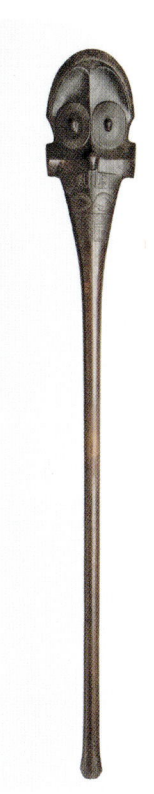

그림 1.3 마르키즈의 전투용 곤봉, 우우$^{U'u}$. 반신반인의 수호자인 티키를 가리키는 대가리로 장식되었다. 유사한 모티프가 인체 문신에도 보임. 1869년 피바디 과학원의 선물. 저작권: 하버드대학교 피바디 고고·민족학 박물관(#PM 69-9-70/1199).

인에 의해 만들어진 다양한 지위 징표를 소유했다.

수장의 가옥은 여타에 비해 크고 좋게 이엉이 얹어졌지만, 일반민과 크게 다르지는 않았다. 의례는 수장이 공들이는 부분으로, 연례 및 수장 계보의 생애 위기의례$^{crisis\ ritual}$가 관련되었다. 사제는 전쟁의 성낭성을 설명할 것을 요구하는바, 수장의 대척점에 설 수도 있었다.

전쟁은 본질적으로 정치적이었는데, 수장에게는 공동체의 영토를 방어하고, 정복을 통해 확장할 것이 요구되었다. 그 성공은 수장에 대한 신의 지원으로 설명되었는바, 실패는 불만이 되는 셈이다. 유력한 수장은 어느 정도의 경제적 특혜를 누렸다. 그는 더 넓은 빵나무·야자수 과수원을 소유하고 있었고, 처음 수확한 과실을 받았으며, 자신이 (특히 수장 계보의 생애 위기[의식] 행사나 협동 노동을 위해) 소집하는 의례적 향연을 뒷받침할 빵나무 열매의 중앙 저장소를 유지하였다. 그는 그 축조에 투자함으로써 더 큰 근해용 통나무배를 소유하였는데, 다른 이들이 그것을 빌리려면 특별 허가를 요청해야 했다.

자신의 토지 소유권에 더하여, 유력한 수장은 공동체 토지—과수 및 관개된 경작지의 자본개선 포함—의 소유자로 간주되었다. 그리하여 첫 산물에 대한 권리가 수장에게 주어졌지만, 그 생산시설은 작업을 했던 가구들이 가지고 있었다. 유력한 수장은 처분할 수 있는 잉여 산물 축적에 노력했는데, 다른 이들이 의례 행사를 뒷받침할 잉여를 부지런하게 생산하도록 독려하기도 했다.

아프리카대륙의 수장사회

사회인류학자들의 훌륭한 민족지는 정치체 규모에 특히 주목하면서 아프리카 수장사회를 기록하고 있다. 그 사회들은 유럽이나 북미대륙의 수장사회가 일반적으로 경험했던 상황을 정확하게 반영하고 있는데, 폴리네시아보다 인구밀도가 훨씬 낮고 집약 농경 및 관개가 부재했다.

많은 아프리카인은 밀접하게 연관된 언어를 사용했는데, 태평양과 유사하게 꽤 근래에 있었던 이주를 시사하는 듯하다. 반투Bantu어 집단은 폴리네시아 수장사회 사이에서 관찰되는 변이성과의 좋은 비교사례를 제공한다. 반투의 선조는 분명히 서아프리카, 아마도 카메룬 남부나 나이지리아의 열대우림 지대의 농경민이었을 듯하지만, 아직 고고학 및 유전학적 증거는 부족하다. 언어학적 증거에 기초해 보면, 그들은 남쪽으로는 콩고의 우림지대에, 대륙을 가로질러 서쪽으로는 동아프리카의 사바나 지대 나라들에, 남쪽으로는 남아프리카공화국에까지 확산해갔다.

그런데 폴리네시아인과는 달리, 반투족은 이미 점유된 지역으로 급속한 확산을 보였다. 채집민이나 이목민은 낮은 밀도로 광범위하게 분포해 있었는데, 인구밀도가 높은 반투 집단이 배척 또는 병합하면서 그들을 대체할 수 있었다. 모든 반투사회가 지역 수준의 수장사회로 조직되지는 않았지만, 많은 수가 광역정치체로 발전해갔다. 폴리네시아 사례와는 대비적으로, 기저의 분절segmentary 원리는 (매킨토시 부부Roderick과 Susan McIntosh가 서술한 바와 같은) 비위계적인 반투의 조직구조를 시사한다.

반투의 생계는, 인접한 아프리카 동부 사바나 지대의 나일강 집단에서 수용한 재배 곡물(특히, 기장) 수확과 목축에 과도하게 의존했다. 유라시아와 아프리카를 가로질러 구대륙 수장사회에서 동물의 중요성은 사육종이 미미한 신대륙 수장사회와는 첨예하게 대비된다. 여성은 가구에 주된 농업노동력 제공하는바, 일부다처제는 잉여 생산과 남성 지위를 증대시키기 위한 정치적 전략이 되었다. 흔히 가축은 아내를 얻기 위한 신부대新婦貸로 사용되는바, 가축사육의 성공은 남성의 정치적 핵심 목표였다. 특히 가축 퇴비를 경작지자본으로 활용함으로써 집약화의 상당한 잠재성이 존재하였다. 그러나 좀 더 건조한 환경에서는 수원 가용성이 과제였는데, 놀랍게도 관개는 거의 실행되지 않았다.

전쟁은 아프리카 수장사회를 특징지었다. 젊은 남성들은 신부대로의 사용이나 지위 확립을 목적으로 가축을 노린 약탈을 감행했다. 목초지의 소유권을 둘러싼 전투가 존재하였고, 일부 수장연맹국가chiefdom-state에 있어 정복 전쟁은 중요했다.

누어족

반투나 여타 사하라 이남 집단의 기본조직원리는 분절이었는데, 다양한 사회적 수준의 우발적 상황에 따라 집단들이 형성되거나 해체되었음을 의미한다. 지역 수준의 수장사회가 부재한 나일강 이목민 누어족the Nuer에 관한 자신의 고전적 민족지에서, 에반스-프리차드Edward E. Evans-Pritchard는 아프리카 분절사회의 성격을 포착했다. 사회적 분절 간 분쟁은 모두 더 먼 분파에 대항하여, 친족에 한정된 공동 이익을 담보하고 있었다. 예를 들어, 어떤 모욕에 대해 4촌 집단은 단결하여 6촌 집단과 싸울 수 있지만, 그 두 집단은 단결하여 소 도둑질을 둘러싸고 8촌 집단과 싸울 수 있다. 공동 이익을 위한 연합은 더 큰 집단을 구축하기도 했지만, 이해가 갈리면 분열할 수밖에 없었다.

사회 및 경제의 기초단위는 가문이었는데, 부권제 사례에서는 전형적으로 남성 1명과 그의 부인들, 그리고 각각 잔가지 담장으로 분리된 아내별 가옥에 사는 자녀들이 포함되었다. 농장에는 가족의 가축이 포함되는데, 농토 근처에 자리 잡았다. 가문은 주로 떨어져 있지만 방어에 유리한 높은 대지에 자리 잡은 조그만 마을에서 군집을 이루기도 하였다. 전형적으로 한 마을은 단일 씨족으로 구성되지만, 여러 마을에 씨족 구성원이 흩어져 있기도 하였다. 열대우림 지역의 반투 씨족들은 모계제일 수도 있지만, 가축사육이 중요한 사바나 지대에서는 부계제 구조가 일반화되었다―소나 토지를 방어할 전사의 중요성과 관련된 듯하다.

부족에 관련된 씨족은 공통의 정체성을 가졌지만, 태생적으로 안정적인 내부 정치조직은 없었다. 아프리카 사회의 분절적 친족의 단면을 보면 연령대별 체계였는데, 남성은 (어린이와 같이) 할례를 거치지 않은 사람, 미혼 전사, 기혼 연장자 등 3단계로 나뉘었다. 동일 연령대 구성원은 의례상 함께 할례를 치르고, 동등한 지위를 가졌다. 연령대는 공고하게 위계적이었는데, 어린이는 여성에 결부되었으며, 전사는 지위를 쟁취했고, 연장자는 지도자로 존경받았다.

아프리카 사회에서는 전쟁이 만연했는데, (누어족에서 보이는 바대로,) 특히 가축사육과 연결되어있었다. 동물은 동산이었던바, 약탈로 쉽게 도둑맞을 수 있어 주의 깊은 보호가 필요했다. 역사적으로 볼 때, 세계체계world system의 요구에 부응하면서 노예 포획이 아프리카 전역으로 확산하였다. 남성의 지위는 친족 구성원과 소를 보호하기 위해 항상 창을 쥐고 있는 전사였으며, 거주지역은 방어에 유리하게 배치되었다. 전쟁은 조직화의 압박임과 동시에 분열의 통로이기도 했다. 아프리카에서 수장사회라는 광역정치체는 토지 및 거주민에 대한 정복과 충성심을 얻어내는 예비지도자의 역량에 기반했다.

투루족

폴리네시아와는 달리, 분절적 사회구조에서 전승된 어느 것도 위계를 창출하지는 못했다. 분절적 사회 중 심하게 분산된 구조는 동아프리카 탄자니아 중부의 반투 투루Turu에 관한 슈나이더Harold Schneider의 서술에 예시되어 있다. 광역적 위계가 부재한바, 그들이 수장사회로 여겨지지는 않더라도, 그 형성의 토대가 될 수 있음을 의미한다.

투루족the Turu은, 기장과 옥수수를 경작하는 (1940년대에 제곱 마일당 대략 100명으로) 비교적 인구밀도가 높은 농경민이었다. 그들의 기초단위는 반투사회로 대변되는, 일부다처의 농장이었다. 가구household의 남성은 경작지, 가축 및 여타 물품의 소유자였다. 농장은 방어와 농경을 같이 수행하는 가까운 친척―흔히 형제 사이―인 농장주들이 이룬 작은 마을에 일정하게 군집을 이루었다. 둘러쳐진 관목 담장으로 사적 공간을 생성했고 가축, 저장 곡물, 여성을 보호했다.

습성濕性이 양호한 토양의 골짜기에는 영구 농장이 세워졌는데, 가축 퇴비로 지력을 강화하였다. 이런 경작지자본은 땅에 대한 가문 소유권과 연결된 것으로 보인다. 가축은 퇴비는 물론, 일부다처 가족에서 주요 경작 노동력인 여성의 신부대 지불을 위한 부의 원천이었다. 위신을 증대하고자 애쓰는 개인별로 어느 정도의 경제적 불평등이 존재했지만, 그런 불평등은 광역적으로 중앙집권화된 권력으로 전화하지는 못했다. 협동적 노동력과 의사결정은 농장과 마을 내에서 일어났다. 개별 가문이 소유한 토지는, 형제와 같은 가까운 친족 밖으로는 전승되지 않았다. 사회집단은 소규모로 남아있었는데, 마을보다 상위의 씨족이 인지되었지만, 행위상으로는 그리 중시되지 않았다.

투루족은 분절사회가 어떻게 경제 또는 정치적인 측면에서 계속하여 구성단위로 분열하는지를 보여준다. 인구밀도와 정치적 복합도 사이의 연결성에 대한 여러 모형과는 대비되게, 아프리카에서는 투루족처럼 인구밀도가 높은 사회가 스와찌의 수장사회보다 훨씬 더 분산적이다. 이는 정치경제가 내포한 특별한 속성의 산물이었는데, 관개가 결부되지 않은 형태의 농업집약화에서는 통제를 중앙집권화할 기회가 창출되지 않았다.

스와찌족

반투의 사회조직이 분절적이었던바, 투루족에게서 광역적 수장 정치체의 형성은 태생적인 문제를 안고 있음에도 불구하고 (어쩌면 놀랍게도, 특히 상대적으로 낮은 인구밀도의 상황에서) 반복적으로 이루어졌다. 광역적으로 조직되고 위계적으로 구성된 남아프리카공화국의 반투 스와찌는 1947년 쿠퍼Hilda Kuper에 의해 기술되었는데, 초복합수장사회super-complex chiefdom의 좋은 사례를 제시한다.

스와찌족the Swazi은 반투 분절사회의 전형이다. 그들은 가축을 풍부하게 가진 기장재배자이었다. 역사적으로 볼 때, 제곱 마일당 30~40명으로 인구밀도는 투루족보다 낮았다. 계곡 주변의 습성이 양호한 토양에 집중된 화전 농경은 집약적이지 못했다. 취락조직은, 농장 단위가 가까운 친족 결속으로 구성된 작은 마을에 군집하였던 투루족과 흡사했다. 경작지에 대한 낮은 자본투자를 반영한 듯, 토지는 개별 농장이 아니라, 지도자가 구성원에게 돌아가며 토지를 배분하는 영속營屬 씨족에 의해 소유되었다. 친족집단은 바로 재배할 수 있도록 경작지를 준비하는 작업을 함께 하였는데, 가구의 수준에서 대부분의 농사는 여성들에 의해 수행되었다. 토지를 방어·정복하거나 소를 뺏으려는 습격을 목적으로 한 전쟁이 만연해 있었다. 공동체의 의사결정을 수행하는 스와찌 전사와 연장자는 아프리카식 연령집단 체계에 의해 정해졌다.

그 분절된 사회경제적 토대의 상층에는, 다스리는 인구가 대략 10만에 이르고 광역적으로 중앙집권화되었으며 고도로 분화된 거의 국가 수준의 수장사회가 있었다. 그 초복합수장사회는 크라딘Nikolas Kradin이 내륙 아시아의 귀족정치와 관련하여 묘사했던 이목민'제국'과 유사했다. 스와찌 정치체는 단일 종족집단을 반영하는 부족이었다. 군사적 전치轉置와 대수장大首長, paramount chief이 수행한 영토 정복을 통해 스와찌족은 대규모로 통합된 정치체를 결성하였는데, 대수장에게는 인구성장과 이해 충돌을 직면한 자신의 집단을 뒷받침하기 위해 영토를 넓힐 의무가 쥐어졌다.

원칙적으로, 모든 토지는 정복의 권리에 따라 대수장에게 속했지만, (국소 수장들이 대수장에 의존하는 토지-기반 체제를 창출하면서) 그는 토지를 개별 씨족에게 배분했다. 씨족은 정착 우선권에 기초하여 서열이 매겨졌는데, 최초 정복 씨족은 가장 최근의 씨족이 토지를 획득하도록 우선권을 내려준다. 씨족의 수장은 분쟁 해소, 비상 지원, 협동 노동 구성원 조직, 의식 진행 등 국소적 사안에 있어 실질적인 독립성과 권한을 가졌다. 협동 노동과 의례는 이 수장들이 후원하는 향연과 결부되어있었다. 국소 수장은, 모든 권력이 발원하는 대수장에게 충성을 바쳐야 했다.

이는 가구로부터 국가에 비견할 수장사회에 이르기까지 권력이 다차원적이라고 이해되어야 하는 전형적인 분절적 수장사회였다. 유력한 씨족은 다른 씨족들 위에 군림하면서, 원조 대수장으로부터의 계보를 주장했고, 농경에서 얻어진 잉여에 대한 권리를 가진 독립적 섭정 위원회를 갖췄다. 그러나 대수장의 권력구조는 좀 더 개인화된 수장권 연결망에 기초했는데, 그 구성원은 대수장의 마을에 거주했다. 씨족 소속과 관계없이, 개인은 대수장에게 충성을 맹세하고 지위와 능력에 따라, 통치 역할을 부여받았다.

취락체계는 스와찌 사회의 사회정치적 구조를 구현하고 있었다. 대부분 인구는 씨족 수장 주위에 군집한 작은 마을-부락에 거주했었지만, 중심지가 존재했다. 그들은 본질적으로 단순한 부락이었지만, 새로운 통치기능을 수행했다. 새로운 '왕' 각각은 자신의 여러 아내 및 자신의 어머니와 생활할 고유의 중심지(수도)를 세웠다. 여기에 높은 수장은 자신의 통치를 구현할 묘당이 갖춰진 의례 중심지를 개발하였다. 중앙 저장소와 큰 축사는 수장의 의무를 뒷받침할 수 있게 해주는 재화를 보호하도록 방어시설을 잘 갖췄다.

최고지도자가 통치행정가로서 일하는 행정전문가를 모으자 그의 치세 동안 중심 취락은 규모가 성장하였지만, 거주자가 몇백을 넘지는 않았다. 지도자는 사망하면 중심 취락에 묻혔는데, 대대로 내려온 원조 수장의 안식처로 이어진 통치자의 계보에 대한 지원을 유지하는 배열을 형성하게 된 것이었다. 비교적 인구밀도가 낮은 분절사회에서 수장권역을 구축하는 수단으로 전쟁의 중요성은 7장에서 다루어질 주제이다.

동남아시아의 수장사회

동남아시아를 통틀어 국가는 고도로 강화된 관개시설, 정복 전쟁, 정교한 의례 및 종교중심지, 폭넓은 교역을 기반으로 형성되었다. 그런데 그런 국가들은 매우 산발적으로 분포하였으며, 수장사회는 주로 국가에 긴요한 무역을 통제할 수 있도록 전략적인 입지를 가지면서 고산지대 사이사이에 형성되었다. 미얀마의 언덕들에서는 역사적으로 밀접하게 연관된 일련의 사회들이 비교적 평등한 사회부터 농업국가에 이르는, 정치형태의 연속선이 보인다.

주요한 종족적 구분은, (미얀마 남부의 관개 기반 국가와 유사한 문화를 가진) 샨족the Shan과 관개가 없었던 다양한 고산 주민의 집합체라 할 카친족the Kachin 사이에 있다. 이 연속선은, 20세기 이 지역을 지배했던 대영제국의 민족지학자나 행정가들에 의해 기술되었다. 이 지역의 정치과정에 관해서는 리치Edmund Leach의 탁월한 고전적 분석이 있다. 헤이든Brian Hayden은 동남아시아의 관련 사회들이 위신과 권력을 연결하는 데 있어, 향연의 중요성을 보여주는 민족지를 제시한다.

카친족

미얀마 고산지대는 태국과 인도 사이의 아시아 남부 열대우림 산악지역이다. 여기에는 3개의 주요한 환경 및 경제구역이 존재한다. 주요 강을 따라 발달한 저지대는 충적토양을 뒤덮은 관개 쌀농사에 의존하는 샨족이 밀집해 있는 인위개변 구역이다. 계곡을 둘러싼 삼림언덕에는 카친족 집단이 생활한다. 서부 산악에는 계절성 강우가 삼림을 적신다.

카친족은 생산성 높은 화전 농경을 통해 밭벼를 생산했다. 상당히 긴 휴경주기로 토양의 비옥도를 유지했으며, 인구는 밀도가 낮았고 작은 마을

이나 부락에 흩어져 살았다. 정주는 비교적 단기간이었으며, 사람들은 장소에 크게 얽매이지 않았다. 그러나 일부 지점에서는 높은 인구밀도나 영구적 정주를 가능하게 하는 영구 경작지를 지탱할 산사면 대지가 조성되었다. (특히 옥과 같은) 특수물품에 대한 중국인들의 수요에 부응하는 장거리교역이 중요했다. 국소 집단 사이의 보복살인이나 한창 떠오르는 수장사회를 뒷받침했던 교역로 통제에 연관된 전쟁이 만연했다. 무역을 지배할 목적으로, 수장은 일용품 유통의 긴요한 병목 지대에 영구취락을 유지하고자 산사면 대지의 구축을 후원하였다.

리치는 카친의 사회정치적 체제를, 분절사회에서 일반화되어 있듯 상시 유동적이지만 아프리카 반투에서 보았던 바와 다르지 않은 강한 계급구조의 요소를 가진 것으로 기술하였다. 그는 카친족 내의 두 전형적 조직체계―그 유명한 굼사gumsa와 굼라오gumlao의 구분―에 관해 기술하였다. 굼사는 기초적인 사회조직으로 간주할 수 있는데, 리치는 이를 권위부재적이며 민주적이라 불렀다. 마을에는 공동체 의례를 제외하고는 별다른 권력이 없는 수장이 존재했던바, 공동체 구성원들은 의사결정과정에서 폭넓은 통제력을 가졌다. 각 마을의 수장은 다른 이들과 동등한 주장만을 할 수 있었기 때문에, 광역적 위계나 정치체계는 존재하지 않았다. 권위부재적인 카친족은 국가에 비견할 봉건적 독재체제로 조직된, 강변에 거주했던 인근 샨족과는 극명하게 대비되었다.

굼라오는 조직상 중간적이었다. 수장은 전쟁, 의례적 향연, 고밀도 인구의 부양 및 경작 대지와 재화 운반용 장거리 교역로 둘 모두에 대한 결정적 통제 등에 강압과 설득을 병행하면서 지역적으로 권력을 확장할 수 있었다. 프리드먼Jonathan Friedman과 롤랜즈Michael Rowlands는 이 체제를 위신재교역pregtige goods exchange―재화의 배분 통제에 기초하는 정치경제의 특수형태―으로 묘사하고 있다.

카친족 내의 정치구조는 태생적으로 불안정했던바, 분절과 위계, 민주주의와 독재, 권위부재와 봉건주의 사이에서 요동쳤다. 카친 수장사회의 부침은 경제적 통제, 전사적 완력, 향연을 통한 의례적 합리화 등을 포괄하는 연속적 과정을 반영한다. 국제 재화 무역의 변동과 포괄적인 국제관계는 이러한 상시적 유동성을 배태했다. 이러한 점은 카리브 해양성 수장사회의 핵심 주제이기도 하다.

카리브해 연안의 수장사회

스페인인과의 접촉 무렵, 카리브제도와 주변 저지대에는 수장사회가 광범위하게 존재했다. 『남미 원주민 편람The Handbook of South American Indians』 제4권에서는 카리브해 연안의 사회를 진화 복합도상 무두평등無頭平等의 열대우림 아마존 부족과 위계적인 안데스 국가 사이의 중간단계로 구분했다. 이들 사회는 광역정치체로서 수장사회를 정의한 오베르그Kalervo Oberg의 전범이 되었다.

서구의 제국주의적 확장이 크게 영향을 미쳤음에도 불구하고, 역사 기록이나 고고학은 민족지 서술과 연결된다. 카리브Carib, 타이노Taino를 비롯한 종족 등 해안가 주변의 문화집단은 불안정한 복합화의 좋은 사례를 예시한다. 해양성 수장사회를 이해하는 데에 있어 필수불가결한 원거리 관계의 중요성 때문에, 여기서는 접촉 시기 파나마 수장사회에 대한 헬름스Mary W. Helms의 영향력 있는 분석에 주목하고자 한다(7장 참조).

카리브해를 통틀어 호상弧狀을 이룬 섬들은, 폴리네시아에서 관찰되었던 바와 비슷하게 수장사회의 진화를 뒷받침했던 비옥한 재배 토양과 어로라는 기회를 제공한다. 바닷가에는 산지의 숲에서 흘러온 하천으로 부양되는 사바나나 맹그로브 숲의 넓은 평탄지가 펼쳐져 있다. 비옥한 토양과 어로에 적합한 골짜기는 무척 풍요로웠던바, 생계의 기회를 좇아 고르지 않게 분포하던 보통 밀도의 인구집단을 부양하였다. 상당한 국소적 변이로 인해, 주요 경제형태는 농업—특히 휴경기간이 들쭉날쭉한 (옥수수와 근경류의) 화전 경작, 영구적인 (팜과 같은) 과수의 재배, 맹그로브 숲 늪지, 강어귀, 탁 트인 바다에서의 풍요로운 어로—이었다. 관개는 산지에서 발원한 좁은 하천에 국한되었다. 산발적으로 분포하는 부락 정도의 취락은, 정기적으로 범람(하여 더 비옥)했던 강변 충적대지에서 이루어졌던 농업집약화에 따라 매우 다양했지만, 생산성 높은 어로 지대 근처에서는 특히 영구적이었을 듯하다.

통나무배는 어로는 물론, 멀리 떨어진 육지로의 항해, 연안을 따라 이루어지는 항해, 강을 따라 내륙까지 가는 항해에 중요했다. 야생 지대는 사냥을 위해 중요했다. 해상이동성과 항해술은 무역과 습격의 기회를 제공했다. 푸에르토리코와 같은 더 큰 섬을 제외하면, 사람들이 수장의 압박을 피해 쉽게 떠나갈 수 있었던바, 농경, 어로, 수렵 등이 수장 통제에 좋은 기회를 주지는 않았다. 전쟁이 매우 빈번했었는데, 대체로 이는 수장의 관심거리였으며 정치적 통제나 습격을 확대하려는 시도에 긴요했다.

콜롬비아 북부 해안 산악지대에서 유입된 금을 포함한 카리브해 연안의 사치품 무역은 특별히 흥미롭다. 큰 통나무배로 동쪽으로는 가이아나, 서쪽으로는 파나마 협곡을 따라 코스타리카까지 금이 교역되었다. 카친족과 같이, 사치품의 원거리 이동은 막 시작된 사회적 복합화에 긴요했음이 드러난다. 카리브해 연안 수장사회들에서 보이는 변이의 상당 부분은 비교적 규모가 큰 섬에서의 농토나 해안지대 사치품 유통에 대한 통제의 서로 다른 가능성을 반영한다. 극적으로, 파나마 수장사회는 콜롬비아의 채굴 및 제작지대와 교역을 통해 얻은 금으로 부를 축적했다.

파나마의 역사시대 수장사회

기록이 풍부한 파나마의 역사시대 수장사회에 주목하면서, 헬름스는 수장과 일반민 사이의 격벽에 관해 기술하고 있다. 역사 기록을 통해서는 일반민에 대해 별로 아는 것이 없지만, 현대 민족지를 통해서는 생계에 관한 한 그들이 가구 수준에서는 대체로 독립적이었음을 피력할 수 있다. 그들은 해당 지역의 가용 자원을 이용할 굴지구, 운반용 바구니, 그물, 낚싯줄, 통나무배 그리고 사냥도구 등을 스스로 만들었을 것이다.

작은 부락 크기의 거주지는 분명히 매우 한시적이었고, 생계자원에 근접하면서 흩어져 있었다. 가옥은 초가지붕에, 사탕수수와 회반죽을 섞은 벽으로 되어있고, 아마도 주변 자원과 개변된 경작지의 소유권을 가진 친족집단이 거주하였던 듯하다. 현대 쿠나Cuna 후손들이 공공의례나 정치논쟁을 펼칠 커다란 회의소를 짓고 있음에도 불구하고, 좀 더 규모가 큰 일반민 마을이나 거기에 지어진 의례 건조물에 대한 논의는 없다. 취락은 방어적이지 못했다.

수장의 지위는, 폴리네시아와 유사하게 부계의 본가 혈통을 따라 세습되었다. 고위 수장은 서열상 그렇게 태어나며, 전쟁에서의 성공에 따라 광역적 권력이 결정된다. 수장사회는 정복과 충성스러운 수장체 구축을 통해 만들어졌다. 수장은 본가 계보를 따라 지위를 세습하지만, 통치자에 대한 복무를 통해 일반민이 하위 수장으로 인정받기도 한다. 수장은 유별난 의상과 (금제 장식을 포함한) 특별한 장신구로 인지되었으며, 고위의 수장은 가마를 탔다. 유력한 수장과 그 친척들은 산재한 일반민 취락들 사이의 중심지에 살았다.

정치중심지만이 해당 수장사회만큼 영구적일 수 있었는데, 거기에는 수장 가옥, 전사용 병영, 향연을 위한 장소, 수장의 매장구조물, 산물을 위한 저장복합체 등이 있었다. 인적 및 물적 재산 보호뿐만 아니라, 구분되는 사회생활을 구현하기 위해, 중심취락은 돌이나 나무 또는 선인장 담장과 부속된 호濠로 둘러쳐졌다. 그리하여 주거는 (강제로) 노동력과 농업생산력을 전용할 권리를 유지함으로써, 광역정치체의 권력을 체현하게 되었다. 노예는 전투에서 패배한 사람들이었는데, 집약화된 농경에 노동력을 제공함으로써 전사, 행정가, 전문장인 등이 거주하는 중심취락을 부양했다. 파나마 수장사회 중 큰 경우는 2,000명의 전사를 보유했던 것으로 일컬어지는데, 이는 (주요 중심지들의 역사상 분할에 근거할 때) 종속된 인구가 $50,000 km^2$에 퍼져있었던 수만 명에 달했다고 치환될 수 있다.

헬름스 주장의 핵심에는 유력 수장의 구별성을 만들어 내고 유지하기 위한 원거리 관계의 중요성에 강조가 자리한다. 남아돌 정도여서 대체로 개선되지 않은 농경 자원 등은 권력과 통제의 기회를 창출하지 못했다. 오히려, 중심취락은 콜롬비아로부터 동쪽 해안을 따라 유입되어 내륙으로 들어오는 광물 흐름에 대한 접근성을 통제하기 위한 곳에 자리 잡았다. 멀리

그림 1.4　금와장식, 파나마 수장사회의 사치품. 아마도 원료는 컬럼비아 북부에서 배로 수입되었으며, 수장에 부속된 고도의 기술을 가진 야금 전문가에 의해 가공되었던 듯하다. 1979년 록펠러Nelson A. Rockefeller가 유증한 메트로폴리탄 미술관의 록펠러Michael C. Rockefeller 추모 소장품 (1979.206.1350).

서 오는 금제 및 여타 물품은 광채라는 물적 특성에 있어 태생적으로 우월했고, 상징적 의미의 형상을 갖춘 물품으로 가공될 수 있었다.

그림 1.4는 복잡한 실납失蠟, lost-wax법을 이용하여 금으로 주조된 개구리 모양 장신구를 보여준다. 이런 기술적 세련에는 유능한 장인의 제작 기술이 들어있었다. 수장에 의해 통제된 정도에 따라, 이런 물품들에 대한 접근은 마법-종교적 힘과 전사의 강력함을 표현할 수 있었다―예를 들어, 이 금와金蛙장식은 강우와 농업적 풍요의 상징이었다. 아마도 이를 소유한 수장은 장거리 이동을 독려했을 것이다. 외부에서 오는 재화를 통제함으로써 수장은 샤먼의 특별한 주술적 힘을 표상할 수 있었다.

요점

민족지 및 역사적 사례를 통해, 수장사회라는 범주의 폭이 넓음을 지적하는 중간수준 사회의 정치적 성격을 정의할 수 있다. 그것들은 중앙집중적 권력을 향한 어느 정도 전형적인 정치과정에 다양성의 개념을 부여했다. 수장사회는 인구밀도, 환경 잠재력, 생계경제, 기술 등에 있어 매우 다양하다. 간략한 민족지 요약이어서 상세하지는 못했지만, 각 문화집단에 대한 역사적 대비는 심층적이었다. 친족체계, 공동체구조, 종교, 신화 및 더 많은 분야에서의 특성은 문화사를 통해서만 이해될 수 있다.

그런데 단일 문화권 내에서, 개개 집단들은 무두평등의 공동체에서 국가 수준의 최상 권력에 이르는 정치적 연속선상을 따라 발달한다. 모든 사례가 공통으로 가지는 것은, 경제·전투·종교적 활동의 조작으로 축적된 권력에 기반한 광역 기관으로의 발달을 추구하는 정치적 추진력이다. 그러한 권력의 선택가능한 원천들은 2장에서 논의하기로 하자.

각 수장사회가 특수성에 따라 다르게 구축되었다 하더라도, 수장은 항상 우뚝 올라서기 위한 권력 전략을 고안해낸다. 동시에, 가족과 공동체들의 이해는 정치적 강화를 제한 또는 수용하도록 작동한다. 수장사회의 광역 정치기구를 만들어 낸 진화의 동태성은 (수장의) 하향 및 (공동체의) 상향적 이해 사이 매개자나 권력의 균형추로 고려되어야 한다. 계단식의 진화적 발전상 특정 유형으로 수장사회를 인식하려는 시도는 옳지 않지만, 다양한 형태로 변화하는 정치경제는, 권위부재의 사회에서 마을 차원의 자치와 공식적 상위구조로서 국가 사이에서 조직되는 모든 사회들을 특징짓는다.

더 읽어 보기

수장사회에 관련된 이론적 논의

Carneiro, Robert L., Leonid Grinin, and Andrey Korotayev (editors). 2017. *Chiefdoms: Yesterday and Today.* Clinton Corners, NY: Eliot Werner Publications. 이 책은 전쟁의 중요성을 강조하는 카네이로의 장황한 장을 포함하고 수장사회 개념에 대한 요피Norman Yoffee의 비판을 반박하면서, 수장사회에 관한 최신 논의를 제공한다. 깁슨Blair Gibson은 수장연맹의 조직규모를 고려한다. 러시아 학자들은 수장사회의 사회진화에 대한 좋은 개괄을 제공한다.

Earle, Timothy. 1987. Chiefdoms in Archaeological and Ethnohistorical Perspective. *Annual Review of Anthropology* 16: 279-308. 이 비평논문은 인류학과 고고학에서 사용된 수장사회 개념들을 요약하고 있다.

Flannery, Kent V., and Joyce Marcus. 2012. *The Creation of Inequality: How Our Prehistoric Ancestors Set the State for Monarchy, Slavery, and Empire.* Cambridge, MA: Harvard University Press. 이 책은 사회·정치적 불평등의 형성과정에서 수장사회의 과도過渡적 역할에 주목한 민족지와 고고학 연구를 수합하고 있다. 사회적 관련성을 주시할 수 있는 역사과학으로서 고고학의 고전이다.

Friedman, Jonathan, and Michael J. Rowlands. 1977. Notes Towards an Epigenetic Model of the Evolution of "Civilisation." In *The Evolution of Social Systems,* edited by Jonathan Friedman and Michael J. Rowlands, pp.201-276. London: Duckworth. 이 장은 여러 수장사회에 관한 연구에서 중요하게 다뤄지는 개념인 위신재경제prestige goods economy를 모형화한다. 위신재경제는 배제전략으로서 재부형 재정wealth finance을 반영한다.

Hayden, Brian. 2016. *Feasting in Southeast Asia.* Honolulu: University of Hawaii Press. 이 책은 민족지를 통해, 수장사회를 포괄하는 사회분화의 시작에 있어서 (자기)확대자aggrandizer가 주관한 연회의 역할을 주목한다.

수장사회의 변이에 관한 상세 연구

Drennan, Robert D., and Carlos A. Uribe (editors). 1987. *Chiefdoms in the Americas.* Lanham, MD: University Press of America. 미주대륙 수장사회에서 보이는 변이를 기록한 글들을 모았는데, 위계적 취락체계 내의 인구분포에 기초하여 수장사회가 어떻게 고고학적으로 연구될 수 있는지를 기술한 드레넌의 중요한 장도 포함되어 있다. 그는 여러 사례에서 주요 변이를 관찰하면서 수장사회에 대한 계량적 접근을 계속해왔다.

Earle, Timothy (editor). 1991. *Chiefdoms: Power, Economy, and Ideology.* Cambridge, UK: Cambridge University Press. 이 책은 수장사회의 변이에 관한 'School of American Research Advanced Seminar'에서 발원하였다. 파인만, 길먼, 커치, 크리스티안센 등 선도적 학자들의 연구를 집성하고 있다.

Feinman, Gary M., and Jill Neitzel. 1984. Too Many Types: An Overview of Sedentary Prestate Societies in the Americas. *Advances in Archaeological Method and Theory* 7: 39-102. 이 논문은, 〈인간관계지역자료 Human Relations Area Files, 약칭 HRAF〉의 민족지에 기초하여 서술된 수장사회들에 대한 체계적인 분석을 활용하면서 그 변이에 주목하는데, 수장사회는 특정 속성일람에 따라 판정된 하나의 사회 형식으로 간주할 수는 없음을 보여준다.

McIntosh, Susan Keech (editor). 1999. *Beyond Chiefdoms: Pathways to Complexity in Africa.* New York: Cambridge University Press. 이 책은 강력한 위계와 중앙집권적 통솔력이 부재한 아프리카의 분절사회에 주목한다. 편저자는 아프리카에서 관찰된 덜 중앙집권적 형태의 광역공동체를 이해하기 위해 수장사회의 (서비스가 제시한) 고전적 정의를 '넘어' 이행移行하기를 바란다.

Redmond, Elsa M. (editor). 1998. *Chiefdoms and Chieftaincies in the Americas.* Gainesville, FL: University Press of Florida. 이 책은 신대륙 수장사회 사례들도 같이 소환하면서, 미주대륙 수장사회들의 중앙집중화 정도에서 보이는 변이에 주목하고 있다.

수장사회의 민족지

아래 민족지들은 상이한 경제적 상황에서 작동하고 규모와 위계의 양상에서는 대비되는 부족사회를 보여준다.

Bloch, Marc. 1964. *Feudal Society.* 2 vols. Chicago: University of Chicago Press. 이 책은 수장사회부터 국가를 포괄하는 정치·경제적 조직에 대해 논의하면서 봉건시대 유럽을 응시하고 있다. 특히 분화된 (그러나 비교적 중앙집권화는 미약한) 정치체제가 귀족 자산으로서 토지의 소유권에 기초함을 이해하는 것이 중요하다.

Evans-Prichard, E. E. 1940. *The Nuer: A Description of the Modes of Livelihood and Political Institutions of a Nilotic People.* Oxford, UK: Oxford University Press. 사회구성체 social formation의 융합-해체모형을 조절하는 미약한 수장이 있는 아프리카 분절사회에 대한 고전적인 영국 민족지이다.

Firth, Raymond. 1936. *We the Tikopia: A Sociological Study of Kinship in Primitive Polynesia.* London: George Allen & Unwin. 마르키즈나 하와이제도 수장사회와는 대비되게, 주로 의례에 결부된 미약한 수장이 있는 소규모 폴리네시아 수장사회에 대한 고전적인 민족지이다.

Handy, E. S. Craighill. 1923. *The Native Culture in the Marquesas.* Bulletin No. 79. Honolulu: Berniece P.Bishop Museum. 마르키즈 수장사회에 대한 미국 인류학자의 민족지이다.『비숍박물관회보 Bishop Museum Bulletin』는 수장사회의 전 범위를 반영하는 태평양 도서 집단에 대해 원천적인 서술을 출간하였다.

Helms, Mary W. 1976. *Ancient Panama: Chiefs in Search of Power.* Austin: University of Texas Press. 원거리 수장 관계에 의존하는 권력에 관한 고전적인 민족지 연구이다. 파나마의 국가들에 의한 병합에 효과적으로 저항했던 동시기 쿠나에 관해서도 양호한 민족지들이 있다.

Junker, Laura Lee. 1999. *Raiding, Trading, and Feasting: The Political Economy of Philippine Chiefdoms.* Honolulu: University of Hawaii Press. 융커에 따르면, 중국인이 열망하던 일용품을 거래한 상인들이 국제무역을 통제했던 필리핀에서도 수장사회가 발달했다.

Kuper, Hilda. 1947. *An African Aristocracy: Rank Among the Swazi.* Oxford, UK: Oxford University Press. 말리노프스키의 학생이었던 필자가 남아프리카공화국의 한 반투 '왕국'에 대해 기술하고 있다. 그 복합수장사회 complex chiefdom는 정복 전쟁에 기반했다.

Leach, Edmund. 1965. *Political Systems of Highland Burma: A Study of Kachin Social Structure.* Boston: Beacon Press. 리치는, 변화하는 경제적 상황에 따라 심하게 동태적인 정치 조정에 대해 기록함으로써, 전통적인 부족사회에 관한 역사 및 민족지 기술을 제공하고 있다. 영국 구조주의를 비판하면서 구조보다는 과정을 강조한다. 프리드먼과 롤랜즈의 위신재 교환 모형은 이 중요한 연구에 기초하고 있다.

Sahlins, Marshall. 1958. *Social Stratification in Polynesia.* Seattle: University of Washington Press. 다양한 생태 및 경제적 조건에 기반하고 있는, 역사적으로 연계된 수장사회의 적응적 방산에 관한 고전적 연구이다. 통합의 규모와 사회적 분화에 있어 다양한 수장사회들을 두루 아우르고 있다.

Schneider, Harold. 1964. A Model of African Indigenous Economy and Society. *Comparative Studies in Society and History* 7: 35–55. 경제인류학자인 필자는, 비교적 인구밀도가 높은 반투 사회를 예시하면서 가구의 독립성과 사회적 위계에 대한 저항성을 설명하고 있다. 스와찌왕국에 관한 쿠퍼의 민족지와 중요한 대비도 제시한다.

02
인류학을 통합하는 진화이론
Evolutionary Theory Integrating Anthropology

　　인류학의 시작부터 진화evolution는 통합과 분리의 핵심적인 화두였다. '수장사회'의 의미와 용법을 이해하려면, 사회문화적 진화에서의 역할은 물론 그에 대한 비판을 고려해야만 한다. 인류학에 기반을 둔 지적 사고를 변형시켰던바, 진화이론의 더 광범위한 맥락을 기술하는 작업으로 이 장을 시작하고자 한다. 『종의 기원On the Origin of Species』에서 다윈Charles R. Darwin은 사회/자연과학자들이 인간다움의 역사―인류의 기원, 언어, 사회, 정치, 종교―를 다시 생각할 영감을 주었다. 진화는 인류학을 규정짓는 통합적 전제가 되었다.

진화

　　진화는 (지구과학, 지질학, 생물학에서 사회조직과 문화에 이르기까지) 다양한 영역에서 체제상의 변화를 아우르는 폭넓은 개념이다. 진화는 한 덩어리 같은 현상이 아니고, 다양한 자연 체계에서 예측할 만한 변화를 유도하는 과정으로 특징지어진다. 어떤 진화과정은 상호 밀접하게 연결될 수도 있지만 다른 것들은 체계-한정적인데, 유사의 정도는 경험적 질문에 해당한다. 진화의 정의에 일조하는 특질은 역사, 과정, 그리고 선택이다.

　　진화는 변화를 유도하는 ('편향적 전달biased transmission'인) 선택의 과정에 주목한다. 위대한 진화생물학자, 마이어Ernst W. Mayr는 진화를 역사과학으로 묘사한 바 있었다. 선택은 생물학적 변화를 주도하지만, 새로운 것을 창조하지는 않는다. 진화는 변형을 동반한 세습이며, 초기 개념에서와는 달리 생성될 특정 형태나 방향이 미리 정해지지는 않는다. 목표지향적으로 —예를 들어 인간의 완결성, 민주성 등으로 나아가는 필연적 과정으로— 간주해서는 안 된다. 선택의 과정은 고려될 현상에 따라 달라지지만, 다양한 형태를 창조하는 양상의 부수적이고 체계적인 변화를 수반한다.

진화에 대한 초기 생각들

19세기 동안, 다윈, 라이엘Charles Lyell, 마르크스Karl Marx, 스펜서Herbert Spencer 및 여타의 저작은 지질, 생물 그리고 사회가 동일 과정에 의해 유도된 변화라는 측면에서 어떻게 이해될 수 있는지를 개괄했다. 신에 의해 창조되고 인간 의지와 하늘의 뜻에 따라 단지 우연히 변화하는, 고정적 세계에 대한 관념은 대체로 사라지게 되었다. 오히려, 체제상의 변화와 파생하는 변이는, 역사적 구성을 모양 짓는 단일 효력에 대한 과학적인 이해를 요구한다. 진화는 다양화의 과정이다.

사회진화는 인간문화의 장구한 역사를 이해하는 핵심이지만, 여러 인류학자가 그 활용에 의문을 제기해왔다—일부는 경험적 측면에서, 대체로 그 오용 가능성 때문에 그러했다. 진화론적 사고는 나치 시기 독일의 인류학이나 영국과 프랑스의 식민정책 등으로 불명예스럽게 예시되듯, 우월성과 식민지 확장에 대한 서구의 요구를 정당화하는 데에 활용되어왔다. 인종주의 정치가 끊임없이 인류학에 따라붙더라도, 진화론적 연구는 인종주의자의 허위를 반박한다. 인간은 부정할 수 없이 동물, 곧 하나의 종이며, 우리의 생물학적 진화 이력은 분명하다.

16세기부터 19세기까지, 유럽인들은 깊은 종교적 신념과 발견의 시대를 살았다. 유럽의 국가들은 (세상을 탐험하고, 연결하고, 식민화해가며) 유례없이 확장해가고 있었다. 유럽인들은 그들이 이전에 알았던 것과는 다른, 놀랄 만치 다양한 식물, 동물, 사람들을 새로이 마주치게 되었다. 이국적인 것들에 매료되어서, 그들은 세상의 다양성을 수장收藏·분석·이해하기 위한 자연사박물관을 건립하였다.

그 다양성에 대한 설명은 신의 안배 찾기가 되었다. 예를 들어, 린네

Carl Linnaeus―1707년에 출생한 스웨덴 학자이자 자연주의자―는 동·식물계의 세계적 다양성을 범주화하고자 하였다. 독실한 기독교인으로서, 그는 살아있는 세상은 신의 안배를 증명할 것이라고 믿었다. 린네가 서술한 것은 내재적 유사도에 기초한 포함체계로, 동/식물의 계界까지 올라가면서 종種, (매우 유사한 종들인) 속屬, (속들의 군집인) 과科 등으로 묘사된다.

성경 속 이야기에는 신의 형상에 따라 인간이 창조되었다고 일컬어진다. 그러나 모든 인간이 비슷하게 생기지는 않았다. 인간은 피부색, 얼굴 모습, 모발, 키 등 외양적으로 구분되는 특성을 가졌고, 그런 차이는 '복장이나 신체 치장 등 다른 행위'에 의해 강화되었다. 이런 상이성은 '인종적' 차이가 여러 차례의 창조에 기인한다는 (명백하지는 않지만) 일반적인 관점―어떤 이는 우월하고, 다른 이는 열등하거나 전혀 인간이지도 않다―을 정당화해줄 듯하다. 이런 관념은 경쟁집단의 학살, 식민지 정복과 지배, 당연히 노예제 등의 행위를 정당화하기에 편리했다.

그러나 동시에 지질학자들은 서서히 이질적인 지형을 만드는 침식과 퇴적 같은 지질적 과정(동일과정반복uniformitarianism)을 이해하기 시작했다. 동일 과정에 대해 이해하려면, 몇천 년에 불과한 성경의 궤적을 훨씬 넘어서는 장구한 시간대에 대한 심오한 역사적 지식이 필요해 보였다. 서로 다른 암석층에 결부된, 식물이나 동물화석의 궤적에는 절멸한 종들이나 지질적 층서로 보건대 서로 대체된 종들도 포함되어 있었다. 린네의 분류체계는 현생 및 절멸 동식물을 기술하기에 충분히 견고하다는 점이 증명되었지만, 그가 인지한 상사·상이도는 수지樹枝 같은 모양으로 변천사를 제시하는 듯했다. 신의 안배는 장구한 시간대에 걸쳐 영속성과 변화를 포함한다고 여겨졌다.

하버드대학교의 지질학자 아가시Louis Agassiz처럼 창조론을 신봉했으면서도 걸출했던 과학자들과 함께, 다윈은 생물학적 진화이론을 공식화하기 위해 개념적 장애를 극복했다. 다윈은 변화의 동일 기제로서 자연선택을 확인했다. 변형이 동반된 세습은 특정의 환경에서 다양한 재생산 성공 여부에 따라 유도된다. 선택이 일어나는 맥락에 대한 명확한 이해는 진화에서 긴요하다. 수많은 첨가와 변형을 거쳐 (다윈이 집대성한) 생물학적 진화는 모든 생물과학의 기초를 이룬다.

진화, 인류학 그리고 인종주의

진화생물학은 인류학의 새로운 영역에서 불가결하게 되었다. 인간, 유인원, 원숭이가 공동의 조상을 갖는다는 가설이 원래 있었음에도, 생물인류학은 영장목으로부터의 인류 분기에 관련된 화석증거를 점점 더 많이 기록해왔다. 침팬지와 인간 사이의 유전적 유사성은 이제 양자가 같은 속이라는 점을 시사한다. 우리는 호모 사피엔스Homo sapiens이고, 침팬지는 호모 트로글로다이테스Homo troglodytes, 그리고 보노보는 호모 파니스쿠스Homo paniscus이다. 이들 세 가지 종은 생물학적 사촌이지만 현저한 차이를 지니고 있는데, 그 일부는 생물학적이지만, 비상한 변화를 분명하게 반영하는 것 외에는 인간문화로 증명된다.

무엇이, 세계적으로 널리 믿어지는 인간 범주화의 일종인, 인종race으로까지 우리를 소환하는가? 진짜 문제는 (인간은 동물에 우월하며, 그 일부는 다른 이에 비해 더 우월하다는) 오래 버텨온 창조주의 요소임이 드러났다. 이는 착오로, 과도하게 진화이론을 정치화한 적용인데, 지배와 배제를 편리하게 설명하는 데에 활용된 사례이다. 그것을 일소하기 위해 인류학은 생물 및 사회문화 진화를 버려야 할까? 이 책은 생물학적이건, 문화적이건 인간 다양성의 장구한 역사적 과정에 대한 이해가 우리 분야의 핵심이어야 함을 피력한다.

19세기 사회문화적 진화론

사회문화적 진화는 다양한 선택과정을 결부시킴으로써 역사상의 체계 변화를 이해하는 데에 일조한다. 사회나 문화와 관련하여, 선택이란 여러 수준에서 나타나는데, 개인이나 소규모 집단이 (특히 생계나 사회적 소속에 관한) 행위를 선택할 수 있는 상향의 과정과, 경쟁과 지배에 있어 집단들이 활용하는 권력관계가 결부된 집단 간 하향의 과정으로 단순화할 수도 있다. 개인은 효율에 따라 특정 관행과 기술을 선택하며, 집단은 권력관계에 따라 확장하기도, 수축하기도 한다.

유럽에서 (산업 성장과 연결된) 다윈의 이론은 진보 개념과 병합된 진화의 틀을 인간 사회의 차이를 이해하는 분명한 수단으로 만든듯했다. 선박 기술, 증기 동력, 신무기 등 분야에서 서구사회의 발전은 우월성에 대한 서구의 관념을 정당화할 만한 신속한 운반, 산업생산성, 압도적인 무력을 창출했다. 정체에 대한 관념은, 진보와 서구가 나머지를 지배하는 명백한 운명으로 대체되었다.

그런 관념은 쉽게, 또 불행하게도 진화론적 사고와 연결되었다. 비서구문화에 대한 지식이 늘어나자, 사회과학자들은 인간사회의 다양성을 설명하기 위한 축적과 시도를 시작했다. 이러한 새로운 지식은 서구의 우월성에 대한 고정관념에 맞는 듯 보였지만, 마침내 그런 단순화된 추측은 인류학 내에서 도전받게 되었다.

스펜서

다윈의 저서를 읽고, 스펜서는 사회적 교체를 표현하기 위해서 '적자생존survival of the fittest'이라는 문구를 만들어냈다. 그는 사회들이 자연법칙으로 이해될 수도 있는 변화의 경로를 따른다고 주장하였다. 축적된 지식은 기술적으로 앞선 사회가 비교적 원시적인 사회를 대체하게끔 했다는 것이다. 식민 지배의 확산에서 보듯, 서구인들에게는 구태의연한 방식에 사로잡혀 있던 멍청하고 게으른 사람들보다 번영한바, 자신들이 더 영리하며 더 근면한 사람들임이 분명했다. 인종주의racism는 근면과 창조성이라는 서구의 미덕이 세계를 지배할 운명이었다는 생각에 근접해있다. (사회진화론 Social Darwinism으로 일컬어지는) 그런 관념은 대중적으로 유행했으며, 구미사람들이 세상을 이끌게 될 명백한 운명이라는 자민족중심적 사고와도 편리하게 부합했다.

19세기에, 진화론은 (지질학, 식물학, 동물학의 전문적 관리자의 안식처로서)

새로운 자연사박물관의 기초였다. 박물관으로 유입된 것에는 아시아, 아프리카, 태평양, 미주대륙 등지의 토착민에게서 얻는 문화적 수집품도 포함되어 있었다. 스펜서의 저술과 연결되는 기술적 진보에 대한 가정에 기초하여, 이 새로운 문화적 수집품은 (석기시대 채집민같이) 가장 원시적인 데서부터 (당연히, 유럽의 산업국가와 같이) 가장 복합적인 데에 이르는 진화론적 척도를 따라 배열될 문화유형cultural type으로 분류되었다. 유럽 고고학자들은 이미 선사시대 수집품을 기술에 초점을 맞춘 (석기·청동기·철기시대의) 삼시대체계에 따라 구성하고 있었다.

모건, 마르크스, 엥겔스

이 시기 인류학자들은 개인 경험이 유럽을 넘어서기에는 한계가 있는, 안락의자 지식인armchair intellectual이었다. 그들은 선교사, 식민지 행정가, 여행자에게 정보를 의존했다. 모건Lewis H. Morgan의 『고대사회Ancient Society』는 새로운 인류학 분야의 초석이 되었고 사회진화론은 그의 구성 주제였다. 그는 동시대 세계 문화를 집성하면서 순서 매김을 위한 의사擬似역사적 분류—하·상위 야만savagery, 하·상위 미개barbarism, 끝으로 문명civilization—를 제안하였다.

'자연 상태의in a state of nature' 원래 인간은 자연이 제공하는 것을 수집하였던바, 현대 수렵채집민과 유사하다고 여겨졌다. 생활은 고달팠을 것으로 비추어졌다. 그런데 농경의 발명과 더불어, 사람들은 생활을 편리하게 하고, 정교한 지식과 사회관계의 발달이 가능해지도록 정주하게 되었다. 기술이 발전하고 사람들이 점점 더 전문화되면서, 상시적인 고된 노동으로부터 해방할 뿐만 아니라 종교와 예술을 창조할 수 있게 해주는 문명이 등장했다. 더 정교한 사고와 기술이 요구되는 문화적 발전이야말로 그런 진화론적 틀의 기초였다. 현대 유럽 문명의 성취는 최상의 번영을 대변한다.

인간 사회에 대한 모건의 개관은, 사적유물론에 기반하여 사회진화 이론을 체계화한 마르크스와 엥겔스Friedrich Engels의 이해를 인도하였다. 마르크스와 엥겔스는 생산양식mode of production과 역사적으로 연결된, 서로 다른 정도의 사회·정치적 불평등에 주목했다. 양식은 기술 요소—곧, 생산수단—와 사회구성체—곧, 생산 관계—를 결합한다. 간단히 말하자면, 기술은 서로 다른 사회계급이 차별적으로 이익을 취할 수도 있는 (섬유생산의 규모나 복잡성 같은) 특정의 경제 조건을 창출했다. 자본가는 이윤을 산출할 방직공장을 소유했고, 노동자는 노동의 대가로 임금을 받았다.

각 계급은 경제와의 사회적 관계에 따라 다르게 이익을 얻었다. (게르만, 슬라브, 아시아, 봉건제, 자본주의 등의) 역사적 사례를 활용하여, 마르크스와 엥겔스는 발전, 좌절, 영예로운 혁명적 미래를 배태한 인류사에서 생산양식 분류체계를 고안했다. 이들은, 사회주의 낙원으로 향하는 기술·사회적 과정에 따라 일부나마 연속적으로 배열되었다. 마르크스 장례식의 추도사에서, 엥겔스는 "다윈이 자연계의 발달법칙을 발견했다면, 마르크스는 인류사의 변화법칙을 발견했다(Engels 1883)"라고 단언했다. 마르크스에 의해 인지된 선택의 기제는 정치적 지배에 활용되는, 생산력을 통제하려는 유력 계급의 하달식 주장이었다.

스펜서 대 마르크스: 사회진화 개념의 초석

세계 문화에 대한 증진된 지식은 스펜서와 마르크스에 의해 정립된 두 가지 진화론적 공식으로 이해되었다. 산업혁명의 경험에 기반하여, 두 사람은 (다윈에 반대하면서) 진화가 진보적이라고 전제하였다. 스펜서는 유럽 문명을 진화의 결과로 보았다. 마르크스는 그보다는 유럽 자본주의의 불평등과 새로운 세계질서 창출의 가능성을 보았다. 스펜서의 연구는 서구의 고등 지성/문화적 우월에 대한 인종-기반의 전제를 포함했으며 마르크스는 세계 노동자를 선동하여 자본주의를 벗어나게 하고 싶어 했었지만, 두 사람 모두 상향의 과정에는 직접적인 관심이 없었다.

하달식 선택은, 서로 다른 수준에서지만 두 사람 모두의 접근에 긴요했다. 스펜서는 문화적 우월로 인해 모든 사회가 더 '원시적인' 사회를 축출할 때까지 팽창할 수 있음을 강조했다. 마르크스는, 경제적 위상과 결부된 계급들의 상대적 세력에 기초한 선택을 강조했다. 논리상 (광역정치체로서)

수장사회는 국가와 문명의 전조로 등장했을 것이다.

역사과학으로서 20세기 미국 상대주의

　20세기 들어, 비서구사회에 대한 전문지식의 확대는 진화과정에 관한 근본적인 재고로 나타났다. 가장 중요하게는, 인류학이 끊임없는 진보로서의 진화에 관련된 인종 기반 전제들에 점점 더 의문을 품게 되었다는 것이다. 비서구사회에 대해 설사 영광스럽지 않을지는 모르겠으나 그 가치가 인정되게 되었다. 잘못 자리매김한 진보의 개념에 기초했던 스펜서와 마르크스의 이론적 공식이 학계에서 의문시되기 시작하였는데, 특히, 그런 사고가 인간성에 대한 상상을 초월한 공격을 정당화하기 위해 수용되었기 때문이었다.

　19세기 이론들은 두 가지 생각에서 틀린 것으로 여겨졌다―인종은 지능이나 다른 역량에서 차등이 없되 내부적으로 무척 다양했고, 인간사회는 전반적인 삶의 질이란 측면에서도 서열을 보이지 않았다. 생물학자들이 강조하듯이, 하나의 이론적 과정으로서 진화는 발전이라기보다는 변형을 수반한 변화이다. 다양성과 변화에 대한 설명으로서 진화는 인류학의 기초가 되어왔지만, 그 오용은 벗어버려야만 한다.

　진화론적 사고에 의해 정당화된 인종주의의 진정한 공포는 극단적 국수주의자에 의한 인종청소fascist genocide이다. 으뜸 인종 창조를 원하면서, 나치는 목축업자들이나 사용할 법한 도태이론을 수용해 인간에게 적용하였다. 1900년대 초반, 우생학은 불임시킬 만큼 달갑지 않은 사람들을 판별하고자 하였다. 나치는 그런 생각에 집착하여, 뇌전증, 다운증후군 등의 환자를 우선 불임시키고 그런 다음 살해하였다. (아리안Aryan) 민족주의 의제에 경도되어, 극단적 국수주의자들은 도태시키는 것에서부터 유대인, 롬인the Roma, 집시 및 (동성애자, 공산주의자 등) 여타 달갑지 않은 사람들에 대한 기계화된 살해industrial killing로 확대해갔다. 진화이론과 결별하지는 않았을 지언정, 진화론적 주장의 그런 끔찍한 활용으로 학계 전반이 19세기 진화론적 사고를 거부하는 사태를 유발했다.

간결성을 위해, 다음의 요약에서는 당시의 광범한 경향을 대표할 몇몇 연구자에게 집중하기로 한다. 그런데 그런 해설이 여러 기여를 다 강조하지는 못할 것이다. (예를 들어, 보이드Robert T. Boyd, 더넬Robert C. Dunnell, 호더Ian Hodder, 화이트Leslie A. White 등) 사회문화적 진화를 이해하는 방식을 달리하는 데에 이바지했던, 탁월한 학자들의 생각은 대부분 건너뛰게 된다.

보아즈

진화론적 연구에서 민족지의 역할을 이해하기 위해서, 19세기 진화론적 접근에 대한 가장 신랄한 비판자이자, 문화적 차이를 식별하는 작업의 주요 대변자가 되었던 보아즈Franz U. Boas로부터 시작해보자. 자연과학 지식으로 훈련받았지만 (또 거기에 천착했지만), 보아즈는 캐나다 북극의 배핀섬Baffin Island을 향한 한 독일탐험대와 동행했다. 아마도 자신을 찾으려는 듯, 보아즈는 1년여 동안 거기에 머물면서 이누이트Inuit 채집민을 관찰했다. 보아즈는 그들의 정교함, 창의성, 세련됨을 알게 되었다. 그들은 의미 있는 문화적 세계를 구축하기에는 극한의 생태적 어려움을 마주하고 살았다. 토착민에 대한 그의 평가는 향후 미국 민족지학의 뿌리가 되었다. 다소 발전하기는 했지만, 문화를 유형화하는 어떤 진화론적 틀도 그들의 생활방식과 역사의 풍부함을 설명해낼 수 없었다.

보아즈는 널리 인식되지 못한 다양한 문화의 가치를 설명하고자 하였다. 그의 주된 기여는 문화상대주의로, 모든 문화는 동등하게 긴 역사와 내재적 입장에서 이해되어야만 하는 문화적 역량을 가지고 있다는 것이다. 그는 베네딕트Ruth F. Benedict, 헤르스코비츠Melville J. Herskovits, 크로버Alfred L. Kroeber, 미드Margret Mead 등 미국 주류 인류학자 한 세대를 교육하였다. 그들의 영향 아래, 미국 인류학은 국수주의, 인종청소, 인종적 혐오 등으로 추동된 세계에서 문화 및 생물학적 차이를 무사하게 할 임무를 전제했다.

보아즈와 제자들은 스스로를 참여관찰과 체계적인 탐문을 통해 문화를 기술하는 경험과학자로 평가하였다. 그들은 초기 진화론의 집성을 역사적 기록 없이 미미한 증거에 기반하였다고 비판했다. 현대적 특징의 측면에서 사회를 서열화하는 것은, 궁극적으로 유럽 중심주의적이다. 미주대륙에서 조사하면서, 그들은 (특히 상세한 토착 지식을 가진 고령의 원어민을 면접조사 방안을 고안하는 등) 문화적 특질을 기록하는 상세한 민족지 연구를 수행하였다. 개별 문화와 관련하여, 그들은 가옥 형식, 생계 관행, 혼인율, 가죽구두의 형태 등을 포함하여, 자신들이 본대로 문화를 기술한 속성일람을 생성했다.

자연사박물관 전시, 문화의 본질에 관한 일반교양서, (예를 들어, 마야 Maya 장터의 '푼돈 자본주의penny capitalism'를 서술하는 등) 상세한 민족지 등으로 세계 문화를 대중에게 보여줌으로써 비서구문화에 대한 인식이 좀 더 폭넓게 고양되었다. 1893년 시카고에서 개최된 만국박람회Chicago International Exhibit와 관련하여 보아즈가 북미 북서해안Northwest Coast의 원주민으로부터 수집한 것인데, (장승인) 목각 기둥과 환상적인 가면은 토착민의 창의성과 관심을 보여줬다. 그것들은 지금도 시카고의 필드(자연사)박물관Field Museum (of Natural History)에서 볼 수 있다.

그림 2.1은 콰꿔꺼왁Kwakwaka'wakw 또는 콰키우틀Kwakiutl의 변신가면을 보여준다. 정교한 의식에서, 동물로 변하는 주술 능력을 보여줌으로써 극적인 시각효과를 내기 위하여 그런 가면을 썼다. 그런 가면의 고급스러움은 주최자인 수장의 상승하는 지위와 주술 능력을 묘사하였다. 가면을 비롯한 의식 물품은 특별히 수장을 위해 숙련된 장인이 만들었다.

보아즈를 비롯한 미국 인류학자들은 19세기 진화론적 사고를 거부했다. 상사·상이성에 따라 문화특질cultural trait의 분포를 분석하는 작업은 저 유명한 린네의 생물분류와 다르지 않다. 문화 진화에 대한 공격에서, 로위 Robert H. Lowie는 문화를 "파편과 조각 같은 것(Lowie 1920: 441)", 곧 각각이 나름의 역사를 가진 특질의 무작위 조합이라고 기술했다. 문화의 양상은 혁신innovation과 전파difussion의 결과로 해석되었다. 그러나 특질의 조합이 어떻게 문화적 일괄cultural package이 되는지를 설명할 수 있을까? 일부 선택 과정이 관련되었어야 했고, 전파와 문화접변acculturation이라는 보편적 개념

그림 2.1 **콰키우틀의 변신가면.** 해리스Bob Harris(일명: 시샤니우스Xi'xa'niyus)가 조각하였다. 1893년 시카고 만국박람회를 위해 헌트George Hunt가 보아즈의 도움으로 수집했다. 저작권: 필드박물관 (Image #A10835lc, Cat. #19166, 테스타Ron Testa 촬영).

이 초석이 되었다.

　보아즈의 영향 아래, 미국 인류학은 고고학을 포용하여 특질의 역사—기원, 확산, 고유한 고고문화로의 결집—를 기록했다. 고고학으로 연구된 문화전통cultural tradition은 토기, 석기, 주거축조, 매장 관행 등에 대한 표지적 유물양식의 조합이었다. 고고학은 미국 인류학이 의존해왔던 문화특질의 시간적 변화에 관련된 경성자료hard data를 제공했다. 문화인류학과 고고학의 이런 연결은 20세기 미국 인류학의 초석이 되었다.

　보아즈의 역사과학은 원시성의 편견으로부터 자유로워진 상태에서 문화적 차이에 대한 상세한 서술을 강조했다. 생물 진화를 따라, 경험주의에 기초하되 진보적인 변화의 전제를 거부하였다. 그런데 자연선택보다는 혁신과 전파에 의한 불특정의 문화적 선택 기제를 식별하였다. 인간은 자신의 문화를 창출하는 데 있어 창의적이고 탐구적이라고 여겨졌다. 보아즈는 앞선 '진화론적' 도식화의 태생적인 자민족중심주의로부터 인류학을 해방했지만, 그것이 곧 진화이론에 대한 진정한 거부였을까? 아마도 보아즈는 그것이 오랫동안 지속되어왔던 진화론적 개념의 교활한 활용 때문이라고 생각했던 듯하다. 그런데 여기서 보기에, 보아즈식 인류학은 (특질의 체계적인 변화를 응시하는바) 기본적으로 진화론적이고 문화적 차이를 연구하는 수단이었고, 고고학이야말로 진정한 역사적 증거를 제공했다. 그러나 문화적 선택에 대한 이해는 여전히 부정확한 상태였다.

역사과학으로서 20세기 영국 구조기능주의

20세기 중반경까지, 영국 인류학은 인간 사회를 이해하는 새로운 선택적 기제를 제공했다. 그것은 구조기능주의 structural functionalism (또는 줄여서 간단히 기능주의 functionalism)로 불리는데, 프랑스 사회학자 뒤르켐 Emile Durkheim의 접근을 발전시킨 과학-기반의 시도로 볼 수 있다. 모든 제도—종교적 관습, 정치조직, 경제 등—는 행동을 위한 구조를 제공함으로써 해당 사회를 유지하도록 기능한다는 것이 그 전제였다. 에반스-프리차드, 퍼스 Raymond Firth, 말리노프스키 Bronisław K. Malinowski, 래드클리프-브라운 Alfred R. Radcliffe-Brown 등의 저명학자들로 인해 구조기능주의는 영국 인류학을 주도했다. 경험주의를 견지하였던바, 그들은 전통적이며 비현대적인 사회들을 기록하고 이해하기 위해 영국의 식민지를 여행하였다. 많은 영향력 있는 민족지를 얻게 되었는데, 그 몇몇은 수장사회에 대한 기초적 묘사를 제공한다(1장 참조).

미국 인류학에 기능주의를 병합한 초기 학자 중 한 명이 경제사학자 폴라니 Karl Polanyi이다. 그는 경제적 흐름은 해당 사회의 물질적 필요와 수요에 부응한다는 실체주의 경제 substantivist economics를 주장하는 학파를 창립했다. 일종의 제도로서 경제는, 공식적 (제도화된) 분배 기제에 따라 사회구조를 형성하고 유지하도록 기능했다. 서로 다른 구조원리는 특정의 구조적 형태―마을 내 호혜, 수장사회와 고대국가의 재분배 그리고 자본주의국가의 시장거래―를 뒷받침했다. 경제적 기제로서 재분배redistribution의 개념은 수장사회를 이해하기 위한 기초가 되었다.

영국 기능주의자들은 19세기 진화론적 접근에 대해 동시대의 덜 복합화된 사회가 고대 사회구성체의 대용을 제시한다는 주장에 기초한 거친 외삽外挿이라고 비판했다. 래드클리프-브라운은 인류학자에 의해 연구된 사회는 (기록된) 역사가 없다고 주장하면서, 실질적 변화를 연구할 문헌사적 자료가 존재하지 않기 때문에, 의사과학을 만들어냈다고 보아즈와 미국 인류학을 공격했다. 웬 실수인가!

영국 기능주의의 과격한 반진화론적 태도는 고고학이 제공할 수도 있는 역사적 증거에 대한 무시(또는 묵살)에 기반했다. 영국을 비롯한 유럽 전역에서 문화인류학과 고고학은 분리된 학분 분야로 자리 잡고 있었고(고 여전히 그러하)고, 미국에서만 (보아즈의 영향력 아래) 역사적 인류학이 기초로 여겨졌다. 그런데 고고학이 덜 발달했던바, 20세기 중반까지는 상대적으로 미미했던 자료로 인해 역사적 접근이 제한적이라는 래드클리프-브라운이 옳았을지 모른다. 그러나 이러한 고고학의 미숙성은 시간이 흐르면서 극적으로 바뀌었다.

문화생태학과 기능주의

말리노프스키를 비롯한 몇몇 학자들이 미국으로 건너오는 2차 세계대전 동안 구조기능주의가 북미 학계에 소개되었다. 그 매력은 어떻게 그리고 왜 문화가 내부 결속력을 갖는지―왜 문화는 특정 특질의 조합인지―를 이해시키는 역량에 있었다. 미국에서는 여전히 특질로서의 문화 개념이 중요했지만, 새로이 조직에 관심이 집중되었다. 기능주의는 문화의 변동과 다양화에 대한 선택적 기제를 부가했는데, 특질은 문화 전체의 기능성에 따라 발명·전파·수용될 수 있다는 것이다. 기능적 선택을 수용하면서, 미국 인류학은 새로운 진화론적 통합을 만들어냈다.

화이트와 스튜어드

　미국 인류학의 재건에는 (미시간주립대학교University of Michigan의 화이트와 컬럼비아대학교Columbia University 및 일리노이주립대학교University of Illinois의 스튜어드Julian H. Steward 등) 두 명의 선도적인 민족지학자가 있었다. 각자의 저작을 읽어 보면, 화이트와 스튜어드는 서로 다른 접근법을 가졌지만, 두 사람 모두 교조적이지 않은 마르크스주의자로 자리매김할 수 있다. 화이트는 세계적으로 기술적 진보가 동력 획득—화력, 축력, 수력, 풍력이 결부된 노동력—을 증대시켰고, 점진적인 사회복합도 상승을 유발하였다고 주장했다. 화이트의 저작은 유물론적 설명을 고무시켰지만, 그의 접근에는 변이를 설명할 개연적인 선택 기제가 결여해 있다.

　반대로, 스튜어드는 교육에 대한 보아즈식 접근법에 매끈하게 병합될 (스스로 문화생태학이라 부르는) 기능주의를 수용하였다. 그는 상향식 관점으로, 개인이나 집단이 어떻게 변화무쌍한 환경조건에서 생존을 위한 기술, 조직, 신앙을 선택하는지를 이해했다. 그런데 그런 선택은 전통적 관행과의 어울림이라는 문화적 맥락 내에서 이루어졌다. 이는 원래 보아즈가 극지방 이누이트족에 대해 보여주었던 근본적 평가였다.

　스튜어드는 특질의 적응적 조합을 문화핵심cultural core이라 불렀는데, "생계 활동이나 경제적 안배에 가장 긴밀하게 연결된 속성들의 무리(1955: 37)"로 정의된다. 여러 문화적 특질이 집단 역사의 파편이나 조각으로만 보일지 모르지만, 핵심 특질은 사회 존속의 기초였으며, 유사한 문화핵심의 형성은 범문화적으로 유사한 조건에 적응한 사회집단으로 예측될 수 있었다. 예를 들어, 고밀도 농경민에 대해, 스튜어드나 비트포겔Karl A. Wittfogel은 (관개로 비옥해지는 건조 환경 같은) 유사한 조건으로 인해 행정적 국가관리가 세계 곳곳에서 독립적으로 발달했음을 시사했다. 문화핵심의 변이는 마르크스의 생산양식과 긴밀하게 부합한다.

미국 대분지의 쇼쇼니Shoshone 채집민에 대한 스튜어드의 선구적 연구는 척박한 경관에서 저밀도 채집민의 사회구성이 생계 전망의 가변성에 대응하여 계절적으로 어떻게 변화하는지를 기록하였다. 개별 가족들이 한 계절에는 열매를 거두기 위해 흩어졌다가 단지 협동적으로 토끼를 사냥해야 할 계절에만 결집하듯, 무리band는 분산적일 것이다. 그는 거주와 활동의 위치를 달리하는 인간집단이 수행하는 계절·사회적 활동의 가변성을 연구하기 위해 자신의 취락분포유형settlement pattern 접근법을 개발하였다. 스튜어드는 (범문화적으로 공통된 양상을 보일 특정의 역사·기술·환경적 상황에 따라 핵심 특질의 선택적 가치로 추동되는) 다선진화multilinear evolution를 유발하는 문화진화의 산물로서 적응adaptation을 구상하였다.

스튜어드는 고고학자들이 이 문화생태학의 관점으로 변화의 양상에 주목하도록 장려했다. 아마도 가장 중요한 산물은 미국 고고학에서 취락분포유형settlement pattern 연구의 광범한 도입이었다. 스튜어드는 혁신적으로 페루 해안지대에서의 〈비루분지 고고조사사업Virú Valley Project〉을 조직하였는데, 민족지 및 고고학적으로 해당 지역 취락(분포)유형의 변천을 살펴보았다. 제자인 프리드Morton H. Fried와 울프Eric R. Wolf에 의해 그의 연구와 마르크스주의의 분명한 연결이 세련되지길 기다려야 했지만, 그의 접근은 사적 유물론과 밀접하게 부합했다.

1955년 스튜어드는 문화가 (가족, 국소공동체, 지역정치체, 초지역적인 국가 등) "사회문화적 통합의 수준"에 따라 조직된다는 생각을 소개했다. 문화생태학의 주요 연구목적은 통합의 수준을 유리하게 만드는 인자의 판별이 되었다. 생물학에서 다윈의 통합처럼, 사회 변화도 기존의 그리고 부상浮上하는 과제를 처리하는 새로운 적응적 특질을 제외하면 뚜렷한 목표가 없었지만, 여전히 인구성장과 기술집약화의 경향은 존재했다. 스튜어드는 사회제도를 일상생활의 기술technology로 간주하였던바, 문화 진화는 상충하는 환경과 기술에 적합한 문화적 특질을 선택하는 다선적인 과정이 되었다.

스튜어드의 지적 계승자들

점증하는 민족지 자료를 활용하면서, (컬럼비아대학교에서 스튜어드와 함께했던) 프리드와 서비스Elman R. Service는 1960·70년대 많은 인류학적 사고를 방향 지었던, 사회형식 분류체계를 도식화했다. 그들은 사회 규모에서의 차이를 특정했고, 변화에 대한 선택 기제를 판별했다. 서비스는 ('무리band-부족tribe-수장사회chiefdom-국가state'라는) 유력한 분류체계를 수립하였다. 개별 형식은 통합의 점증적인 척도를 반영한다.

서비스는 경제적 기제와 사회형식을 결부한 폴라니의 안을 수용하였다. 기능주의의 논리를 활용하면서, 그는 새로운 수준의 통합이, 해당 집단이 인구성장이나 농업집약화에 결부된 문제를 푸는 데에 어떻게 일조했는지를 논의하였다. 수장의 광역적 위계는 분쟁을 해소했고, (관개에 참여시킴으로써) 노동조직을 조절했으며, 전문화된 국소 경제를 재분배했다.

서비스의 안은 존속을 위해 어떻게 집단들이 문화적 특질을 발명하고 전파했는지에 대한 매력적인 기능주의적 이해의 일환이었다. 그의 분류는 조직상 척도로 사회를 분류하고, 왜 집단이 실용적 이유로 새로운 사회조직을 발달시켰는지를 설명하고자 했던 학생과 전문가들의 표준안이 되었다. 스튜어드와 마찬가지로, 수장사회라는 형식에는 광역적 조직을 가진 각양각색의 중간수준 사회들이 제시되었다. 뒤이은 비판에도 불구하고, 그의 안은 단선적이지도 순서가 바뀌지 않는 것도 아니다. 그로써 개인과 집단 모두에 대한 선택적 이익에 기초한 사회구성체들을 반영했다.

스튜어드의 안에 따르면, 새로운 수준의 사회적 통합이 이루어짐에 따라 새로운 경제구성체economic formation가 발달하게 되었다. (단순한 채집집단부터 농업국가까지) 모든 사회에서 가족은 기초적인 생계 단위였다. 각 가구는 필요한 생계자원에 대한 접근권을 갖거나 요구되는 과업을 위한 노동력을 유지함으로써 자급자족을 추구했다. 그러한 가족 단위는 가구의 노동력이 충분치 않아 생긴 문제를 해결하기 위해 공동체 규모 내에서의 호혜적 관계로 내재화되고, 그런 공동체는 재분배로 조직되는 수장사회에 내재하게 된다. 다차원의 공동체들은 각기 자신의 전략적 조직상 목적을 계속해서 유지해가는 구성인자로 구축되었다. 1장에서 논의한 대로, 인간 사회의 다차원적 성격은 수장사회를 이해하는 데에 필수적이다.

실체주의 경제학은 사회세도를 수립하고 유지하는 경제의 기능을 연구했다. 살린스의 영향력 있는 저서, 『석기시대 경제학Stone Age Economics』은 폴리네시아의 재분배가 어떻게 경제적 안녕의 보증인으로서 수장의 중심적 위상과 위신을 뒷받침했는지를 보여줬다. 그는 경제가 가구, 국소공동체, 지역정치체 등 여러 차원에서 기능한다는 것도 깨달았다.

민족지에 기반한 사회진화모형의 문제들

민족지 집단의 변이에 기반하여, 문화인류학자들은 수장사회가 중간수준을 반영하도록, 통합의 사회적 수준에 관련된 분류체계를 수립했다. 식별된 선택의 기제들은 주로 권력에 대한 일정한 고려에 따라 작동했다. 두 가지 문제는 분명하다. 첫째, 분류체계가 지적으로는, 사회를 단순에서 복잡으로 서열화한 19세기 진화론적 안과 유사하게 보였다. 둘째, 양자 모두 의사역사적이며, 설정된 순서를 따라 동시대 사례를 서열화하는 진화론의 논리에 의존하였다.

민족지 기록에서 얻은 상세한 정보는 변화의 기제를 식별하는 수단으로 매력적이지만, 역사적 변화만이 그런 가설을 시험할 수 있다. 민족지와 고고학이 인류학 내에서 결합할 수 있었던바, 미국 인류학의 진가가 바로 여기서 드러난다. 인류학적 고고학anthropological archaeology은 점진적으로, 사회진화이론들을 기록하고 시험하는 역할을 취하였다. 특히, 스튜어드에 영향을 받았던바, 고고학은 사회진화에 대해 (상향식의) 문화생태학과 (하향식의) 정치경제학을 결합한 고유의 과정주의(적)processual 접근을 발달시켰다.

기능주의와 신고고학

사회진화 연구에서 고고학의 역할을 이해하기 위해, 20세기 후반의 미국 고고학에 집중하기로 한다. 유라시아에 대한 차일드V. Gordon Childe의 과정주의 틀에서 예시되기도 하였지만, 살린스, 서비스, 스튜어드, 울프 등의 민족지 연구가 영감을 주었던 것으로 판명되었다. 취락분포유형 연구, 연대측정, 화학적 동정, 방대한 자료의 컴퓨터분석 등에서의 중요한 진전을 아울렀던바, 고고학 연구 세련화의 증진은 어느 정도 이론적이지만 주로는 방법론적이었다.

문화생태학과 고고학

스튜어드의 문화생태학은 사회진화에 대한 분명한 관심을 고고학에 재도입하는 데에 주효했다. 1946년, 페루의 비루계곡 조사사업은 윌리Gordon R. Willey가 고고학에 문화생태학을 접목하려던 작업을 뒷받침했다. 그의 논문, 「비루분지의 취락분포유형Settlement Patterns in the Virú Valley」은 광역적 고고조사에 대한 새로운 기준을 수립했는데, 그 영역이 단순한 문화특질의 목록화로부터 적응 수단으로서 문화체계에 대한 이해로 옮겨가게 되었다.

윌리는 다양한 자원과 유적의 연관이라는 측면에서 경제적 변화를 바라보고, 관개체계를 갖춘 농업집약화를 기록하며, 인구성장의 결과로서 사회복합의 진화를 제안했다. 취락분포유형 변화는 도시, 방대한 묘지, 전문화된 의례중심지 등과 연관되는 취락위계settlement hierarchy의 등장을 보여주고 있다. 취락분포유형을 활용하면서, 미국고고학자들은 혁신과 새로운 기술의 도입을 통한 특정 환경에의 장구한 동태적 적응으로서 광역적 사회체계를 연구하기 시작하였는데, 수장사회나 국가와 같은 광역적 사회조직의 형성도 거기에 포함된다.

다음 세대 고고학자들은 사회진화의 동인動因, prime mover을 찾으려는 스튜어드의 논리를 따랐다. 후보가 될 동인에는 인구성장, 관개, 전쟁, 무역이 포함된다. 인구성장과 기술혁신 사이의 연결은, 새로운 사회적 기술의 발달이 사회적 과제—가장 중요하게 (차차로) 마을, 광역적 수장사회, 그리고 마침내 국가의 형성—를 생성한다는 점을 전제하였다.

미시간주립대학교에서 화이트의 대학원생이었던 빈포드Lewis R. Binford는 사회진화를 고고학의 물질 증거가 이상적으로 부합할 주요 (연구)대상으로 인식하였다. 빈포드와 추종자들은 기능주의를 활용하면서 수렵-채집민과 원예농경민 집단들의 환경·인구·생계의 변화에 주목하였다. 그는 신고고학New Archaeology, 곧 적응의 과정들을 강조하면서 사회에 대한 진화론적이며 과학에 기반한 접근을 주창했다.

지적으로는 영국 기능주의와 스튜어드의 문화핵심 개념에 연결되면서, 빈포드의 접근은 문화를 인구 유지를 위해 작동하는 적응체계로 보았다. 문화핵심으로서의 적응적 기능과 관련하여 (의식과 매장 의례를 포함한) 광범한 문화적 특질과 (핵심적 결정권자로서) 지도자가 분석되었다.

신고고학

신고고학은 철저한 과학 기반의 현장조사 방법론이 요구되는 패러다임의 전이였다. 적응과정을 연구하는 방법에는 취락분포 조사에서 통계적 표집, 유적발굴, 가구고고학 등을 포괄하는 다차원의 연구계획이 편입되었다. 변화하는 환경조건과 가용의 기술에 관한 관심에 따라, (식물 및 동물학적 증거 또는 생태물 등) 생계 관련 잔적의 체계적인 수습과 분석이 정례화되었다. 시료 채취, 체질, 부유법 및 도구의 제작과 사용에 관련된 다종다양의 새로운 분석기법을 활용하면서, 자료수집이 체계화되었다.

서비스와 프리드의 진화론적 분류체계를 활용하면서, 고고학자는 주로 복합화와 적응도에 대한 안을 따라 고고문화를 분류하고자 했다. 전문화된 경제 내에서의 자원 재분배 및 중규모 관개체계와 기념비적 건조물 축조 등 지역의 생태적 문제를 해결하기 위해 작동하는 수장사회의 중앙집권적 통솔권을 인지하는 데에 중심지, 기념비 축조, 소수 분묘에만 집중된 재부 등 요소를 갖춘 광역적 조직이 활용되었다.

영국에서는 렌프류가 선사시대에 대한 새로운 고고학적 접근을 옹호했다. 그는 스톤헨지Stonehenge나 에이브버리Avebury와 같은 유명한 중심지가 있던 신석기·청동기시대 웨섹스Wessex사회를 새로운 광역적인 사회적 기술을 갖춘 수장사회로 분류하였다.

(살린스, 서비스, 울프 등) 미시간주립대학교의 문화인류학 동료들에게 고

무되어, 플래너리Kent V. Flannery, 파슨스Jeffrey R. Parsons, 라이트Henry T. Wright 등은 선사시대 수장사회와 국가가 어떻게 그리고 왜 등장하는지를 이해하고자 하였다. 일례로, 플래너리의 〈와하카분지 고고조사사업Valley of Oaxaca Project〉은 물질주의 및 문화적 변수—(취락의 수와 규모로 측정되는) 인구 규모, (음식 잔존물, 식료 획득 및 화살촉, 창, 칼, 찍개, 절구, 분쇄도구와 같은 처리기술 등으로 묘사되는) 생계경제, (취락위계와 전문화 등의) 사회조직을 포함—들에 주목하면서 다차원적인 고고학 연구의 새로운 표준을 수립했다. 이미 관심은 (플래너리의 편서, 『메소아메리카의 초기 마을The Early Mesoamerican Village』에서 드러나듯,) 정치조직, 무역 그리고 종교의 측면을 고려하는 쪽으로 변해가고 있었다.

그런 연구는 생계, 무역, 그리고 시장에 기반한 경제와 대응하는 사회정치적 조직을 기록했다. 그러함에도 두 가지 문제는 계속되었다. 사회형식론social typology에 의존하면서 고고학으로 복원된 사회를 분류하고, 수장사회 같은 새로운 형태가 어떻게 이전의 형태로부터 나타나는지를 설명하는 것을 목표로 삼았다. 그러한 사회구성체의 사다리는 인류학이 개발한 의사과학적 분류체계를 정당화하게 되었다. 더하여, 작인作因, agency을 선택의 수단으로 여기는 데에 실패함으로써, 기능주의는 그 이론적 한계가 분명해졌다. 사회가 다르면서도 자주 상충하는 이해를 내포한다는 점을 깨닫는 것이 다음 세대 미국 고고학자들에게는 (연구의) 핵심이 되었다. 사회진화에 있어 선택의 기제로서 작인에 대한 더 나은 개념화가 요구되었다.

과정(주의)고고학과 정치경제

1970년대 후반에 들어서면서, (대부분이 주창자들의 제자인) 2세대 신고고학자들은 경제, 사회조직, 정치적 행동, 종교적 실천 등의 사안을 고려하는 등 선사시대 사회에 대한 점점 더 복잡한 이해를 도모하였다. 사회진화를 주요주제로 삼는, 과정(주의)고고학processual archaeology으로 불리게 될 움직임의 커다란 골격이 형성되었다. 생계는 계속 그 기초였다—인간이 빵만으로는 살 수 없지만, 빵 없이는 어째도 살 수 없다. 그럼에도 다양하면서도 자주 상충하는 작인과 여러 행동 영역에서의 집단협력을 이해하는 작업이 추가로 요구될 수밖에 없다.

과정(주의)고고학은 (관개와 같은) 동인의 탐색에서 벗어나, 정보처리, (마르크스주의의) 권력관계, 경제이론 등에 대한 복잡한 이해로 옮아갔다. 간혹 주요 지역의 전통 내/간 비교의 관점에서 어떻게 그리고 왜 진화상의 변형이 발생하는지를 이해하기 위해 여러 변수를 모형화하는 유망한 접근이 있기도 했다.

여러 측면에서 서비스의 분류안과 유사하게, 프리드는 대안적인 분류체계를 제안했다—평등egalitarian[사회]-서열rank(ed)[사회]-계층stratified[사회]-국가state. 그가 말하는 평등 및 서열사회에서 개인과 집단은 존속과 안녕이라는 현실적인 문제를 해결할 목적으로 문화적 특질을 선택하였다. 그런데 계층사회와 국가에서는 유력층의 권력 강화 역량에 기초하여 특질의 하달식 선택이 부가되면서 선택과정이 변화하였다.

프리드는 부상하는 정치적 사회가 어떻게 권력관계를 수반하게 되는지를 설명했다. 분류상, 그가 말하는 서열 및 계층사회는 서비스의 수장사회와 비슷하지만, 통솔권의 역할이 집단기여에서 이기적인 쪽으로 변해가는 점이 반영되어 있었다. 사회는 내부적으로는 계급이나 분파로 분할되고, 지역 및 초지역적으로는 커다란 행위연결망으로 통합되어 있었다는 그의 인식은 매우 중요했다. 이런 이해는 방향성으로 보자면 본질적으로 마르크스주의적이었고, (그 연원은) 차일드의 초기 저작들에까지 이른다. 프리드와 스튜어드는 컬럼비아대학교에서 문화인류학의 새로운 핵심 인사들에게 영향을 끼쳤다. 미시간주립대학교로 옮기면서, 제국주의적 확장에 영향을 받은 농민과 토착민에 대한 울프의 저작은 그곳 대학원생 다수에게 영향을 주었다.

미시간학파의 정치고고학

1세대 신고고학자들의 제자였지만, 과정주의자들은 통합된 목표지향적 체계에 대해 회의적이었다. 예를 들어, 하와이 수장사회의 발달(6장 참조)을 조사하면서, 얼Timothy Earle은 (특히, 관개체계, 광역적 재분배, 전쟁 등이 하와이 수장들의 중앙집권적인 관리를 필요로 했는지와 관련하여) 당시를 주도했던, 사회진화에 관한 적응주의이론adaptationalist theory을 검증하고자 했다. 얼의 연구는 적응주의적 설명들이 부상하는 수장의 권력이 잉여 전용surplus mobilization에 기반했다는 핵심 사항을 놓치고 있음을 보여주었다. 폴라니와 서비스가 제안했던 재분배는 전문화된 국소 공동체 경제에 대한 중앙집권적 관리라기보다 일종의 수취와 정치적 재원(조달) 체계였다.

과정(주의)고고학자의 연구 주제는 경제인류학과 입지이론에 입각한 지리학에서 파생되었고, 그들 중 몇몇은 (미국) 경제인류학회의 적극적인 참여자가 되었다. 고고학적 증거의 물적 기반을 통해 그런 주제는 사회 변화에 관한 장기적인 비교연구에 더할 나위 없이 적합하게 되었다. 사회적 분절과 개인의 관심이 어떻게 사회구성체에 의해 구조되는지를 이해함으로써, 과거 경제의 다양성에 관한 연구를 선도하게 되었다.

이 세대 고고학자로는 블랜튼Richard E. Blanton, 브럼피엘, 드레넌Robert D. Drennan, 얼, 파인만, 길먼, 존슨Gregory A. Johnson 등과 그 제자를 비롯하여 미국 전역의 인류학과에서 중추가 되었던 인사들이 있다. 그들은 서로의 글을 탐독하고, 연합 학술모임에 참여하고, 유사하되 별도의 생각을 발전시켜왔다. 한 집단으로서 그들은 인류학, 생태학, 지리학, 정보과학, 정치과학 등에서 개발된 유물주의 이론들을 절충적으로 혼합하여 특정의 고고학적 궤적을 분석하면서, 점차 형식분류안에서 탈피하였다. 과정—특정 이해집단을 이롭게 하려는 행위의 선택에 기초하여 상시적 변화를 유발하는 경제·정치·사회·종교적 변수들 사이의 관계—의 개념이 핵심이었다. 그들은 실질적인 현장 조사와 고고학적 궤적에 대한 분석에 집중했었으며, 진화이론을 수립하고 시험하기 위해 진정한 변화궤적을 연구했다.

수장사회에 관한 파인만과 나이젤Jill E. Neitzel의 비교연구에 예시되었듯, 중간수준 사회는 매우 변화무쌍한데, 그런 다양성이야말로 그들이 연구하고자 했던 바였다. 과정주의자들은 사회가 자기조절의 총체로서 작동한다는 기능주의의 오류를 깨닫게 되었다. 오히려, 그들은 사회가 경쟁하기도 하고 협력하기도 하는 (가족, 씨족과 혈통, 특수이해의 유대와 기술적 실천의 공동체, 유력층과 일반민 등의) 사회적 분절로 나누어진다는 점을 인식하였다. 상충하는 이해와 가치로 인해 종횡 모두로 나뉜 사회에 대한 그런 식의 이해는 수장이 어떻게 권력을 갖게 되었는지를 인식하는 데에 있어 필수가 되었다.

그런데 문화인류학이 유물론에서 탈피하면서, 과정(주의)고고학은 인류학 내에서 변방이 되었다. 간단히 말하자면, 사회진화의 복잡함을 파악하는 이론·방법론·증거적 기초를 보유하고 있음을 자각하기 시작했지만, 과학 기반의 유물론에 대한 포스트모더니즘의 비판으로 크게 타격을 입었다.

포스트모더니즘의 비판과 과정주의 확장판

1970년대 동안 사회진화 연구의 소수 분야였음에도 불구하고, 1960년대부터 이어져 온 의사역사적 형식분류는 모든 진화론적 접근이 단순화되고 유럽 중심적이라며 배척하게 하는 타당한 이유가 되었다. 문화상대주의와 함께 사회는 연령, 젠더, 인종, 종족, 계급 등의 정체성 간 매우 복잡한 상호작용을 포함하기 때문에 어떤 진화론적 틀도 무의미하리라는 인식에 골몰했던바, 문화인류학자들은 사회진화에 흥미를 잃게 되었다.

인간 사회의 과학-기반 연구를 향한 포스트모더니즘의 광범위한 비판 중 일부로, 많은 인류학자는 (진실로 모두 유물론적 설명이라 할 수 있는) 사회진화, 문화생태학, 경제인류학 등을 환원주의적이며, 토착민들의 문화적 성취를 멸시한다고 비판하였다. 대신, 연구자들은 구분되는 의제나 정체성을 가진 사회적 행위자social actor들─유력자와 일반민, 남성과 여성, 보통 젠더와 개인화/고도로 개별화된 젠더 등─에 주목했다.

영국 구조기능주의나 미국 문화생태학이 착안했던 기능적으로 무결한 체계와는 매우 달리, 이 새로운 상대주의자들은 인종, 계급, 종족성 등의 분할을 형성하는 복잡하고 논쟁적인 관심과 정체성을 연구하였다. 토착민이 점점 더 현대 국민국가에 병합되었던바, 연구는 그들을 기술하는 데에서 탈피하게 되고, 그들이 탈식민 세계를 경험함에 따라 현대 사회를 이해하는 쪽으로 이행하였다.

문화인류학에서 사회진화에 관한 관심 대부분이 사라지기는 했으나, 페일Daryl K. Feil, 민츠Sidney W. Mintz, 윌슨Peter J. Wilson, 울프 등의 연구는 역사적이고 진화론적 접근을 강조하면서 계속 유물론적 사고를 견지했다. 〈인간관계지역자료〉를 활용한 연구는 분명한 진화상 의미를 지니는 변수 간 상관관계에서 찾아진 인류학의 민족지적 실체를 수집·종합하였다.

호더와 캠브리지학파 고고학

문화인류학에서 역사과학에 전념한 연구들이 환원론적이라는 비난을 받게 되자, 과정주의에 대한 유사한 비난이 고고학계를 강타했다. 1980년대, 호더와 그의 제자 및 추종자들은 과학-기반의 고고학을 날카롭게 비판하였다. 스스로를 후기과정주의자post-processualist로 부르면서, 3가지의 눈에 띄는 주장을 제시했다.

- 사회는 열려있으며, 정체성, 성별 등의 사안으로 복잡해진다.
- 사회는 스스로 조절되지도 않으며 내부 모순, 개인적 작인, 이해의 상충을 내포하기 때문에, 과학적 고고학에서의 믿음은 옳지 않다.
- 진화이론은 진보를 시사하는 단순화되고 단선적인 틀에 의존하는바, 적절하지 않다.

당시 과정주의자들은 그러한 비판의 많은 부분을 인정하기는 했으나, 그 대상은 1960년대 신고고학이지 1970·80년대 과정(주의)고고학은 아니라는 점을 밝혔다. 10여 년 동안 후기과정주의의 비판은, 대체로 그 연구의 목적과 과정에 대한 오해에 기초하여 사회진화와 수장사회를 폄훼했다. 그러나 사회진화가 자주 잘못 이해·사용된다는 후기과정주의자의 설명은 매우 타당하다.

아마도 진화상 형식에 대한 후기과정주의의 비판이 주로 향한 곳은 복합도로 등급화될 수도 있는 (예를 들어, 수장사회와 같이) 특유의 공통적 특성을 가진 사회구성체였던 듯하다. 파인만과 나이젤이 설명한 대로, 몇몇 고고학적 척도가 (수장사회 같은) 광역정치체에 적용될 수 있을 것이지만, 그 변이는 매우 크다―그리하여 물적 증거는 매우 모호하다.

이런 모호성은 후속하는 장들에서 예시될 사례로 잘 설명될 것이다. 수장사회의 변이는 각각이 지역 규모의 정치적 서열 형성과정에서 선택되었던 특유의 경로를 반영한다. 수장의 주요 권력 기반 3가지―경제, 무력 그리고 이념―의 특정한 혼합이라는 측면과 유력층이 아닌 사람들에 의해 결행되는 저항이라는 측면에서 편차가 존재한다. 핵심은 어떻게 그런 힘들이 기층의 인구집단에 연결되는지를 고려하는 것이다. 이 책은 사적유물론의 틀에서 그 문제에 접근한다.

전환기의 브럼피엘

「생태계 깨고 들어가기: 젠더·계급·분파가 관심을 독점하다Breaking and Entering the Ecosystem: Gender, Class, Faction Steal the Show」라는 자신의 1990년 미국인류학회American Anthropological Association 고고학 분야 저명학자특강 Distinguished Lecture in Archaeology 제목에서, 브럼피엘은 고고학을 변화시키려는 열망을 표현했다. 그는 사회체계가 영국 기능주의자들이나 신고고학이 묘사했던 대로, 통합된 자급적인 체계라기보다는 근본적으로 서로 충돌하는 집단들로 구성되었음을 인정하였다. 적응 수단으로서의 문화라는 모형 너머로 고고학을 이행시키는 작업이 분명 필요해 보인다.

이는 '과정(주의)고고학 확장판processual archaeology plus'으로 불려왔다. 잘못 결부되었던 단선적이고, 유형적이고, 목표지향적이며, 인종주의적인 특징들을 벗겨내면서, 진화론의 틀은 여러 선택적 과정에 의해 여러 경로로 유도되는 사회 변화―일부는 수장사회라 불릴 수 있는 다변적인 광역 정치기구의 형성을 포함한다―를 이해하는 데에 강력한 이론적 골격을 제공한다.

요점

　　인류학의 주된 목적은 인간사회의 다양성을 연구하는 것이다. 그러기 위해서는 역사적 접근이 필요하다. 한 갈래의 논리는 상대주의를 강조하는 것이다—사회와 문화는 일상, 정치적 관계, 의미 등을 조절하는, 효과적이고 적법한 길을 개발한 비슷하게 긴 역사를 가지는바, 역사적으로 독특하다. 그런데 그 시작부터, 인류학은 사회가 어떻게 변하여 다양한 구성체로 분화하는지를 과학적으로 설명하는 데에 일조할 범문화적 직관을 추구해왔다.

　　이론적 접근으로서 사회진화론은 인류학이 기틀을 잡아가던 19세기에 두드러졌다. 20세기에는 새로이 풍부하게 축적된 민족지들이 문화와 그 변이를 설명하는 증거를 제공했다. 문화적 차이를 설명하기에는 상향식 기능주의가 유력한데, 문화가 목적지향의 폐쇄체계처럼 작동한다는 가정에 기초한다. 민족지적 접근의 아킬레스건은 (현대까지 존재했던 사회들에도 반영된) 사회유형에 대한 의존이다. 진정한 토착민 역사 없이, 사회진화를 이해한다면 언제나 문제의 소지를 배태할 수밖에 없다. 사회진화에 대한 대체가설들을 평가하기 위해서, 인류학적 고고학은 사회적 변화와 다양화에 대한 가설적 설명을 검증할 수 있게 해주는 통시적인 데이터베이스를 제공한다. 고고학을 경험적 기초로 활용하는 진화론적 접근의 시대가 왔다.

더 읽어 보기

Binford, Lewis R. 1964. A Consideration of Archaeological Research Design. *American Antiquity* 29: 425–441. 이 선구적인 논문은 신고고학을 위해 구상된 다단식 고고학 연구의 틀을 제시한다. 고고문화의 특질을 규정할 목적의 발굴로부터, 환경에 대한 적응으로서 문화적 양상에 관한 연구로의 관점 전이가 핵심이었다.

Earle, Timothy, and Robert W. Preucel. 1987. Processual Archaeology and the Radical Critique. *Current Anthropology* 28: 501–537. 이 논문은

과정(주의)고고학에 대한 후기과정주의의 비판을 다루면서, 그 비판을 드디어 '과정주의 확장판'으로 불릴 정도로 재구성된 고고학에 병합하는 방법을 제안한다.

Flannery, Kent V. (editor). 1976. *The Early Mesoamerican Village*. New York: Academic Press. 이 책은 1970년대 초 미시간주립대학교에서 플래너리의 대학원생들이 집필한 장들을 모은 것이다. 대규모 다차원적 고고조사의 모범이 된 와하카분지 조사사업에서 얻어진 결과를 유용하게 요약하고 있다. 이 책은 광폭의 사회적 주제를 조사하기 위해, 신고고학이 견지했던 적응에 대한 초점을 확장한다. 과정(주의)고고학이라고 불리는 것으로의 전이를 정의한다.

Fried, Morton. 1967. *The Evolution of Political Society: An Essay in Political Economy*. New York: Random House. 프리드는 서비스의 사회형식론에 대한 대안으로서, 사회분화와 권력에 대한 정치경제적 관점을 발전시킨다. 서비스처럼, 이 책은 민족지 집성만을 고려하지만, 그 접근법은 다음 세대 미국 과정(주의)고고학자들에게 중시된다.

Futuyma, Douglas. 2013. *Evolution*, 3rd Edition. Sunderland, MA: Sinauer. 푸투이마는 사회문화적 진화에 대비되는 진화적 변화의 과정에 세심하게 주목하면서, 진화생물학의 개념들을 요약하고 있다.

Hodder, Ian. 1982. *Symbols in Action: Ethnoarchaeological Studies of Material Culture*. Cambridge, UK: Cambridge University Press. 호더는 후기과정주의를 고고학이 현대 문화인류학의 포스트모던 경향으로 전환하는 시도로 보았던, 그 분야의 권위자이다. 이 책은 후기과정주의를 위해 잘 연구된 민족지 사례이지만, 문제의 소지가 있다고 밝혀진 고고학을 위한 새로운 방법론 개발의 시도이기도 하다.

Marx, Karl. 1973 [1857]. *Grundrisse: Foundations of the Critique of Political Economy. New York: Random House. 이 책은 사적유물론과 정치경제에 대한 마르크스의 이론적 접근에 관련된 가장 명확한 정의를 보여주고 있다.

Mayr, Ernest. 2000. Darwin's Influence on Modern Thought. Scientific American, July, pp.79-83. 마이어는 선도적인 진화생물학자의 한 사람인데, 이 논문은 서구 사고를 전환하는 데 있어 다윈의 중요성을 보여주고 있다.

Morgan, Lewis Henry. 1985 [1877]. Ancient Society. Tucson: University of Arizona Press. 세계 곳곳의 인간 사회에 관한 서술을 집성하면서, 모건은 생계-기술유형의 연장선을 따르는 사회 형식분류체계를 제시한다. 이 책은 동시대 증거에만 의존했다. 인류학적 고고학은 그때까지 진화상 변화에 대한 실제 역사적 증거를 제공할 만큼 진척되지 못했었다.

Sahlins, Marshall. 1972. Stone Age Economics. Chicago: Aldine. 실체주의 관점에서 정치경제를 다룬 고전이다. 살린스는 폴리네시아 수장사회에 관한 진화론적 연구로 유명한 경제인류학자이다. 이 책을 통해 그는 가내생산양식domestic mode of production을 서술하면서 생계경제에 대한 다차원적 접근을 소개한다.

Steward, Julian H. 1938. Basin-Plateau Aboriginal Sociopolitical Groups. Washington, DC: Bureau of American Ethnology. (미국) 대분지Great Basin의 가족-수준 채집민에 관한 문화생태학 연구의 모범사례이다. 농경 없이 저밀도 인구집단을 유지하기 위한 고도로 창의적이며 역동적인 사회·기술 전략을 주장하고 있다. 취락분포유형의 개념이, 사회를 적응의 기술로 보는 이 책에서 나온다.

Ware, John. 2014. A Pueblo Social History. Santa Fe, NM: School for Advanced Research Press. 고고학자에 의해 집필되었으며, 면밀한 논리로 무장한 이 책은 미국 남서부에서 공동체들이 어떻게 발달했는지를 알기 위해

고고학이 민족지와 직접 연결될 수 있음을 보여준다. 사회분화와 광역적 관계에 관한 웨어의 고려는 중간수준 사회를 이해하는 데에 중요하다.

Wolf, Eric R. 1982. *Europe and the People Without History*. Berkeley: University of California Press. 스튜어드의 제자 중 한 명인 울프는 서구와 연결되었을 무렵의 인간 사회들에 관한 인상적인 비교분석을 제시했다. 그는 과정(주의)고고학들에게 큰 영향을 미쳐온 수정주의적인 마르크스주의를 발전시켰다. 울프의 접근법은 어떤 토착 집단을 이해하기 위해서는 역사적 맥락이 반드시 고려되어야 함을 보여준다. 그들은 절대 과거에 고착되어 있지 않고, 인접한 집단이나 외세와의 교류 속에서 상시 변화한다. 그는 사회는 서로 부딪히는 당구공과 같지 않으며, 상시적 변화에 연관된 개방체계라는 명언을 남기고 있다.

03
수장사회와 사회문화적 진화
Chiefdoms and Sociocultural Evolution

진화는 인간사회를 다양하게 만드는 선택과정을 이해할 수단을 제공한다. 인류학의 민족지 자료는 인간사회가 작동하는 여러 방식에 대해 계속 알려주지만, 고고학의 역사적 데이터베이스만이 장구한 사회변동의 다변적이고 평행적인 경로를 연구할 통시적이고 비교가 가능한 자료를 제공한다. 고고학은 사회과학으로서 역사적 인류학에 의미심장하게 이바지할 수 있다.

그렇듯, 의미는 있지만 벅찬 과업을 이해하기 위해서는 상당한 수의 사례에 관련된 증거를 규명하고, 같은 정도의 강고하고 무결한 이론적 틀로 그것을 평가해야 한다. 고고학적 증거는 물질적이며 통시적이기 때문에, 사적유물론의 비교연구에 매우 적합하다. 이 장에서는 어떻게 다양한 수장 전략이 하향 및 상향의 과정을 결합하여 광역적인 통치기구를 구축하는지 설명하고자 한다.

수장사회에 대한 고고학적 조사

어떻게 수장사회를 고고학적으로 연구할 수 있을까? 흔히, 고고학자는 수장사회에 결부된 일련의 특질들을 판별하려 해왔던바, 민족지 유추 ethnographic analogy는 고고학적 잔적에 살을 붙이는 데에 일조할 수 있다. 수장사회를 판별하는 작업에 자주 활용된 특질로는 취락위계, 정교한 수장 주거, 주요 공공노동사업, 잉여 창출을 가능하게 하는 집약적인 식량 생산,

식량 보급을 위한 중앙집중화된 저장, 사치품의 전문화된 수공 생산, 지위 물품에 따라 무덤에 보이는 지위 위계, 특별한 외부 일용품의 사용 등이 있다.

경험적 연구를 통해, 그런 특징들이 전부는 아닐지라도 수장사회와 결부된다는 점을 알 수 있다. 중간수준 사회들에서 보이는 제도적 다양성으로 인해, 형식분류식 접근은 부적합함이 드러났다. 차라리, 수장사회는 조직과 통제, 그리고 수취가 광역화되고 중앙집권화되는 과정이라는 측면에서 연구되고 이해되어야 한다. 여러 수장사회에서 고고학적으로 계측할 만한 변수에는 취락의 위계적 양상, 경제적 불평등, 기념비 축조, 전쟁 등이 포함된다. 그런데 주요 변수는 특정적이기보다는 기회주의적인 수장의 권력 구축방식에 따라, 사례마다 다르다.

취락위계

광역정치체의 첫 번째 고고학적 지표는 확연한 중심지가 있는 취락위계settlement hierarchy이다. 그런 위계는 (부락, 마을, 지방중심지 등과 같이) 서로 다른 유적 형식에 결부된 인구 규모에 기초할 수 있다. 원래는 시장 중심과 관련하여 개발되었던 개념인 중심지central place를 인지하는 것은 특히 중요하다. 시장위계의 가장 낮은 수준에는 우유와 빵, 주류, 휘발유, 종종 우편 취급소 등을 갖춘 잡화점이 있다. 최상위에서는 피아노, 최고급 모피와 행정편의가 제공될 것이다.

중심지의 위계에는 전방위적 기능―관례적 의식을 수행하는 특수 시설, 유력층 주거, 강력한 방어시설, 대규모 인구집중 등―이 포함된다. 수장사회의 중심지에는 미국 남동부the American Southeast 토루土壘, mound 군집의 사례도 포함되는데, 의례 기능을 가지면서 주변 취락을 위한 의식행사를 제공하였다(4장 참조).

취락체계에서 중심성은 주로 거기에 거주하는 인구(규모)로 측정된다. 양축 로그 도표에서 취락 규모는 흔히 지프의 법칙Zipf's law으로 불려 왔던 바를 따라 선형으로 감소한다(그림 3.1). 20세기 중반 (1950년대) 미국 도시가 그 예인데, (제1위인) 뉴욕은, 순서대로 (3위인) 로스앤젤레스보다 훨씬 컸던

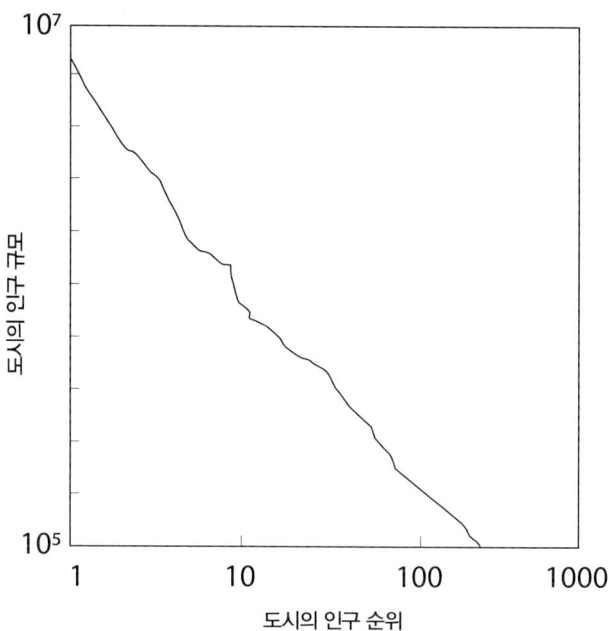

그림 3.1 **20세기 미국 도시를 활용한 순위-규모 곡선.** 이 도표는 취락 등급을 가장 높은 것에서 낮은 것으로 서열화했을 때, 그 규모가 줄어든다는 지프의 법칙을 보여준다. 이 기법은 광역적으로 조직된 사회의 취락위계를 묘사한다. 그 양상이 매우 다양한데, 해당 사회의 정치 구조상 변이를 시사한다. 하우저 작성.

(2위인) 시카고보다도 훨씬 컸다. 순위와 규모를 대비한 양축 로그 분포에서, 지프의 법칙은 각 취락이 다음 규모 취락의 2배여야 함을 예상한다. 이 곡선은 여기에 보이는 직선 유형부터 (여러 정치체를 시사하듯) 몇몇 대규모 취락이 유사한 비중을 차지하는 볼록convex 유형, 또 강력한 정치적 중앙집중화를 시사하듯 하나의 으뜸 중심지를 갖는 오목concave 유형까지로 매우 다양하다. 드레넌은 중심성을 판단하는 간단한 방법—곧, 수장권역 내 가장 큰 (곧, 으뜸primate) 취락이 점하는 인구의 비율 측정—을 고안했다. 그의 분석은, 취락위계로 보이는 정치구조에 있어서 수장사회의 광범한 다양성을 알려준다.

그렇다고 모든 수장사회가 같은 양태를 보이지는 않는다. 완카Wanka 수장사회의 가장 큰 취락은 정치체 전체 인구의 약 50%에 해당하는 만 명의 주민으로 이루어졌다(5장 참조). 반면, 하와이 수장사회의 중심지는 상대적으로 작은 규모—추정컨대, 수백 명 정도—였는데, 해당 수장사회 전체 인구의 1% 미만에 해당했다(6장 참조).

경제적 불평등

광역적 수장 정치체의 두 번째 고고학적 지표는 매장 관행과 가구의 소비 및/또는 규모에서 추정되는 경제적 불평등economic inequality의 정도이다. 고고학이 통상적으로 복원하는 바에 따르자면, 유력층 개인은 대체로 값비싸고 의미 있는 물품을 끌어모은다. 이러한 예외적인 물품이 발견되면 놀라게 된다.

수장사회나 국가에서 재부의 집중은 지니계수Gini coefficient로 측정될 수 있는데, 이는 백분위로 나누어진 사회적 분절들이 차지하는 재부의 비율에 주목한다. 그 양상은 로렌츠곡선Lorenz curve에 의해 도표로 표현되는데, x축은 최빈곤층에서 최고부유층까지 서열화된 백분위 인구의 누적점유율, y축은 해당 백분위가 보유한 전체 재부의 누적점유율이다(그림 3.2). 도표의 사례는 어떻게 아래 절반의 부류가 전체 재부의 10%만을 보유했나를 보여준다. 인구의 누적 백분율이 그렇게 정확한 비율의 국부를 소유하고 있다면, 이론적으로 (모두가 동등한 부를 소유했을 때의 절대적) 평등의 선line of equality이 존재한다. 그러면 불평등의 정도도 (재부의 관찰된 분포인) 로렌츠곡선에 반영되는데, 그 선에서의 함몰이 그것이다. 그 곡선은 소수에 집중된 재부 양으로서의 불평등 정도를 표현한다.

(a 또는 a+b에 해당하는) 지니계수는 (최상위자가 모든 재부를 소유한 경우인) 1부터 (완전히 평등한 재부 분포의 경우인) 0까지 불평등의 정도를 측정한다. 이는 (장식된 토기, 금속기, 이국적인 석재 등) 분묘나 퇴장유구에서 출토된 상징물의 누적·서열화한 무게나 수, (흑요석, 고급 토기, 유리, 방직물 또는 금속기 등과 같은) 특수 물품의 가구별 소비 및/또는 주거 축조에 투입된 노동력 등으로 고고학적인 산정이 가능하다. 사치품이나 정선된 주거 축조와 유력층의 연관성은 경제적 불평등 또는 사회분화의 정도를 판별하는 데에 일조한다.

고고학적으로 수장사회들에서 지니계수는 물품에 따라 심대하게 다르다―부장품 대 가구의 소비나 주거 축조에의 투여 등을 예로 들 수 있다. 스칸디나비

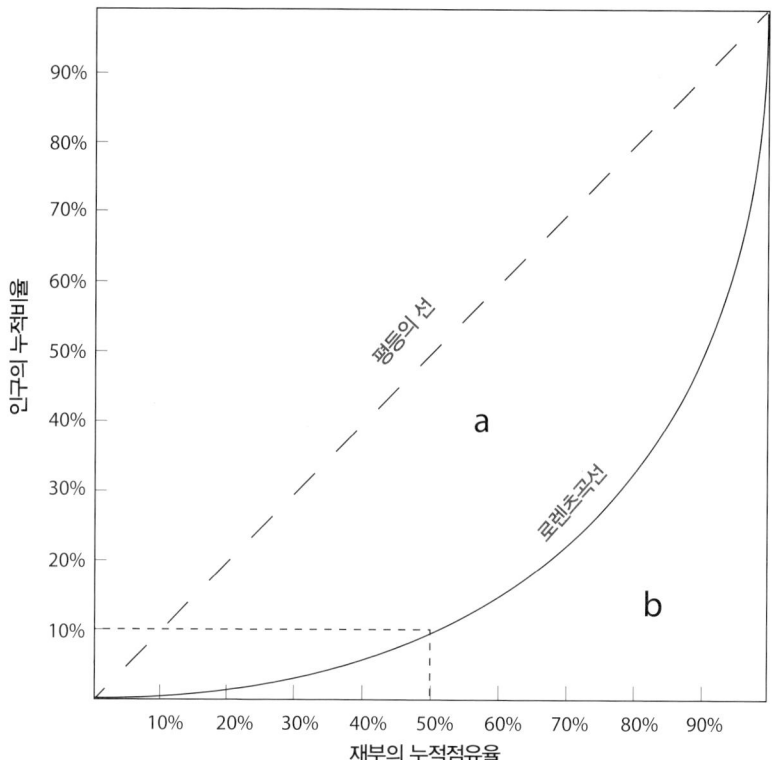

그림 3.2 **부의 분포를 보여주는 로렌츠곡선.** y축은 (x축에 표현된) 인구의 누적비율에 의해 보유된 부의 누적 할당을 보여준다. 점선으로 표시된 평등의 선은 모든 사람이 정확히 똑같은 부를 나누고 있는 가설적 상황이고, (부가 소수의 손에 집중되어) 아래로 처진 부의 분포는 해당 연구의 실제 로렌츠곡선이다. 지니계수(a/a+b)는 0부터 1까지로 불평등의 정도를 측정한다. 하우저 작성.

아의 경우, 수장들의 위계는 엄청난 (황금, 동검, 여타 특별물품 등) 재물의 부장, 더 큰 분구, 인상적인 저택 현관 등으로 쉽게 드러난다(7장 참조). 그런데 모든 수장층 위계가 무덤의 사치품이나 가구의 폐기물에 반영되지는 않는다. 역사적으로 초복합수장사회(또는 국가)라고 알려진 하와이제도에서는, 대체로 화려한 분묘나 큰 현관, 궁궐은 알려지지 않았다(6장 참조). 페루 고산지대의 완카에서는 뚜렷한 취락 위계와 기념비적 방어시설의 존재에도 불구하고, 유력층 분묘의 재물이나 가구의 규모·소비에서 보이는 차이는 미미하다(5장 참조).

기념물 축조

광역적 수장 정치체의 세 번째 고고학적 지표는 기념물 축조monument construction이다. 취락위계에서의 인구 규모처럼, 이 사항은 중심지의 특수 시설 축조에 투여된 노동력의 규모에 따라 분석된다. 축조량은 사회적 노동력—의례용 축대, 요새 시설, 도로체계 등의 공공 건축공사를 수행할 인력—의 동원을 측정하게 한다.

(아주 작은 규모일지라도,) 기념물 축조는 중앙집중화된 권위와 권력을 표시하는 공공화된 노동력과 의무를 요한다. 관련된 노동력의 양은 (제곱 또는 세제곱미터와 같이) 축조물의 건평 또는 좀 더 정확하게는 축조 과업의 완결에 필요한 (관련된 작업에 관한 민족지 서술이나 실험고고학을 활용하여) 추산된 노동력에 따라 대체로 쉽게 측정될 수 있다. 전문화된 작업 의무, 전체적 설계, 협업의 필요성 등 과업의 복잡성에 대한 분석이 중요하다. 기념물에 투여된 총노동력은 축조 단계마다 고려될 수 있는데, 그리하여 큰 기념물에 대한 몇 개의 축조 건도 상대적으로 작은 규모의 노동자집단으로도 축조될 수 있었을 것이다. 그런데 이 문제가 그리 극복되지 못할 것은 아니다.

총노동량이나 건축된 특수 시설이라는 측면에서 축조에 투여된 노동량은 수장사회마다 다르다. 동원된 노동력은 기념물, (관개체계, 경작지, 양어장 등) 생산시설, 방어시설 등에 투여될 수 있다. 흔히 노동량은 시간의 흐름이나 사례에 따라 다르다. 미국 남동부에서는 종교나 의식용 기념물에 투여된 노동량이 많았고, 하와이제도에서 사회적 노동은 소박한 종교적 기념물 축조에도 동원되지만 주로는 관개체계, 양어장, 농업경작지 등을 축조하는 데에 사용되었으며, 스칸디나비아 청동기시대의 티에서는 개별 분묘 기념물이나 가옥 축조의 노동에 (그리 강하지는 않더라도) 분명한 위계가 존재했다.

전쟁

광역적 수장 정치체의 네 번째 지표는 전쟁warfare, 곧 민족지로 묘사된 대다수 수장사회가 결부된 적나라한 권력이다. 수장에 의해 조직된 방어 전쟁은 대체로 요새화에 투여된 고강도 노동으로 인지될 수 있다. 공동체 전체가 이 보호장치로부터 받는 혜택이 측정된다. 대조적으로, 넓은 지역 내부가 수장에 의해 평화롭게 유지되는바, 주요 방어시설 없이도 정복 전쟁은 존재할 수 있다. 이런 사례에서는 비범한 무기를 가진 전문적인 전사의 존재가 인지된다.

수장 관련 전쟁의 세 번째 선택형으로서, (교역에 연결된) 재화를 노린 약탈은 전사 정체성에 결부된다. (전투용 도끼, 단검, 장검, 화살촉 등) 무기의 수와 분포는 그런 사례의 중요성을 인식하기에 유용하다. 완카의 요새화(5장 참조)나 스칸디나비아 취락의 무기와 무덤(7장 참조)의 정도는, 대비되는 정치경제체제의 수장사회들에 연관된 서로 다른 목적의 전쟁을 시사한다.

수장사회의 다양성과 앞서 서술한 핵심 지표의 양상을 개념화하는 방법을 이해하기 위해서는 탄탄한 이론 틀 안에서 정치과정을 이해해야 한다. 스미스Adam T. Smith의 관점에서, 수장사회는 대중으로부터는 멀어지되, 지배구조를 향해서 (다소 성공적으로) 권력을 극대화하려는 지배기구로 작동한다. 레비Margaret Levi가 통치의 약탈이론predatory theory of rule으로 부르는 것이다.

근본적인 질문은 "어떻게 그리고 왜 수장이나 (나중에는) 왕이 권력을 장악하게 되었는가?"이다. 이는 하달식 지배의 문제이지만, 일반민이 지배를 피하고 자신의 영역에서 권한을 주장하며 자신의 이익에 대한 하달식 조치를 주도하고자 하는 상향식 과정을 고려한 분석에서 대조되어야 한다. 수장사회의 작동은 중앙집권과 권력 분산에 관련된 그런 힘들 간 변증법적 과정을 반영한다. 전형적인 수장사회는 없지만, 동태적 권력에 대한 특정의 균형 잡기에 의해 창출된 일련의 광역적 정치 형태는 있다.

하향식 접근: 수장의 권력 쟁취

수장사회의 이해는 어떻게 수장 권력이 지역 차원의 정치체에 행사되는지에 대한 평가를 요한다. 얼의 책, 『수장들은 어떻게 권력을 장악하는 가: 선사시대 정치경제How Chiefs Come To Power: The Political Economy in Prehistory』에 기술된 대로, 지도자는 세 가지 기초적인 권력—경제, 전사의 힘, 종교적 이념—을 추구할 수 있다. 권력의 개별 원천에는 수장이 채택할 정치전략을 결정하는 각각의 제도적 맥락과 특징이 있다.

경제 흐름 통제

경제적 권력은 그 물질적 구성으로 인해 본질적으로 (최소한 일부라도) 통제가 가능한 자원과 노동의 흐름을 공급하며, 따라서 그런 경제에 의해 생성된 잉여는 권력 전문가나 그의 기구를 뒷받침한다. 그러나 거리의 문제, '떠남voting with their feet' 등 일반민 가족에게는 통제 회피라는 선택이 있는바, 세금 징수가 쉽게 이루어지지 않는다. 노골적인 전사 세력은, 잉여에 대한 수장의 권리를 옹호하면서, 생산자원이나 노동력을 장악·통제할 수 있다—그런데 전사들이 그런 것들을 손에 쥘 수도, 수장을 살해할 수도, 통치권을 찬탈할 수도 있다. 이념은 수장이 자신의 지배를 정당화하기 위해 개발한 믿음의 체계이지만, 왜 일반민이 수장의 신성한 지배라는 신화를 믿어야만 하는가? 수장 권력 전략의 핵심은 항상 물적 흐름에 따라, 권력 원천들을 함께 엮어냄으로써 효과적인 지배기구를 창출해내는 것이다.

모든 권력은 본질적으로 배분적인데, 단지 공동체 구성원 전반으로 넓게 확산하는 경향이 있다는 점을 의미한다. 전통적인 경제에서 자유농민, 어부, 상인은 독립적으로 자신들의 생계나 사업적 투자를 운용한다. 개별 농부, 어부, 상인 등은 농장, 배 및 여타 소유물을 지키기 위해 스스로 전사가 될 수 있다. 개인은 다른 사람이 이의를 제기하지 않는다면, 자신이 원하는 대로 믿을 수 있다.

인류사의 많은 부분에서 개인은 예상되는 이익과 연관성에 따라, 사회집단에 참여하기도 이탈하기도 한다. 공동체는 통솔자를 용인하기도 하지만, (주로 집단적 동의에 따라) 집단의 분해를 막기 위한 논란 해소와 같은 특정 상황을 통해 제한하기도 한다. 강력한 수장의 등장 이전 존재했던 대체로 평등한 사회에서, 개인들은 자신의 일상적 독립을 유지할 모든 권리에 대해 매우 개방적으로 (또는 최소한 영속營屬적으로 인가될 만큼) 접근할 수 있다. 미국의 독립이념도 비슷한 원칙을 강조한다.

수장 권력은 개별 권력 원천에 대한 접근을 제한하기 위해 그것들을 엮어냄으로써 생겨나는 통제력을 배경으로 한다. 통제는 사회적 조건에서 태생적인 것은 아니다─오히려 수장은 개인적 권력을 증대하기 위하여 기술·환경적 조건을 조정하려 들었다. 수장의 야망이 달성되기 위해서는 잉여 전용의 경제에 대한 통제가 필수이다. 수장의 손에 의한 물품의 유통에서 잠재적 병목은 경제적 통제에 대한 이해의 핵심이다.

병목은 물품의 흐름에서 죄어지는 지점으로, 이를 통해 수장은 정치적 활용을 목적으로 잉여를 전용했다. 간혹 그런 죄임은 한정된 비옥한 토지, 주요 물길 또는 산의 고개 등 지리와 관련되기도 하지만, 수장은 주로 시설을 축조함으로써 병목을 창출한다. 어떤 경우라도, 수장은 병목에 대한 특정 형태의 재산권을 주장할 수단을 찾아야만 한다. 중세의 사례를 보자면, 성은 물길이 굽어 보이는 곳에 자리 잡았는데, '(노상강도 귀족 또는) 강도남작robber baron'은 그곳에서 만족스러울 만큼 안정적으로 통과 요금을 수집했다. 가장 보편적인 선사시대 병목은 생산성 높은 토지와 가축에 대한 소유권이었을 것이다. 하와이 사례(6장 참조)에서 보듯, 관개체계나 양어장에 대한 수장의 관리를 통해 이루어진 토지 강화는 거기서 생산된 잉여에 대한 수장의 권한을 창출한다. 만Michael Mann에 의해 기술된 대로, 관개 등으로 경관을 강화함으로써, 사람들을 그 시설에 속박하여 (비용적으로) 떠나기 어렵게 한다.

수장에 의한 광역적인 지배기구의 수립은 권력과 통합의 기구를 뒷받침할 수단을 요한다. 달트로이와 얼은 통치기구가 재원 마련 수단으로서 일용품의 하향식 흡인을 어떻게 수행하는지 개괄하고 있다. 이 필자들은 (현물형 재정staple finance과 재부형 재정이라는) 두 가지로 자원 흡인 방식을 판별한다. 현물형 재정은 수장을 위해 일하는 사람들을 뒷받침하기 위해 사용되는 식료물품의 동원을 포함한다. 현물형 재정은 공역 노동에 의존하는

데, 유력층을 뒷받침할 시설을 축조하고 물품을 생산하는 등 일반민은 자신들의 지배자를 위해 일해야 한다. 대조적으로 재부형 재정은 (위신재, 무기, 의례 물품 등) 수장에 부속된 수공 전문가가 만들거나 먼 곳에서 취득된 특별물품의 축적과 배분을 포함한다. 파나마 수장사회에 관한 한, 재부형 재정은 프리드먼과 롤랜즈의 위신재교역(1장 참조)으로 대표된다. 이런 특수한 물품은 생계의 영역 밖에서 얻어지며, 일반민의 노동에 의존하지 않는다.

전쟁과 종교이념

카네이로가 기술한 대로, 전쟁은 (대부분은 아닐지라도) 적잖은 수장사회에 있어, 핵심적인 문제이다. 수장체에는 수장에게 봉사함으로써 스스로 부유해지려는, 고도로 훈련되고 무자비한 전사가 포함된다. 하와이의 사례에서 보이듯, 수장이 전용한 잉여는 비옥한 토지와 거기에 예속된 인구를 좇는 정복 전쟁을 뒷받침한다(6장 참조). 다른 한편으로, 전사는 교역로를 장악하거나 지배할 수도 있는데, 이송 중인 물품을 보호하기 위해 교역 사업에 동참할 수도 있고, 무기의 재료인 금속이나 노예 등 값나가는 물품을 노리고 약탈할 수도 있다(7장 참조). 크라딘은 중앙아시아의 초복합수장사회가 어떻게 습격과 정복을 통해 획득한 재부를 광활한 지역을 아우르는 제국 정치체에 활력을 북돋는 데에 사용했는지를 설명하고 있다. 재부의 배분을 통제함으로써, 수장은 전사들이 충성을 다하고 수장체에 머무르게 할 수 있었다.

비슷하게, 잉여는 수장의 종교적 가치를 이념적으로 표현할 사제나 축제, 정교한 의식을 뒷받침하는 데에도 일조할 수 있다. 의례적 행사에 대한 후원은 지배의 권리와 의무를 정당화한다. 4장에서 주장할 바대로, 수장의 종교의식에 대한 후원은 중앙집권화된 권력이나 잉여 전용의 권리에 대한 합리화를 수립하는 가장 오래된 방법의 하나였을 수 있다. 이는, 중앙집중화된 의식이나 정치 및 종교적 지도자를 뒷받침해야 하는 집단의 의무를 시사하는, 극적인 기념비적 의례 건축물이 있는 수장사회 사례에 즉각적으로 관련된다. 일부 사례에 있어서, 수장사회는 본질적으로 신권정치였는데, 보편적으로 수장은 신성으로부터 인가된 지배 권한을 장악했다.

권력 전략

민족지 사례에서 논의되었던 바(1장 참조)대로, 노동과 일용품에 있어서 수장의 잉여 전용을 이해하는 작업은 권력 전략power strategy, 통제와 순응의 혼합지점 등에 주목한다. 수장들 사이, 수장과 수장체 및 수장연맹 내 여타 사람들 사이의 관계는 정치적이며, 부수적이며, 절충적이다. 거기에는 충성과 봉사(관계)를 수립하고 유지하는 재원 조달이 포함된다. 분절사회를 특징짓는 정치구조는 거의 상시 순환하는바, 수장사회에서 공식적인 정치기구의 발달 정도는 제한적이며 불안정하다. 수장은 자신을 안정적이고 지속적인 정치체의 중심으로 자리매김하고 싶겠지만, 현실은 구조적으로 불안정하다. 그러나 스스로 변화하는 정치·경제적 현실에 빠르게 맞춰가는 바, 기구로서 수장체의 그러한 취약성은 강점이 되기도 하다.

수장사회에서의 권력은 특수한 경제양식econmic modality에서 발생하지만, 여타와 대비하여 특정 권력 원천에 대한 강조는 광역적 기구의 형성에 특별히 선호되기도 한다. 렌프류는 영국 신석기시대와 청동기시대 정치조직을 집단지향적group-oriented 대對 개인주의적individualizing 수장사회로 대비하면서, 그 변이를 명료하게 설명하고 있다. 수장사회에 대한 그의 두 모형은, 자원을 동원하고 사회적 구분을 물질화하는 매우 다른 수단을 강조한다. 그런 변이는 정치경제가, 권력 원천을 다양하게 혼합하는 기구를 위한 재원 조달에 활용될 잉여 창출 방식과 연결된다.

고고학적으로, 집단지향적(또는 영속적) 대 개인주의적(또는 가문 위주) 수장사회의 대비는 서로 다른 물적 표식을 생성하는 별개의 경제양식에 의존하는데, 특정 수장사회 유형에 대한 단순한 속성일람을 작성하는 시도로 혼동되었다. 개인주의적 수장사회는 유력층 분묘나 가옥에서 발견되는 재부로부터 수장이 구분되는 양상으로 특징지어졌는데, (소비자) 과시를 지향했다. 반대로, 영속적 수장사회는 노동력에 대한 통제를 보여주는 경관 구축을 통해 수장의 지위를 반영했는데, 그런 수장은 차별적인 상징물로 지위를 과시하지는 않았다. 분묘에서 재부가 확연히 차등화되면, 수장 중심 위계의 존재를 인정하는 반면, 사치품이 거의 사용되지 않으면 수장의 존재를 부정하기도 한다. 이는 민족지가 밝히는 수장사회의 다양성을 심각하게 오해한 것이다.

지배하려는 수장의 성공은 시시각각으로 변하는 환경에 맞춰가면서 권력과 이해利害를 조율하는 데에 달려있었다. 수장체는 매우 적응적이어서 특정 경제구성체와 통솔권의 유형에 의해 구분되는데, 그러나 그러한 유형의 중간수준 사회들에서 공통의 광역·정치적인 성격이 명확하지는 않다. 수장들의 위계는 몇천 명을 통치하는 (마을이나 지역이라는) 두 수준 중 하나이거나 수만 명을 통치하는 (마을, 구역 및 거대지역이라는) 세 수준 중 하나였다. 어떤 경우라도, 수장체의 정치적 결속은 지배적 수장에 대한 마을이나 지역 수준의 국소 지도자들의 충성으로 연결되는바, 지극히 개인적이었다. 한 사회 내에서 다층적 위계가 병행적으로 존재할 수도 있었으며, 위계 내에서 권력은 불확정적이어서 다툼의 여지가 있었다.

상향식 접근: 다중의 힘

(정치경제의 접근을 신봉하는) 많은 고고학자는 지도자로부터 통제받는 집단으로 향하는 하향식 시도를 강조해 왔지만, 상향식 접근의 도입이 필수적이다. 시장 지향적이고 민주적인 사회에서 사람들이 내리는 결정은 기초적인 선택 기제로서 이론화되어왔다. 이야말로, 생산과 소비의 결정을 유도하는 자유시장의 '보이지 않는 손invisible hand'이다. 민주적인 '다중의 의지will of the people'는 중앙집권화된 권력을 용인하거나, 제한하거나, 남용하거나, 회피하기도 하면서 정치제도를 구체화한다. 그런 작인들은 어느 정도 모든 사회에 존재했을 것이다.

비유력층 작인에 대한 관점은 고고학 연구의 여러 이론적 맥락에서 부상했다. 예를 들어, 가구고고학의 유행은 가족과 그 공동체가 일상의 문제점 대부분을 해결하기 위해 지배 유력층으로부터 독립적으로 행동하는 정도를 고려한다. 사회체계의 동태성에 대한 고려는 상향식 정치적 작인과 하향식 과정을, 상호의존적이고 잠재적으로 반복하는 변증법적 관계에 자리매김하는 작업을 요한다. 여기서는 (권위부재anarchism, 가문家門사회house society, 집단행동이론collective action theory 등) 수장사회에 적용되는 몇몇 상향식 전술을 인용한다.

권위부재

권위부재와 혼계混階, heterarchy에 대한 몇몇 병행적인 접근은 다양한 집단 및 연합 내에서 자기조직화를 이루거나 협동하는 개별 행위자의 역량 ―기질조차도 포함―에 주목하면서, 경제 및 정치조직에 대한 상향식 접근을 보여준다. 권위부재이론anarchistic theory은 흔히 수장사회나 국가단계 사회를 구성하는 분절적 공동체의 동태성을 설명하는 데에 일조한다.

마르크스주의적 사고에 맥이 닿는바, 권위부재이론은 저위의 국소적 작인과 과정, 광역적 정치체가 국소적 수준의 행위로부터 부상하는 과정 등을 역설한다. 권위부재는 중앙집권화된 권력에 대항할 (자발적 연합, 상호조력, 연결망 형성, 공동의 결정, 유용한 권위 수용, 강제적 권력 거부 등) 특정의 조직원리를 전제한다. 엔젤벡Bill Angelbeck과 그리어Colin Grier는, 어떻게 개인과 집단이 다른 집단이나 권력자와 자신들의 이해를 조율하기 위해 자기조직화를 하는지 설명하고자 권위부재이론의 개념을 수용한다. 외부인에 의한 정치적 지배뿐만 아니라 내부의 권력 지향적인 개인들로부터 자신들을 보호하려는 공동체에 관심을 두었다. 공동체는 수장의 통치에 저항할 수도, 외부 세력과 싸우는 수장을 용인할 수도 있다.

혼계적 접근에서도 유사하게 비유력자층과 유력자층의 경쟁적 이해관계가 인지되는데, 권력 원천의 대체 가능성은 중앙집권화된 정치체계에 효과적으로 저항하게 해준다. 따라서 권력은 서로 다른 씨족, 마을 또는 부족의 지역뿐만 아니라 연령대별 연합, 종파, 유대, 수공업 길드, 분파에서 비롯된 여러 가지 위계를 가로질러 배분된다.

지휘 구조가 분리되는바, 사회적 분절 각각은 연합적 행동에서 (어느 정도) 자신들의 이익을 깨닫게 된다. 따라서 수장의 권위는 상황적이며, 권위부재의 생각과 일맥상통한다. 지배층은 한껏 유력해지기를 바라겠지만, 수장권은 대체로 집단에 도움이 될 것으로 여겨지는 (전사적 수장의 공동체 방어 등과 같은) 맥락에 따라 작동한다.

가문사회

최근 관심이 가문사회에 집중되고 있는데, 이 개념은 원래 상향식 권력부재이론이 적용되기도 했던 미국 북서부the American Northwest를 대상으로 레비스트로스Claude Lévi-Strauss가 창안하였다. 사회적 활동의 상당 부분을 조직하는 사회경제적 기초단위를 반영하므로, 가문사회의 고고학적 유용성은 입증되었다고 하겠다. 친족은 물론 비친족 구성원으로도 구성되는 바, 가문사회의 개념에서는 토지 및 (의례를 포함한) 여타 자원에 대한 개별 가문 단위의 소유권이 핵심적이다.

가문 규모 집단의 형성은 모든 사회에 존재하지만, 소유권이나 접근의 권리를 그런 집단이나 영속적 결성보다 크지 않는 집단이 갖는 정도에 따라 가문들은 고도의 경제·정치적 독립성을 누린다. 자신들의 이익을 확대하기 위하여 기업가적으로 행동한다. 고고학적으로 상속유형에 결부되는 바, 분묘는 가옥구조와 긴밀하게—주로 가옥의 바닥 아래나 가옥에 인접하여서나 농장에 부속된 토지에— 연관되어야 한다(6장 참조). 분석적으로, 가문사회는 집단행동이론에서 묘사된 낮은 수준의 작인에 대한 이해와 연결된다.

집단행동이론

집단행동이론은 정치경제에 있어서 마르크스주의에서 발원하여 강력한 상향식 과정을 병합한 또 다른 보완적 접근이다. 모든 지배자는 권력을 강화하기 위해 세입을 극대화하려 하지만 현실적으로는 그렇게 할 수 있는 역량은 비유력층의 권력에 대한 반작용에 따를 수밖에 없다는 설명인바, 레비가 주창한 지배의 약탈이론이 집단행동이론의 토대라 할 수 있다. 레비는 유력층—여기서는 수장—은, 세수稅收 (곧, 잉여) 창출에 있어서 비유력층의 역할에 따라 정치전략을 기획한다고 주장한다. 국소적 집단으로부터의 (현물형 재원과 유사한) 세수는, 유력층이 농부들의 순종을 보장받기 위해 관개체계나 사원의 건립과 같은 편의를 제공하게 한다—그런데 세수가 [재부형 재원처럼] 대외적인 원천으로부터 얻어진다면, 그런 호혜성은 필요치 않게 되고 유력층은 자신이 통치하는 이들에 덜 관심을 기울이며 행동한다.

블랜튼과 동료들은, 자신들이 (현물형 재정의) 영속적 대對 (재부형 재정의) 배제적 전략이라고 부르는 바를 대변하는 유력층과 일반민의 대비적인 관계를 서술하고 있다. 〈인간관계지역자료〉에 기록된 30개의 전근대 국가에 대한 특기할 만한 비교연구에서, 블랜튼과 파거(-나바로)Lane F. Fargher(-Navarro)는 공공 물품이 유력층에 의해 제공되는 정도는 재지 대對 대외의 세원稅源에 연관됨을 보여준다. 국가 형성은 통치자뿐만 아니라 납세자 일부에 대한 합리적인 사회적 작용이 결부된 과정이라는 데에 이론적 공감대가 형성되고 있다.

> 납세로만 재원이 조달된 정부가 수립·유지되기는 무척 어렵다 … 그래서 납세자의 순응을 대가로 통치자는 공공 물품을 제공하고, 공무원이라는 작인(관료화)을 통제하며, 일부 권력을 포기함으로써, 집단과업에서 신뢰할 만한 참여를 유효화한다(Blanton and Fargher 2008: 252).

'도덕경제'

수장과 왕은 아마도 자신들의 백성에 관심을 두지 않고 행동하고 싶겠지만 일반 가구의 노동이 세수를 제공하는 한 그리되지는 않는다. 이즈음에 농민반란이 떠오른다. (일반민과 농민 등) 잉여를 생성하는 이들로부터 순응을 얻어내기 위해서 지도자는 (경제적 기반, 관개체계, 재난으로부터의 긴급구조, 공동체의 생산성과 신성 창출을 전제하는 의식 등과 같은) 현지의 '편의'를 제공하여야 하는데, 그리하여 사회적 만족도 주고 위엄도 얻게 된다. 정치 기구가 국소적 농업생산으로 재정적 뒷받침—곧 현물형 재원—을 얻는다면, 생산자의 기초적 노동력은 경작자집단이 과도한 착취에 저항할 힘을 갖게 한다.

스콧James C. Scott은 이를 농민의 도덕경제moral economy라고 부른다. 동남아시아의 농민반란에 관한 이 통시적 연구에서 광범위한 순응에는 생계의 안정성에 대한 보장이 요구되었다고 한다. 농민반란의 공포는 지주의 지나치게 열성적인 착취에 대한 교정책으로 작동했다. 권위부재이론과 유사하게, 집단행동이론은 (이웃 간 협력체에서 도시연합, 과두정치 연합, 정당까지) 모든 수준의 집단들이 어떻게 공유·상충하는 이해를 해결해 주는 정치적 관계를 형성하는지 설명한다. 지배기구는 그들이 단지 간접적으로만 통제하는 자원에 의존하는바, 비유력층의 집단적 권력이 약탈적 활용에 대한 유력층의 욕망을 상쇄한다는 것이 핵심이다. 변증법에 주목함으로써 마르크스주의는 사회적 재생산과 변화를 창출하기 위해 별개의 구성 요소들이 상호작용하는 기제를 제공한다.

요약

수장과 일반민의 이해와 욕망을 대조하면서, (마르크스주의 정치경제의) 통제에 관련된 유력층 전략과 재부 축적 사이의 변증법적 긴장, (집단행동이론의) 중간적인 순응, 협업, 호혜적 관계의 타협, (권위부재이론의) 자기조직화, 저항, 차단, 전복 등이 인지된다.

그런 사회적 과정과 작인의 동시성은 다른 생태·경제·역사적 맥락에서 정치구성체의 진화를 방향 짓는 여러 작인이나 이해집단으로부터의 선택압력이 반영된 긴장을 창출한다. 이야말로 사적유물론과 사회문화적 진화의 의의일 것이다.

공납적 생산양식: 수장 권력기구의 재원 조달

수장사회는 매우 다양하지만, 비교론적 의도로 이 부분에서는 그런 다양성 설명에 일조할 특수한 사회경제구성체에 주목해본다. 진화 과정이란 측면에서, 하향 및 상향식 접근에 따른 선택은, 경제 및 권력적 관계가 얽

혀가면서 특이성을 창출하는 구조를 갖게 되는 경제양식을 이해할 대안적 방법으로 여겨질 수 있다. 예를 들어, 자본주의 생산양식capitalist mode of production에서 노동자는 (공장, 운반시설, 자금조달 기구에 대한 자신들의 소유권을 통해 정치 및 경제적 권력을 실현하는 데 활용될 재부의 흐름을 유도할 수 있는) 자본가에게 자신들의 노동력을 판다. 여기서는 그런 분석이 비자본주의 사회에 적합한 변수를 활용함으로써 선사시대에도 적용될 수 있음을 전제한다.

모든 수장사회는 이른바 공납적 생산양식tributary mode of production의 변이체들에 기반한다. 각 양식은 특징적인 고고학적 징후를 생성한다. 사례연구에서 예시된 대로, 개별 양식들은 각 수장사회가 특별히 선호했던 선택 가능한 권력 원천이나 기념물 축조 또는 사치품에 대한 의존성이 만들어내는 지위의 차이를 강조할 수 있다. 여기서는 복합화로의 선택 가능한 경로가 있는 수장 정치경제에서 나타날 만한 다양성을 이해하는 데에 일조할 병존적인 공납 형태가 논의된다. 서로 다른 역사적 맥락에서 작동하는 선택 기제는 각 정치경제를 다른 발달 궤적으로 유도한다.

울프에 따르면, 생산양식은 해당 사회의 도구, 기술, 조직 및 지식을 통해 자원을 추출·변형·분배하는 노동과정이다. 노동과정은 노동에 참여하는 개인과 그 집단(곧 사회구성체) 사이의 고착된 관계가 결부되는바, 항상 사회적으로 조직된다. 일용물자의 흐름은 여러 단계의 계층화나 불평등한 권력관계를 창출한다.

민츠는 스튜어드의 고상한 표현을 소환했다―"특정 기술이 특수한 환경에 부과되면, 국소 집단의 사회조직은 정치 형태가 보일 어떤 잠재적 변이에 대해서도 한계를 규정한다(Mintz 2014: 499).". 사회구성체는 역사적으로 특정의 시·공간성을 갖지만, 생산양식은 역사적으로 구분되는 사회들의 비교에 차용될 관계·물질적 개념이다. 예를 들어, 울프의 공납적 생산양식은 모든 수장사회나 고대국가에 적용되는 보편화된 개념이다. 정의에 따르면, 그것들은 정치조직을 작동시키는 잉여의 추출과 배치에 기반한다. (자원, 기술, 경관 및 장소에 대한 사회적으로 한정된 경제적 관계인) 소유권은 그런 다양한 양식을 이해하는 데에 핵심이 된다.

공납적 양식은 잉여를 전용·분배하는 다양한 방식을 포괄한다. 어떤 사회구성체라도 내재적인 생산조직이 있다. 따라서 특정 수장사회는 잉여 추출에 연동된 특정 양식을 갖는데, 가계의 자족이나 공동체적 호혜성에 관한 독자적인 논리를 따라 그 양식이 공동체와 가족에 내재하기도 한다. 생산양식이 새로운 분류방식으로 여겨지지는 말아야 한다―오히려 여러 대안적 정치적 산물을 만들어내는 물적 조건에 기반한 특정의 사회적 관계를 대변한다. 그것은 (유형이 아니라) 어떻게 개인이 통치기구를 뒷받침하거나, 거부하거나 (부분적으로는) 활용할지를 구체화하는 과정이다.

이런 체계적 정리는 인류학적 고고학에 마르크스주의적 접근의 정수를 제공한다. 생산양식에는 선·역사시대 사례를 관통하며 비교할 수 있는 방식으로 정치경제의 권력 전략을 모형화하는 물적 관계가 개념화되어 있다. 수장사회에 대한 논의와 관련하여, 여기서는 4가지 공납적 양식이 고려된다. 그 목록이 소모적이고 배타적임을 의미하지는 않으며, 오히려 수장의 정치경제 및 그 사회구성체가 가지는 연속적이며 가변적인 성격을 설명한다. 분리하여 논의되겠지만, 그 과정은 역사적으로 무한하게 정치전략을 창출해내는 방식과 결합한다.

의례적 생산양식

의례적 생산양식ritual mode of production(4장 참조)에는 채집, 이목, 농업 등을 포괄하는 여러 생계경제방식에 의해 부양되는 다양한 인구밀도의 사회들이 결부된다. 의례 기념물이 중요한데, 수장의 소유권을 확립하는 동시에, 추종자들에게 제공되는 의례적 편의를 반영한다. 수장이 축조, 수리, 의례 수행 등을 조직하고 지원하는바, 기념물은 수장 관련 장소이다. 이들은 영속적으로 조직된 사회로, 그 수장은 신성의 지지를 얻는 책임으로 정당화되는 공동체의 자원에 대한 포괄적 권리를 주장한다.

수장은 자신의 관리하에 있는 의식 장소와 의례 모두가 사회의 재생과 생산의 풍요에 필수적이라는 관념을 조장한다. 그런 생산양식에서 농경이나 이목에 종사하는 가족은 고도의 가구 독립성을 갖지만, 수장이 조장한 관념에 의존한다고 여겨진다. 의례적 생산양식은 이른바 신정神政 수장사회 theocratic chiefdom를 반영할 뿐만 아니라, 수장사회를 뒷받침하는 가장 이른 생산양식이었던 듯하다. 전용된 현물은 노동과정과 영속집단 소유의 장소에서 수행되는 관련 의식 및 연회를 뒷받침한다. 고고학적으로, 의례적 생산양식은 기념물 경관monument landscape에 의해 실체화된다. 정도가 일정하지는 않지만, 의례 관행과 연결된 특수 물품의 유통은 수장에게 추가적인 추동력을 부여한다. 그런 물품은 특징적으로 의례 집단에 결부되지, 분묘에 집중되지는 않는다.

영속적 생산양식

영속적 생산양식corporate mode of production(5장 참조)은 경작지 또는 목초지 같은 여타의 생산성 자원을 둘러싼 공동체 간 열렬한 광역적 경쟁이 있는 (주로 원예농경을 이어가는) 중간 정도로 밀집한 사회를 포함한다. 의례적 생산양식과 마찬가지로, 영속적 생산양식도 토지에 대한 집단적 소유권에 기반하지만, 그 방어에 있어서는 수장의 역할이 강조된다. 이는 계획된 정치경제의 병목이다. 이 양식에서 의례는 덜 필수적이지만, 그런 영속적 수장사회는 권력 원천의 측면에서 연속성을 보여준다.

현물의 전용을 통해, 수장은 영토와 사람을 보호할 방어시설의 축조를 기획·지원한다. 그러나 농부는 독자적 노동력을 보유하며 수장은 대체로 전쟁 관련 활동에 한정하여 그러하다. 전쟁지도자로서 수장은 물적으로는 한정되어 거의 드러나지 않는다. 이른바 '산채山寨 수장사회hillfort chiefdom'로 대변되듯, 영속적 생산양식은 고고학적으로는 방어시설로 구체화한다.

아시아적 생산양식

아시아적 생산양식Asiatic mode of production(6장 참조)은 집약화된 농업생산에 의존하는 인구집단과 결부된다. 수장은 자신의 관리하에 구축·유지되는 생산시설에 대한 포괄적인 소유권을 주장한다. 구축된 경관에 대한 수장의 소유권은 주된 병목이다. 전사는 수장 재산권을 유지하고, 정복을 통해 획득하는 데에 결정적이다. (주로 농민인) 일반민 집단은 농업시설에서 잉여를 현실화하는 유일한 수단으로서의 노동력을 보유한다. 그 노동의 대가로, 그들은 '도덕경제'에서 생계적 안정성을 보장받고 효율적인 농업시설이나 신성의 호의를 '보장하는' 의례 등을 포함한 특별한 편의를 얻게 된다. 아시아적 생산양식은 집약화된 농업, 특히 관개 및 배수시설을 갖춘 경작지 체계로부터 전용된 현물형 재정을 특징으로 한다. 이런 수장사회는 다른 양식의 연속체를 반영한다.

약탈적 생산양식

약탈적 생산양식predatory mode of production(7장 참조)은 사치품의 지역 간 및 국제적 흐름과 연결된 비교적 저밀도의 사회에 관련된다. 농업국가를 주변화하고 그들 국가로 향하는 재부의 흐름을 어느 정도 통제함으로써, 이런 양식은 흔히 개발도상 단계 세계경제의 일부가 된다. 그런 경제양식에는 다양한 병목이 있는데, 약탈이나 수송을 위한 선박이나 동물에 대한 소유권, 주요 교통로에서 흐름을 수축시키는 지점, 금속과 같은 특별한 물품의 생산과정에 관한 지식 등이 그에 결부된다. (작인으로서) 농민과 어부는 개인적인 자유를 갖는다. 수장을 주로 뒷받침하는 농업생산을 강화하기 위한 노예제가 노동과정에 포함된다. 전사는 약탈, 교역로의 보호, 병목지점의 통제 등에 긴요하다. 지위와 의미를 표현하는 특수 물품의 중요성을 창출하는 데에 있어 의례 역시 중요하다. 약탈적 생산양식은 수장 지배의 배제적 전략에 따른 (위신재교역과 같은) 재부형 재정을 특징으로 한다.

요점

사회진화를 부정하는 것은 오류이며, (방법론적 세련을 더 해가는) 고고학은 그런 중추적인 주제 탐구나 인간 사회의 다양성을 이해하는 데에 통시적 자료를 제공한다. 풍부한 고고학 증거를 이용하기 위해서는 현장 조사나 분석의 방법만큼이나 세련된 이론적 도구가 요구된다. 수장사회라는 광역적 정치제도를 연구하기 위해서, 고고학자는 (사적유물론과 같은) 정치경제의 접근을 활용해야 한다. 정치경제 접근법을 따르는 고고학자 대부분은 당연히 강제력을 동원하여 공동체를 통제·지배하려는 지도자의 활동을 강조해왔다. 그런 하향식 접근이 중요하지만, 단지 수장사회 내에서 벌어지는 변증법적 과정에 관한 이야기의 한 부분일 뿐이다.

작인을 좀 더 폭넓게 인지하기 위해서는 유력층의 지배에 대항하는 자기조직화에 유의해야 한다. 부수하는 정치·사회적 과정은 인간 사회에서 엄청난 다양성을 파생하며, 마르크스주의나 권위부재의 주창자들이 의존하는 사회적 창안social design이 가능할 인간 활동의 창의성에 관한 이해를 제공한다. 사회진화에서 문화의 형식분류를 제거함으로써, 사회변화를 불러일으키는 선택과정에 주목할 수 있다. 진화의 척도에 교묘하게 편성된 사회유형은 사라지고 말았다.

더 읽어 보기

Angelbeck, Bill, and Colin Grier. 2012. Anarchism and the Archaeology of Anarchic Societies: Resistance to Centralization in the Coast Salish Region of the Pacific Northwest Coast. *Current Anthropology* 53: 547-587. 이 논문은 미국 북서부 해안에서 얻어진 민족지 및 고고자료로 설명된 복합화의 이해에 대한 권위부재의 접근법을 시현한다. 그 접근법은 비교적 작은 규모의 정치조직을 이해하는 데에 특히 유효하다.

Blanton, Richard E., and Lane F. Fargher. 2008. *Collective Action in the Formation of Pre-Modern States*. New York: Springer. 역사적으로 잘 알려진 30개의 전근대 국가에서 획득된 자료를 개별적으로 부호화하면서, 저자들은 세원(이 재지 노동력이냐, 아니면 장거리 교역이냐)에 따라 국가가 그 구성원에게 제공하는 편익의 정도가 결정되었음을 보여준다. 이는 두 저자가 수행한 고고조사에 부합할 가설에 대한 통계분석을 위해 〈인간관계지역자료)의 민족지 집성을 활용한 고무적인 사례이다.

Blanton, Richard E., Gary M. Feinman, Stephen A. Kowalewski, and Peter N Peregrine. 1996. A Dual-Processual Theory for the Evolution of Mesoamerican Civilization. *Current Anthropology* 37: 1-14. 이 논문은 대조적인 재원 확충 수단—아래 D'Altroy and Earle (1985) 참조—을 가진 (영속 대 對 배제라는) 상호대안적인 정치조직을 제시하고 있다. 이 정치적 전략은 사회가 규모에 따라 대안적인 조직화 수단을 가지고 있다는 점을 시사하면서, 다양한 복합도의 사회를 섭렵한다. 이 논문은, 스튜어드의 병행적 진화론의 접근을 발전시키면서 단선 진화론적 형식분류로부터 관심을 이탈시키고 있다.

Carneiro, Robert L. 1990. Chiefdom-Level Warfare as Exemplified in Fiji and the Cauca Valley. In *The Anthropology of War*, edited by Jonathan Haas, pp.190-211. New York: Cambridge University Press. 카네이로는 수장사회에서 전쟁의 핵심적 역할을 주장한다. 전쟁은 광역적 조직을 창출하기도 하고, 연약한 제도구성체를 분해하는 수단 모두를 의미한다.

D'Altroy, Terence N., and Timothy Earle. 1985. Staple Finance, Wealth Finance, and Storage in the Inka Political Economy. *Current Anthropology* 26: 187-206. 이 논문은 정치조직이 제도적 지원을 위한 자원 전용을 요구한다는 점을 주장한다. 재원 조달 전략으로서 물품 대 對 대가의 교류 사이에 간단한 양분을 제시하는데, 이 양분의 안은 제도적 재원에 대한 일련의 실제적 방안들을 관통하는 연속체(의 양단으)로 인식되어야 한다.

Earle, Timothy. 1997. *How Chiefs Come To Power: The Political Power in Prehistory*. Stanford, CA: Stanford University Press. 이 책은 (경제적, 군사적 그리고 이념적이라는) 권력의 세 가지 원천에 주목한다. 하와이, 안데스산맥, 스칸디나비아 등의 고고학 사례를 통해 대비를 보여준다.

Earle, Timothy. 2017. *An Essay on Political Economies in Prehistory.* Bonn: Habelt. (Distributed by Eliot Werner Publications, Clinton Corners, NY.) 이 책은 선사시대에 대한 비교연구에서 마르크스주의적 분석을 주장한다. 본서가 개진한 생각의 근저가 되는 대조적인 정치구성체를 기술함으로써, 생산양식에서의 대비가 설정된다.

Kohler, Timothy A., and Michael E. Smith (editors). 2018. *Ten Thousand Years of Inequality: The Archaeology of Wealth Differences.* Tucson: Arizona University Press. 이 책에서는 재부의 분포가 로렌츠곡선을 통해 고고학적으로 연구된다. 개별 장들은 지구상 여러 지역을 섭렵하되, 매장과 가구의 맥락에서 부의 편차에 주목한다.

Kolb, Michael J. 1994. Monumentality and the Rise of Religious Authority in Precontact Hawai'i. *Current Anthropology* 35: 521–547. 하와이제도 전체를 아우르는 복합수장사회의 발달에 결부된 기념물 축조의 편년에 주목하는 논문이다. 기념비적 건조물이 어떻게 고고학적으로 연구될 수 있는지에 관련된 좋은 사례이다.

Kradin, Nikolay N. 2014. *Nomads of Inner Asia in Transition.* Moscow: URSS. 크라딘은 중앙아시아 유목집단의 사회진화를 연구하는 러시아 고고학자이다. 매우 중요하게, 그는 유목민의 분절적인 조직이 약탈과 정복에서 얻어진 재부의 배분을 통해 어떻게 초복합수장사회로 조직될 수 있는지를 보여준다.

Levi, Margaret. 1988. *Of Rule and Revenue.* Berkeley: University of California Press. 이 책은 통치기구가 제공할 편의의 성격을 세입원이 결정한다는 중요한 정치과학 가설을 발전시킨다. 레비는 스스로를 마르크스주의자로 여기면서 작인에 대한 정연한 이해를 부가한다. 그의 연구는 집단행동이론의 기초가 된다.

Mann, Michael. 1986. *The Sources of Social Power, Vol. 1: History of Power from the Beginning to A.D. 1760*. Cambridge, UK: Cambridge University Press. 만은 권력과 정치의 장구한 역사를 연구하는 역사사회학자이다. 그는 비국가단계 사회가 접근하는 다양한 권력 원천을 판별한다. 그는 자신의 작업을 사회진화에 대한 비판으로 여기지만, 얼은 단순화된 단선적 형식분류에서 탈피한 포괄적인 분석의 일부라고 믿는다.

Mintz, Sidney. 2014. And the Rest Is History: A Conversation with Sidney Mintz by Jonathan Thomas. *American Anthropologist* 116: 497–510. 민츠는 『달콤함과 권력: 미국 역사에서 설탕의 위치Sweetness and Power: The Place of Sugar in American History』로 널리 알려진, 유력한 마르크스주의 인류학자이다. 이 인터뷰에서는 스튜어드와의 개인적인 관계 및 그에게서 받은 영향 등에 대해 언급하고 있다.

Renfrew, Colin. 1974. Beyond a Subsistence Economy: The Evolution of Social Organization in Prehistoric Europe. *Bulletin of the American School of Oriental Research* 20: 69–95. 복합사회의 복원에 관한 이 특집호에서, 렌프류는 기념물성 대對 분묘에서의 재부 편차로 표현되는 집단지향적 대對 개인주의적 수장사회의 차이를 설명한다. 구분을 실체화하는 이러한 대비적 방법은 블랜튼이 개발한 이원적 과정 모형dual-processual model이나 얼의 경제양식 모형화가 중요함을 시사한다.

Robin, Cynthia. 2013. *Everyday Life Matters: Maya Farmers at Chan*. Gainesville: University Press of Florida. 찬Chan 고고유적의 마야 농민에 관한 자신의 연구를 활용하면서, 로빈은 수난투니치Xunantunich의 고전기 마야 중심지 인근에 살면서도 수장이나 왕에게서 독립적이었던 그들의 삶을 설명한다.

Scott, James C. 1976. *The Moral Economy of the Peasant: Rebellion and Subsistence in Southeast Asia*. New Haven, CT: Yale University Press. 동

남아시아의 문헌 기록을 분석하면서, 스콧은 농민은 (당연시하는 바와는 달리) 억압 때문이 아니라, 자신들의 생계가 위협받을 때 반란을 일으킨다고 주장한다. 군주가 자신들의 생계경제를 보장하는 한 농민들은 그 착취를 수용한다.

Smith, Adam T. 2016. *The Political Machine: Assembling Sovereignty in the Bronze Age Caucusus.* Princeton, NJ: Princeton University Press. 정치조직은 수장사회와 국가의 정치구조에 관련된 제도적 틀이다. 스미스는 코카서스 청동기시대 변천양상을 서술하기 위해 이 개념으로 사용한다.

Smith, Michael E., Gary M. Feinman, Robert D. Drennan, Timothy Earle, and Ian Morris. 2012. Archaeology as a Social Science. *Proceedings of the National Academy of Sciences* 109: 7617-7621. 이 글은 장구한 과정에 대한 비교연구에 기초하여, 고고학이 본질적으로 사회과학임을 강력히 주장하고 있다. 이 글은 특정 지역의 궤적에만 집중하는 경향을 전환하고자 고고학에서의 비교연구를 주제로 한 학술대회(의 발표)를 요약하고 있다.

04
종교이념에 기반한 의례적 생산양식
Ritual Mode of Production Based on Religious Ideology

의례적 생산양식은 (채집부터 이목이나 농경까지) 다양한 생계 관행으로 부양되고 인구밀도도 서로 다른 사회들에서 확인된다. 이런 사회에서는 주요 의식을 수행하도록 구축된 신성한 경관이 핵심적이다. 영속집단營屬集團, corporate group에 의한 토지 소유는 집단정체성이나 탄생 신화와 연관된 그런 의례 장소에 초점이 맞춰진다. 그런 장소의 기념물성 정도에 따라, 노동력 동원이 필요한 축조과정에서 수장이 중심적인 역할을 하게 되었다. 기념물성에 관한 민족지 연구로 보건대, 사회적 노동은 향연과 연결되기도 하며 정치경제로 잉여를 전용하는 통솔자의 포괄적인 권리를 요구하기도 한다.

경제 관리, 전사, 어느 정도의 지역적 명령을 강화하는 이념 등을 함께 엮어가면서, 수장은 권력을 획득하였다. 의례적 생산양식은 종교에서 수장이 스스로의 자신의 역할을 강조할 수 있게 했다. 주로 상속을 시사하는 집단의례에서 구현되는 집단적 (또는 영속적) 권리를 확립하면서, 기념물은 물리적으로나 정서적으로 사람들을 장소에 정착시킨다. 기념물은 마치 국가에서의 법적 증서처럼 소유권을 효과적으로 영구화한다. 그런 장소를 구축하고 갱신하는 데 있어 수장의 역할이 잉여 노동력이나 산물의 동원을 정당화해준다. 이는 많은 신정 수장사회를 특징짓는 정치경제의 중요한 형태 중 하나이다.

의례경제

공연 및 관련 묘당에 대한 물질적 뒷받침은 (『인간 협동의 진화: 국가조직이 없는 사회에서의 의례와 사회복합화The Evolution of Human Cooperation: Ritual and Social Complexity in Stateless Societies』에서 스태니쉬Charles S. Stanish가 묘사한 대로) '의례경제ritual economy'로 불릴 수 있다. 스태니쉬는 기념물 축조가 결부된 초기 복합사회의 세계 여러 표본에 대한 광범한 기록을 제시하고 있다. 의례는 분명히 사회적 활동을 위한 집단을 형성하는 수단을 제공한다는 것이 집단행위이론에 기초를 둔 그의 주장이다. 이는 실용적인가?

기념물이 있는 저밀도 사회

흔히 의례적 생산양식으로 특징지어지는 사회는 매우 규모가 작고 밀도도 낮은데, 여기에 대해서는 권위부재의 주장이 (늘 그렇지는 않더라도) 합당할 듯하다. (고기Archaic period 및 우드랜드기Woodland period 북미의 초기 채집사회처럼) 놀랄 만큼 낮은 인구밀도에서도 사회집단은 주요 기념물들을 축조했다. 더 큰 규모의 축조를 위해 수장이 어떻게 사회적 노동력을 조직했는지를 이해함으로써, 그런 관찰이 정치경제적 접근에 내재할 수 있다.

훨씬 낮은 밀도에서조차, 전쟁은 일부 수렵채집민과 저밀도 원예농경 집단의 특징이 되기도 한다. 생산성 자원―특히 연어가 풍부한 하천, 무성한 견과류 숲 또는 비옥하거나 개선된 토양의 골짜기―의 불균일한 분포는 외부 세력에 대한 방어를 필요하게 한다. 유럽의 신석기시대 사회가 대형 화살촉 발견과 연관되는 점은 좋은 사례인데, 이 시기에는 대형동물 사냥의 증거가 한정적이기 때문에, 그러한 무기는 적을 죽이는 데에 활용되었을 가능성이 크다. 집단 간 경쟁이 있었던바, 의례를 통해 토지권 및 그에 대한 방어 의지가 분명하게 강조되었다. 전통사회에서 사회적 행사는 동맹을 끌어들였는데, 이는 전쟁의 성공에 필수적이었다. 지역적 의례는 생계의 위기를 해소하거나 음주·가무의 기회를 마련하는 등, 편의를 제공하기도 하였을 것이다.

지역 집단 조직하기

중심지를 기반으로 이념을 증진함으로써, 수장은 사회적 갱신이나 풍요를 기원하는 의례관련 기념물을 축조할 사회적 노동력을 동원할 수 있다. 물론, 이런 수장 권력은 의례와 같은 특별한 집단활동으로 엄격하게 한정되기는 했지만, 집단방어에 대해서도 어느 정도 책임을 졌을 수 있다. 생계나 사회적 관계 등의 여타 활동과 관련하여, 가족이나 친족집단은 독립적으로 작동할 수 있었을 것이다. 이런 경제양식에서의 관계는 영속적 생산양식(5장 참조)이 속한 연속체로 여겨져야 하는데, 거기에서 수장의 방어 역량에 대한 긴박한 필요성이 의례 수행을 압도하게도 되었던 듯하다.

수장의 구성체에서 하향과 상향 과정의 균형은 특히 의례적 생산양식과 함께함이 분명하다. 그런 저밀도 사회는 (양호한 낚시터, 풍성한 초지 또는 개선된 농토 등으로) 자원을 풍부하게 갖춘 유리한 지역과 연결되었을 듯하지만, 수장을 위해 잉여 생산을 요구하는 어떤 시도라도 개별 가족들에게는 문제시되었을 것이다. 이용되지 않았거나 덜 이용된 토지에 재정착할 기회는 있었다. 그런 과정은 수렵채집민-이목민-농민과 관련하여 묘사되었던 광범위한 이주를 유발하게 되었을 것인바, 개별 가족들과 그 연합은 과도한 요구를 일삼는 수장으로부터 이탈했을 수 있다. 상대적으로 개방적 환경에서, 부상하는 수장을 견제할 수 있는 것은 (흔히 '떠남'으로 불리는 바대로) 간단히 스스로를 정치구조로부터 격리하는 대중의 역량이다.

기념물 경관과 관련 의례는 사람들을 장소에 얽매는바, 확실한 유인요인이 된다. 그런 장소에 연관된 토지에 대해 우월적 권리를 주장하는 정도에 따라, 수장은 정치적 목적으로 잉여를 전용할 수 있다. 그렇다면, 구축된 경관을 가진 여러 고고학적 궤적의 특징인 낮은 인구밀도의 상황에서도 초기 수장사회는 오래전부터 널리 퍼져있었을 것이다. 예를 들어, 신석기 시대 유럽, 이목에 의존했던 아프리카 사회, 인도와 동남아시아의 여러 궤적, 전체 미주대륙 등지에서는 커다란 석조 기념물이 축조된 '거석megalithic'경관이 널리 알려져 왔다.

권력을 표상하는 기념물성

마르크스주의 고고학자 트리거Bruce G. Trigger는 지도자와 그 집단의 세력을 표현하는 중간수준 기념물성의 정치적 측면을 강조한다. 그런 축조가 보편적인 사회적 과정의 일환임을 인식하면서도, 상향식 관점을 견지하는 연구자들은 (아담스Ron L. Adams가 동남아시아의 민족지에서 기술했던) 향연과 축조가 정치적 요소라는 점을 비판하기도 한다. 기념물은 초기 지도자들에 의해 축조되었다. 선사시대 토착 사회들의 기념물 경관은 소유권을 창출하였는데, 그로써 지도자들은 의례 수행의 유인성 및 그에 대한 요구를 증폭하기 위한 잉여를 창출·유용할 수 있게 되었다.

매우 작은 규모 사회에서 A형 성향의 사람에 대한 헤이든Brian D. Hayden의 말을 빌자면, 부상하려는 자는 향연을 통해 위세와 정치적 지원을 얻었다. 향연의 후원자로부터 수집된 음식은 지도자의 조직력을 보여주면서 지지자를 끌어드린다. 삶이 지루할 수도 있는 사람들을 위해서, 재미있는 모임을 주최하려면 (초보적인 현물형 재정을 대변하는) 특별한 음식의 수집과 준비가 필요하다. 그런 기본논리는 더 큰 규모의 향연, 노동자집단, 상당한 기념물 축조작업을 후원하도록 강화되었을 수 있다. 사회적 노동과 향유 모두를 포괄하는 그런 행사는, 의례적 생산양식의 수장사회를 형성하는 데에 있어 긴요하다.

흔히 조상으로부터의 상속에 연관되는바, 기념물은 새로운 정치체제에서 사람들을 토지에 속박하고 잉여를 전용하는 기억을 생성했다. (그런 과정의 예시가 될) 초기 신석기 사회에 있어, 구축된 의례 경관은 정치적으로 단순히 권력을 표현하기 위해서만이 아니라, 의례 장소나 토지 및 부속된 자원에 대한 영속적 권리와 책임을 표시하는 데 있어서의 역할에 연관된 노동관계를 형성함으로써 권력을 창출하는 데에 이바지했다. 주요 기념물의 축조가 결부되면, 사회는 어느 정도 구심적으로 조직되는데, 이런 구성체를 집단지향적 수장사회로 지칭하면 좋겠다.

기념물 경관: 신석기시대 스칸디나비아(서기전 4000-3300)

북·서부 유럽의 고고학적 궤적에서, 전기 신석기시대 주민은 수장사회의 초기 발달과정에서 의례적 생산양식의 좋은 사례를 제시한다. 그런 유럽 최초 농경민은 화전경작과 목축을 위해 (토지를 개선하기 위한 자본투자의 과정으로) 산림지를 개간하였다. 최근 DNA분석에 따르자면, 이 주민의 절대다수는 수렵채집민이 현저하지 않았던 내륙지역을 접수한 뒤, 점차 선주민들을 주변으로 밀어낸 이주민이었다. 정주 생활은 분묘기념물, 마침내는 토축의 담장과 원형광장 석·목조 묘당 등의 실질적인 공간과 결부되었다. 킬리Lawrence H. Keeley에 의해 상세히 다뤄진 대로, 전기 신석기시대 유럽 사회는 전쟁으로 특징지어진다. 의례주의, 전쟁, 부상하는 정치경제의 특수한 연계가 잘 입증된다고 하겠다.

신석기시대 유럽의 기념물 축조 변천상을 설명하기 위해, 전기(서기전 4000~3300년) 동안 스칸디나비아 남부의 의례 경관을 서술한 아르투르손Magnus Artursson, 브라운James Brown 및 얼의 공동논문이 인용된다. $1km^2$당 한 사람에 못 미칠 정도로 인구밀도가 매우 낮았지만, 해당 사회는 망자를 추모하기 위한 의례 장소를 축조했다.

스칸디나비아 남부의 '신석기화Neolithization'는, 북부 및 북서부 유럽의 광활한 지역을 가로질러 확산했던 푼넬비커Funnel Beaker문화와 밀접하게 연결되어있었다. 하나의 농장과 부락으로 이루어진 정착지는 강, 내륙의 산맥, 해안 등을 따라 자리 잡았다. 사람들은 저장수혈을 갖춘, 소형 또는 중형 정도의 매우 간단히 축조된 가옥에서 거주하였다. 푼넬비커의 물질문화, 매장전통, 의례활동 등에서 보이는 폭넓은 유사성은 아마도 광대한 교류망을 반영하는 공통의 종교적 신앙에 기반한 초지역적인 이념을 시사하는 듯하다. 그런 취지에서, 이 고고문화는 토지 및 부속시설에 대한 상속률相續律을 따르는 장소 관련 기초의례를 강하게 암시한다.

의례 구조물

민족지에 나타난 북미 북서해안의 포틀라치potlach나 뉴기니 고산지대의 모카Moka 의례에서 보듯, 지도자들은 집단 간 관계를 중재하기 위해 사람들을 모았을 것이다. 고고학적으로는 엄청난 사회적 노동을 바탕으로 구축될 수밖에 없는 전기 신석기시대의 중심적 회합장소에 대해 기록하게 된다. 이렇게 인상적인 의례복합체에는 향연의 잔재로 채워진 수혈, 목책렬, 선형의 입석렬, 환상環狀의 제방 등이 있다. 이들은 그 자체가 매장의례에 연관되어 있을 뿐만 아니라, 세장분구묘細長墳丘墓, long barrow, 거석분묘 등의 매장기념물을 둘러싸고 있기도 하다. 다수의 비거주용 유구는 의례를 위한 방문과 후손과의 상호작용을 가능하게 하는 다면적인 사회·상징적 활동을 시사한다. 민족지 사례에 비춰보면, 산 자와 죽은 자의 이런 형식화된 관계는 소유권의 상속을 보장한다.

서기전 4000년경, 스칸디나비아 남부로 소개되는 곡물농경과 가축사육은 점진적인 인구증대를 가능케 했다. 초보적인 쟁기의 도입과 같은 재배 기술의 개선은 의례를 위한 음식을 동원할 기회와 함께 수확을 증대시켰다. 야심가들에게 잉여를 축적할 수 있는 사회·정치적 조건을 제공하였을 듯한 집약화된 생계경제를 구축함으로써 최적의 지대에서는 인구밀도가 두 배가량 되었다.

상속률의 변화를 보여주듯, 매장기념물에서 그 궤적이 분명하다. 네 가지 형태의 전기 신석기시대 매장표식은 그 축조에 필요한 노동력의 증대를 보여준다.

- 무덤을 덮는 분구 또는 토루를 갖춘 세장분구묘
- 정면에 석·목제 막음을 갖춘 세장분구의 정면표지묘 正面標識墓, facade burial
- 거대한 수직석과 개석이 묘실을 이루는 (탁자식) 지석묘 dolmen
- 중앙 묘실과 석렬된 통로를 갖춘 연도묘 羨道墓, passage grave

이런 궤적은 끌고 세우기에 더 많은 사람을 필요했을 석재 크기의 증대와 더불어 하중 적하와 적재에 관련된 전문적 기술이 요구되는 보다 정교한 건축기획을 보여준다.

서기전 4000~3800년까지는 이미 (세장분구묘, 정면표지묘 등) 최초의 기념물 분묘가 스칸디나비아 남부에 세워졌다. 서기전 3600~3500년 무렵부터 작업자들은 (흔히 몇 톤에 달하는) 빙식氷蝕암괴를 끌어왔다. 특별한 매장장소의 사용 및 의미에 있어서 장기지속성을 암시하면서, 그런 (큰 바위로 만든) 거석분묘는 간혹 기존의 세장분구묘 안에 축조되기도 하였다. 세장분구묘나 지석묘는 일인 매장은 물론 4~5인의 다인 매장도 포함했다. 서기전 3500~3400년 이후에는, 거석 연도묘는 100~120명에 이르는 피장자의 집단 매장을 위해 반복적으로 개봉할 수 있게 했다.

전기 신석기시대 매장기념물의 궤적은 특별한 경관 변천사의 증거가 된다. 첫째이자 가장 현저하게, 거기에는 전에 없었으며 앞으로도 변해갈, 망자와의 연계가 결성되었다. 둘째, 묘당은 세대를 넘어 의미를 전달할 영구적인 기념물의 축조를 포함하고 있다. 사회적으로 의무화된 노동이 결부되었던 듯한 축조는 후손 집단을 그 조상과 연결하는 정서적 의미를 지닌 특별한 장소를 확립하는 데에 맞춰졌다. 상응하듯, 그렇게 인식된 영속적 소유권은 (노동력 동원을 위해 점점 더 중요해지는) 잉여에 대한 권리가 뒷받침하는 사회정치적 제도의 형성이 가능하게 했다.

스칸디나비아 남부를 비롯한 유럽 이곳저곳의 전기 신석기시대에는 상징적 의미를 지닌 물품도 중요해졌다. 지역 및 대륙을 가로질러 행해졌던 플린트제 대형 마제석부, 이국적인 전투용 석부, 편평동부 등의 교역은 유력층이 유도하기를 원했을 법한 초기 위신재교역을 시사한다. 스칸디나비아 남부의 몇몇 지역에서는, 전문화된 고심도 채굴을 통해 (종종 너무 크게 만들어져 실용이 아니라 상징적 기능을 가졌을) 석부용 고품질 플린트를 획득했다. 석부는 주로 봉헌물로 습지에 퇴장退藏된다.

그런 특수용품에는 의례적 의미가 부여되었고, 장거리 교역의 수행자로서 지도자들은 종교활동의 주체로 여겨질 수 있었다. (지도자가 후원했을) 의례 행사는 묘당 축조, 관련 향연 지원, 주로는 외래적인 상징성 물품 획득을 위한 노동력 동원을 점점 더 필요로 하게 되었다. 신성한 힘에 대한 접근은 점점 더 수장의 손을 향하게 되었다.

수나 규모가 늘어나면서, 스칸디나비아의 기념물 경관은 독특한 성격을 갖게 되었다. 서기전 3300년경까지 취락의 수·규모·밀도는 완만하게 증가했던 반면, 거석분묘는 스칸디나비아 남부에서만도 최소한 30,000개까지 늘어났다. 더 나아가 주요 회합장소는 규모(에 따라 함께 모이는 사람의 수)와 필요(에 따라 동원되는) 노동력에 있어서 증대가 관찰된다.

전기 신석기시대 스칸디나비아 남부의 경관에 대한 우리의 이해는 특히 철도, 도로 등의 건설에 따른 구제고고학에 힘입어 급속히 증진되고 있다. 선행의 분묘연구와 결합하면서, 새로운 연구들은 전기 신석기시대 수장사회에서 촉진되는 노동력 동원의 생생한 그림을 만들어내고 있다.

알름호브(서기전 4000~3700년)

스웨덴 서부 해안에 자리한 알름호브Almhov는 저장수혈, 움막, 세장분구묘, 정면표지묘, 및 여타 의례 관련 유구를 갖춘 회합유적 會合遺蹟 gathering site이다. 해안변에 있지만, 생계 관련 잔적은 (인근의 선행하는 수렵채집-어로 취락과는 매우 대조적으로) 해양자원 이용을 지시하지는 않는다. 동물사육이 중요했던 듯, 동물유체에는 소, 양, 염소, 돼지 등이 포함되어 있다. 탄화된 밀과 보리의 종자는 곡물 재배를 증명한다. 멧돼지, 약간의 사슴 및 그을린 개암의 유체는 삼림 경관이었을 곳에서 사냥과 채집이 지속되었음을 보여준다. 유적 주변에서 같은 시기 거주 취락이 거의 알려지지 않았는데, (있었다면) 작고 매우 한시적이며 산발적으로 분포했을 것으로 보인다.

이른 시기 유구들로 판단컨대, 이 유적에서의 주요 활동은 조리, 향연, 매장, 봉납 등이었던 듯하다. 많은 수혈에는 향연을 시사하는 상당한 양의 토기, 플린트 석기, 동물 뼈가 포함되어 있었다. 그런 수혈에서 출토된 비커 모양 용기는 (전근대 사회에서 보편적으로 묘사되는) 맥주 음용을 시사한다. 수혈은 계절성 움막에 인접해 있었다.

알름호브의 배치는 서기전 4000년부터 3800년 사이에 조직적으로 나타났다. (아마도 사회적 집단을 위한 임시 조리와 거주 구역이었을) 수혈과 움막들은, 아마도 의례 장소인 듯한 중앙의 개활지 주변에 늘어서 10개의 군집을 형성하고 있다. 최초의 매장 묘당은 대략 90m 길이에 8m 너비이고 동쪽 전면에 기둥 열이 있는 커다란 세장분구묘였다. 그리고 나서는 서넛 이상의 기념물 분묘가 축조되어 인상적인 무덤군을 형성하였다. 무덤들의 동쪽으로는 (토양 표본이 낮은 인산염 수치를 보이는) 공터가 있었는데, 비주거 구역으로 의례용이었음을 시사한다. 거기에서 일상적 활동의 부스러기는 전혀 발견되지 않았다. (5.5×4m 규모의)축단에서는 유럽 여기저기의 의례적 맥락에서 공통으로 보이는 특징인 사슴의 뼈와 뿔이 출토되었다.

분명한 200년간의 폐기 이후, 서기전 3500년 무렵에는 사람들이 망자를 묻기 위해 알름호브로 다시 돌아와서 그 석축단 위에 두 기의 지석묘를 세웠는데, 이 오래된 건조물이 세대를 넘어 장소로서의 의미를 지녔음을 시사한다. (오래 존속한) 세장분구묘와 정면표지묘가 있었던바, 이 유적은 망자와 영속적 소유권에 관련된 '깊은 역사deep history'를 지니면서 현저한 장소가 되었다.

되셰리그(서기전 3900~3300년)

되셰리그Döserygg는 습지와 하천에 면한 돌출 구릉에 있다. 이 유적에는 인상적인 매장기념비를 비롯한 의례 기념물이 있다. 주변 지역에서 알려진 동시기 취락은 거의 없는데, 소규모이고 성글게 분포했던 때문인 듯하다. 인상적인 기념물 중심지를 이용했던 사람들의 생계경제는 동물사육과 곡물 재배였다.

되셰리그는 600여 년에 이르는 연이은 3시기에 걸쳐 회합장소로 역할을 했다(그림 4.1). 서기전 3900년부터 3600년에 해당하는 1기에 이 유적은 조상을 숭배하는 장소로 확립되었다. 가장 이른 의례에 관련된 퇴적층은 (북유럽에서의 일반적인 관행처럼) 유적 서쪽의 습지에 형성되었는데, 거기에는 대응적인 민족지에 비춰보면 조상을 상징하는 입석이 세워진 부정형의 묘당이 만들어졌다.

서기전 3600년부터 3500년에 해당하는 2기에는 축조 및 추정되는 동원 노동력의 규모와 범위가 상당히 증대되었다. 최소한 19기의 매장용 지석묘가 인상적인 목책을 따라 축조되었다. 이 목책은 방어용이라기보다는 오히려 망자로부터 산 자를 분리하려는 듯, 무덤 배열을 관통하는 진행통

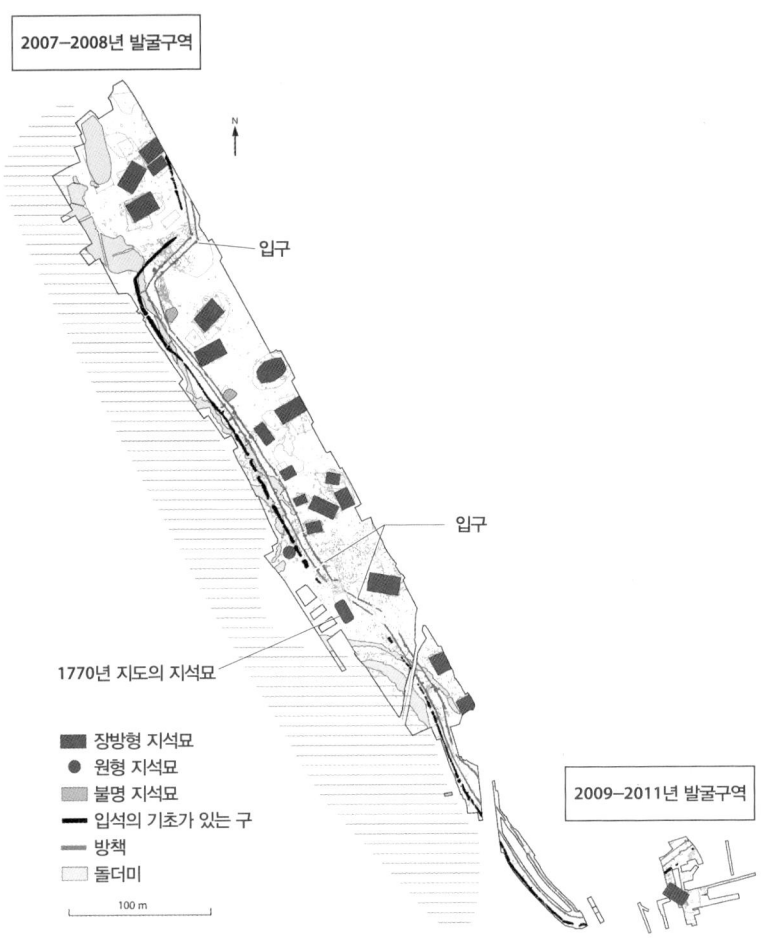

그림 4.1 되셰리그의 거석복합체(서기전 3900~3300년). 행렬 통로를 설정하는 몇 목주열, 통로를 따라 있는 19개의 거대 매장기념물, 입석렬이 있는 긴 구상유구, 서쪽 습지 가장자리를 따라 널리 퍼져있는 집석유구 등이 보인다. 스톡홀름 소재의 국립역사박물관 고고부 아르투르손과 필Henrik Pihl 도면 제공.

로의 경계를 시사한다.

    이 목책에는 서로 3~8m 떨어진 한 쌍의 구가 동반하는데, 640m까지 확인되고 분명히 발굴지역 밖으로도 연장되었을 듯하다. 정면 표지용 기둥을 반영하는 양호한 보존상태의 주공을 통해 연속되는 목책을 만들기 위하여 큰 나무 기둥 서너 개를 1m 간격으로 세웠음을 알 수 있다. 목책을 만드는데 필요한 기둥의 수는 발굴 구역에서만도 (각각을 베고 마무르고 끌고 세워야 하는) 4,500개에 이를 것으로 추정된다. 입석과 큰 기둥으로 이루어진 출입구 셋은 목책을 단속했다. (플린트제 석부 제작과정에서 생긴 박편, 석부편, 긁개, 불 맞은 플린트 석재, 석부를 갈아 날을 세우기 위한 지석 몇몇 등의) 축조 도구가 구에서 발견되었다.

서기전 3500년부터 3300년에 해당하는 3기에는 대부분 지역 기반의 영속적 상속이 오래도록 지속됨을 강조하면서 (길이가 15~22m, 너비가 8m에 이르는) 크고 긴 지석묘가 축조되었다. 하나하나에 (무거운 거석을 끌어 자리 잡는데) 상당한 노동력과 복잡한 작업관리가 필요한 입석 수백 개가 목책을 따라 새로이 축조되었다.

거석 지석묘, 이중의 목책, 봉헌용 수혈, 열을 이룬 입석 등의 장기적인 축조를 통해 최소한 600년간 축조·활용된 인상적인 기념물 회합장소가 탄생하였다. 축조는 상당한 인원이 포함된 일련의 향연 행사와 함께 이루어졌을 것이다. 되셰리그는 흩어져 있던 신석기시대 사람들의 지역 의례와 과시를 위한 인상적인 무대를 제공했다.

사룹(서기전 3400~3200년)

(호濠와) 제방으로 둘러쳐진 새소塞所, enclosure는 신석기시대 대형 유적의 일종이다. 영국제도에서 최초로 보고되었으며, 스칸디나비아부터 스페인까지 유럽 전역에서 알려져 있다. 토축벽, 목책, 출입로를 갖춘 호가 그린 중핵 유적의 윤곽을 이룬다. 새소는 분명히 희생과 매장의 의례를 위한 회합장소였다. 주위에서 화살촉이 집중적으로 발견됨으로써 입증되듯, 일부는 요새로도 활용되었다. 덴마크 핀Fyn섬에 소재한 사룹Sarup유적은 스칸디나비아 남부에서 발견된 그런 기념물 중심지 중 최초 사례이다. 여전히 가장 잘 입증된 유적으로서, 돌출부를 가로질러 두 시기 동안 축조되었다. 훼손되기는 했지만 많은 수의 세장분구묘, 지석묘, 정면표지묘 등이 유적 근처의 복합적 매장 경관을 창출했으며, 동시기 취락들이 몇 km에 걸쳐 흩어져 있었다. 생계경제는 동물사육과 곡물 재배에 기반했다.

가장 이른 시기(사룹 1기)는 앞서 살핀 스웨덴의 중심지들보다는 늦은

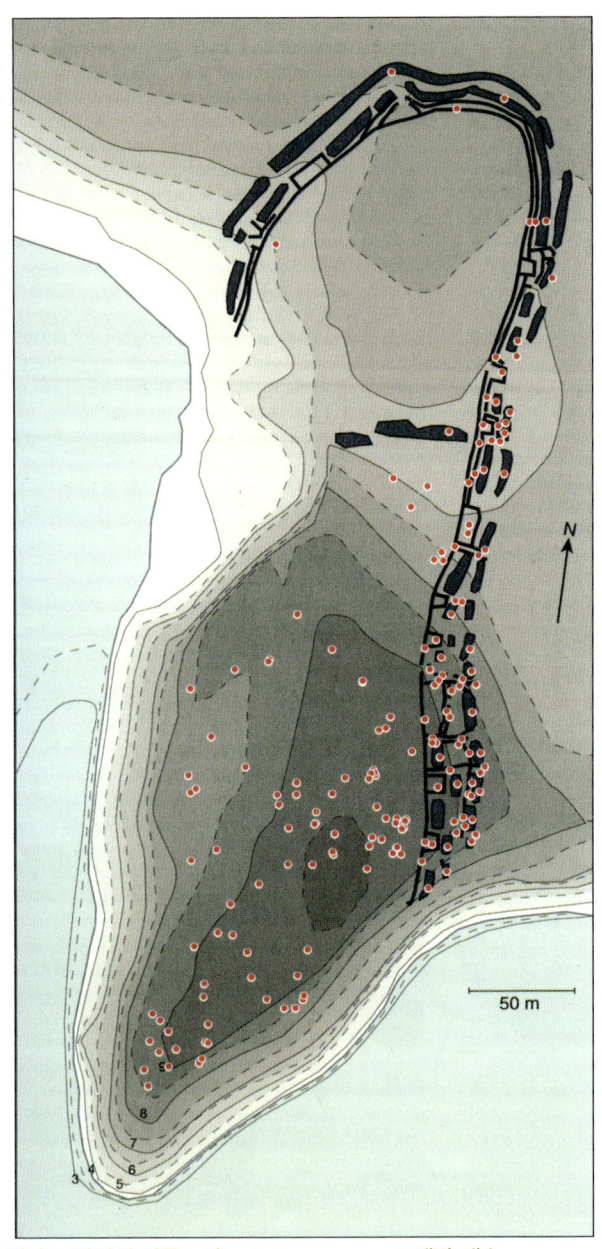

그림 4.2 덴마크 핀섬의 사룹 1기(서기전 3400~3200년) 제방 새소. 둘러싼 목책은 검은색 실선으로, 한 쌍의 호는 부정형의 도형으로 표시된다. 점은 양자와 같은 시기의 수혈유구를 표시한다. 하우저 도면 작성.

서기전 3400~3200년에 비정된다. 8.5ha에 걸쳐 있는데, 새소의 바깥쪽은 단속된 호가 있는 목책으로 둘러싸였다(그림 4.2). 목책은 1m 깊이의 구에 세워졌는데, 580m까지 이어질 듯하다. 침수되어 보존된 토막들에는 (종종 지름이 50cm에 이르는) 참나무 둥치를 갈라 만든 받침 판목이 함께 놓여 단단한 벽채를 이루었다. 입구는 담장 외부에서는 잘 보이지 않았는데, 의례 목적의 은폐나 방어 또는 양자 모두를 추정케 한다.

방책 바깥으로는 2열의 구와 울타리가 부분부분 나뉘어 있었는데, 아마도 여러 사회적 집단에서 온 작업단을 시사하는 듯하다. 구에는 토기, 석제품, 동물이나 사람의 뼈, 그을린 씨앗 등이 퇴적되었다. 사람 뼈는 재퇴적된 것으로, 주변의 거석 분묘에서 나왔거나 지역적인 조상숭배의식의 일환으로 함께 가져다 놓은 듯하다. 굴착된 직후, 수혈은 향연에 뒤이은 공식적인 매장을 통해 되메워졌다. 새소의 내부에는 향연 및/또는 봉납을 시사하는 잔적이 채워진 100개 가량의 수혈이 있었다.

서기전 3200년경, 이 최초 새소는 곶의 남단에 세워진 3ha 정도의 좀 더 작은 사룹 2기 새소로 대체되었다. 기둥 지름이 줄어든 방책의 바깥쪽은 환상의 구가 2열로 둘러쳐졌다. 구에는 (사룹 1기와 관련하여 언급되었던) 토기, 플린트 도구와 파편, 동물과 사람 뼈 등이 채워졌다. 새소의 안쪽에는 4개의 기둥 구멍을 갖춘, 예배당이었을 듯한 곳이 있다. 그 두 개의 구멍에서 젊은 여성 한 사람의 뼈가 발견되었다는데, 백골화된 이후 높은 온도로 그을려있어 그 고장 분묘에 묻혔던 시신이 의례적으로 재처리되었음을 다시 한번 추정케 한다. 새소 주변의 거석 분묘군은 영속적인 친족집단을 시사한다.

전기 신석기시대 기념물에서 보이는 사회적 노동

정치경제에 관한 고고학 연구에는 기념물 축조에 투여되었던 노동력을 추정하는 작업이 필수적이다. 규모가 문제인 셈이다. 그로써 현물형 재정 경제에서 주요 통화라 할 수 있는 사회적 노동을 측정하게 된다. 이는 인적 자원이자, 의무화된 노동이라 불릴 만하다. 과업 조정을 위한 통솔권이 결부되었을 것인바, 필수 노동력은 그 충원의 원천인 사회적 집단의 규모를 입증하게 해준다. 스칸디나비아에 있어 기념물 축조의 연속성은 앞서 언급된 세 중심지에 결부된 노동력의 복합성과 규모가 증대되어갔음을 입증한다.

민족지 연구로 볼 때, 노동 행사에는 향연, 춤추기, 사교 등이 관련된 축제의 상황이 동반되었던 듯하다. 사회적 여흥으로 소규모 생계집단이 겪었던 일상의 지루함은 잠시나마 잊혔을 것이다. 스태니쉬가 논의했던 대로, 의례는 사회적 집단을 결성하는 하나의 경로이다. 스칸디나비아 전기 신석기시대 경관 조성의 흐름은, (확장과 위축을 거듭하듯) 불안정했던 종교 기반의 정치체를 형성하는 수단으로서 노동력 동원을 시사한다. 게다가 이 축조된 장소에서는 재생과 조상숭배의 부수적 의례가 사회적으로 평가·향유되었다. 그런 행사를 조직하고 후원하는 정도에 따라, 지도자는 자신의 공동체는 물론 그 너머에서도 위신을 얻게 되었을 것이다.

알름호브

수혈이 굴착되고 막사가 지어진 알름호브 1기에는 (토지를 영속적으로 소유했을) 친족집단에 의해 협조적으로 제공되는 정도를 넘어서는 노동력이나 자원의 실질적인 동원은 필요하지 않았을 것이다. 그런데 최초의 세장분구묘와 의례용 축대가 세워졌을 때는, 자재를 운반하고, 기념물을 세우고, 참여자를 위무하기 위해 더 큰 규모의 작업집단이 필요했다. 더 많은 세장분구묘나 정면표지묘가 축조되면서, 유사한 작업집단, 자원, 조정 등이 점점 더 필요하게 되었다. 개개 축조사업이 누적되어, 조상의 매장장소에 후손들을 묶어두는 경관을 조성하였다. 구축된 경관이 조성을 담당했던 정치체의 교외를 효과적으로 배열했다.

되세리그

매장기념물에 의해 영구화되는 장소와 인간집단 사이의 물리적 결합은 수장에 의한 통제의 기회를 창출했다. 규모는 물론, 과업 복합성에서의 질적 확대는 향연을 위한 특별한 기술과 음식으로 사회적 노동을 동원하는 역량을 시사한다. 되세리그의 모든 묘당이 동시에 축조되지는 않았지만, (명백히 전체적 설계에 따라 이루어진 듯) 방책과 인접한 최초의 6~7기 지석묘는 별다른 교란 없이 축조되었다. 하나의 구획이 $1m$당 3~4개 기둥으로 이루어진 점에 따라, 방책을 만드는데 소요되는 기둥의 추정치는 발굴범위 내 구의 전체 둘레에만도 대략 4,500개의 기둥이 필요했음을 알려준다. 방책으로 둘러싸인 면적이 2배였다면, 최소한 9,000~10,000개의 기둥이 필요했을 것이다. 그 방책과 최초 지석묘에 필요한 노동력은 160,000 인시人時였을 것이다.

이 유적에서 필요했던 인력 외에, 노동력에는 (깊은 갱으로부터 플린트를 채굴하는 숙련된 광부, 나무를 베는 데 쓰는 플린트제 석부를 만드는 석공, 통나무나 돌을 운반하거나 무거운 석조건축을 담당하는 작업집단의 구성원 등) 여러 전문가가 포함되었을 것이다. 기둥을 채취하고 다듬고 옮기고 세우는 작업의 관리가 중요했을 것이다. 기술이 없는 대다수 노동력은 광역정치체로 병합되었던 국소의 친족집단으로부터 차출되었지만, (7장에 기술된 대로) 전쟁포로도 그에 포함되었을 법하다.

되세리그에서의 축조사업에는 분명히 지역 집단의 참여와 위무용 향연을 위한 상당한 양의 음식과 물품이 필요했을 것이다. 축조사업에 필요한 300명이 넘는 일꾼을 동원하기 위해서는 (5인 가족당 한 명의 일꾼이라면) 총 1천에서 2천 명의 배후 인구가 있어야 했다. 인구밀도가 $1km^2$당 한두 명이었다면, 아마도 $1,000km^2$의 배후 지역이 필요할 것인데, 이는 의례중심지 및 관련 정치체가 (광역적인 수장사회에서는 일반적인 간격인) 약 $40km$씩 떨어져 있었음을 의미한다.

전기 신석기시대 유물조합에서 보이는 양식적 차이의 분포상에 따르자면, 남부 스웨덴의 스카니아Scania (또는 스코네Skåne)지방을 통틀어 여섯 지역이 인지될 수 있는데, 이들은 400~1,000km^2에 달한다. 남서부지역의 되셰리그는 1,000km^2에 이르고, 1,000~2,000명의 인구를 보유했는데, 이런 수치는 이 유적에서 가장 노동집약적인 축조가 있었던 시기를 뒷받침하는 데에 필요한 인구추정치에 잘 부합한다.

사룹

사룹은 좀 더 정교해진 기념물을 보여준다. 사룹 I 기의 대형 새소는 축조에 100,000 인시가 필요했다고 추정된다. 묘당에 대한 모든 작업이나 여타 수요가 고려되면 노동력의 총수요는 그런 추정을 훨씬 초과했을 것이다. 노동에 대한 요구는 상당했다. 제방 새소, 그 자체는 오랜 시간 진행되는 작업을 필요로 하지는 않아서, (적어도 주요부에 한해서는) 오히려 한 계절에도 축조·재축조되었던 듯하다.

그런 규모의 작업은 광역적인 통솔권이 없이는 상상할 수 없는 정도의 노동력 및 재료 동원의 수요를 낳았을 것이다. 사룹 I 기에 있어서는 하루 8시간씩 60일 동안 208명의 일꾼이 필요했는데, 이는 약 1,040명의 인구를 반영한다. 1km^2당 1명의 인구밀도를 전제한다면, (되셰리그 복합체와 매우 유사하게) 반경 13km 내 면적에 해당하는 1,040km^2의 영역이 필요했을 것이다.

요약

스칸디나비아 남부는 전기 신석기시대 I 기 처음부터의 인구성장과 전기 신석기시대 II 기의 인구감소에 따라 급격한 쇠퇴를 경험하는 기념물 축조의 역사를 보여준다. 이런 800년의 (인구)주기 동안, 재지 집단은 언뜻 보기에도 열정적으로 교류에 참여했다. 서기전 4천 년 기 후반, 되셰리그와 사룹의 시기까지 조상에게 봉헌되고 의례주기에 연관된 경관이 잘 확립되었다. 그런 구심적 회합·매장장소는 비교적 낮은 인구밀도에도 불구하고 경관의 축조가 광역정치체로 흡수될 (사회적) 관계들과 어떻게 연결되는지를 보여준다. 단순수장사회의 규모인 대략 천여 명 정도의 지역조직이 표준이 되었다. 이 모형은 세계 곳곳의 여러 소규모 기념물과 해당 선사시대 사회를 이해하는 데에 활용될 수 있다.

기념물 경관: 북미 동부

북미대륙 동부의 기념물 경관은 놀랄 만큼 스칸디나비아와 유사하다. 그곳의 의례 건축에는 미시시피강 하류역의 저밀도 고기 수렵채집민집단에서 시작하여 채집과 원예농경의 혼성 생계를 유지했던 우드랜드 후기 오하이오강 유역Ohaio Valley 호프웰Hopewell을 거치면서 계속되는 긴 역사가 있다. 그 후 미시시피문화의 유명한 토루들이 축조되었는데, 주민은 더 밀집하기는 했으나 여전히 산발적으로 분포하면서 옥수수 농경에 의존하였다. 북미 동부에서는 동물사육이 이루어지지 않았던바, 수렵과 (특히) 어로는 식이에 있어 언제나 중요한 단백질 공급원이었다. 다각적인 채집과 그에 따른 취락분포야말로 유럽 신석기시대와는 다른 경제양식이 나타나게 한 중요한 이유였을 것이다.

북미대륙에서 수장사회의 고고학적 증거로는 (유럽 신석기시대와 유사하게) 기념물이 주종을 이루되, 화려한 수장 분묘나 사회적 불평등은 미약하다. 이러한 양상은 이념적 권력을 지탱하는 현물 전용의 집단지향적 수장사회에 대한 이해와 잘 맞다. 북미대륙의 (기념물) 축조궤적을 통틀어, 토루 군집을 축조할 인력이 동원되었을 배후 지역이 광대하고 수장사회가 의례적 생산양식에 기반했다는 것이 초기 기념물성에 대한 설명으로 가장 적합할 듯하다. 구축된 경관에서 주로 매장 관행과 연관되어 있었던 정치·종교적 질서의 구체화는 복합화로 가는 독특한 경로를 예시한다.

기념물 경관을 가진 채집사회

북미에서 토루 축조는 어족자원이 풍부한 강변 삼림환경을 광범위하게 이용하던 저밀도의 북미 고기 수렵채집민집단 일부에서 시작되었다. 토루군은 수장사회를 인지할 주요 특성인데, 꽤 멀리 떨어진 곳에서 (축조) 인력이 동원된 듯하다. 그런 토루군에서 반출되는 외래의 석제품은 (비밀결사의 성격을 가진 범지역적 유적에 관련되었을 수도 있는) 참여자들이 멀리 떨어진 곳에서부터 도구를 가지고 도래했다는 점을 시사한다. 미국 걸프만Gulf Coast의 평원을 따라 이루어진 가장 이른 토루 축조는 현재까지 서기전 3700년으로 추정되고 있다. 이른 시기 토루 축조는 어족자원, 견과류 등을 비롯한 여러 가지 식료가 풍부하되 인구밀도는 낮았던 지역에서 벌어졌던 일이다.

논리적으로, 이 지역 수렵-채집경제는 잉여 전용의 잠재성을 가지고 있었지만, 중앙집권화된 통제에 기반한 정치경제의 출현은 대규모 집단활동, 토루 축조 및 그로 인해 체현된 종교-정치체계를 뒷받침할 잠재성을 실현했어야만 가능했다. 루이지애나주 포버티 포인트Poverty Point를 비롯하여 문화적 친연성을 가진 여러 토루 중심지로 보듯, 늦어도 서기전 2500년에는 미시시피강 충적대지 위에 집중적인 토루 축조가 시작되었다. 늦어도 서기전 1200년경에는 1년도 채 안 걸려서 토사량이 230,000m^3를 상회하는 육중한 마운드 A가 포버티 포인트에 세워졌다. 인근에서 노동력을 제공했을 관련 마을을 찾는 작업을 통해 산발적이고 한시적인 유적이 드러났는데, 저밀도의 수렵채집민이 수장사회 조직을 시사할 만큼 엄청난 크기의 토루군을 건설할 수 있었음을 보여주고 있다.

그런데 어떻게 그것이 가능했을까? 키더Tristram Kidder는 포버티 포인트의 마운드 A가 1,000~1,500명의 노동력으로 90일 안에 축조되었다고 추정한다. 5인 가족당 한 사람의 노동자를 가정한다면, 배후 인구는 7,000명이 넘었어야 할 것이다. 인구밀도가 1km^2당 0.5명이라면, 배후 지역은 약 15,000km^2(반경 70km 내 면적)에 이르렀어야 할 것이다. 독립 정신이 투철한 수렵채집민 사이에서 그런 동원력을 가졌다고 추정되는 정치조직을 기대하기는 어렵다. 그런데 실재했다.

호프웰 사회

1천 년이 흐른 뒤 중기 우드랜드기(서기전 100~400년)에 이르러, 오하이오주 남부의 강변 환경에는 정교한 호프웰 토루가 축조되었다. 이 시기 생계경제는 계속해서 수렵, 어로, 채집에 집중되었다. 수렵-채집경제를 안정화하기 위해 원예 농경이 존재했지만, (옥수수와 같은 전분류 곡물이 없는 상태에서나 예상될 정도로) 인구밀도는 낮았다. 곡물농경의 집약화 잠재력이 없었던바, 축조사업에 수반되는 향연이나 의례 행사를 위한 식료를 동원하기는 어려웠을 것이다.

잉여 식료의 동원을 계속하기 위해서는 어류, 사슴, 재배식물, 견과류 등에 대한 다중수확이라는 실효성 없는 관리가 필요했을 것이다. 미국 동부와 스칸디나비아 남부 모두는 자연 생산력이 비교적 낮았기 (그리고 아마도 불확실했기) 때문에, 이른 시기의 인구밀도는 광역적 정치기구의 부상을 뒷받침하기에는 너무 낮았을 것이다. 엄청나게 많은 기념물 축조에 관한 기록은 그런 평가가 오류임을 시사한다.

(수장사회와 같은) 광역적 정치조직을 암시하듯, 호프웰의 중심지는 규모가 상당하고 건축학상 창의적이었다. 오하이오와 인디애나주에서만도 최소한 170개의 호프웰 토루가 보고되었는데, 단순한 형태에서부터 방형이나 원형이면서 대체로 넓은 면적을 포괄하는 복잡하고 다중적인 배치까지를 포괄한다. 개개가 인상적인 경관을 가진 포트 앤시언트Fort Ancient, 호프웰, 뉴어크Newark, 터너Turner 등 유명한 토루군은 가장 정교한 부류에 속한다. 뉴어크에 있는 제일 큰 단일 중심지는 $4km^2$에 펼쳐져 있다(그림 4.3). 경관 설계자에게는 5개의 의례용 새소를 통로로 연결하는 책임이 있었을 것이다. 각각 $2.1ha$와 $20.2ha$ 면적의 환상 및 팔각형으로 연결된 공간을 둘러싼 한 주요부의 토벽이 특히 인상적이다. 개별 토루는 높이가 $5.2m$에, 길이가 (축구장 3개 크기의) $300m$에 이르렀다.

복잡한 건축설계에는 분명히 배열이나 천문학적 방위의 관찰을 목적으로 수학적 계산을 활용한 정교한 계획이 포함되었다. 8각형 공간의 제방벽은 월출·몰을 따라 배열되었다. 사실, 이런 천문학적인 배열은 수장사회의 기념비적 장소에서 매우 흔한데, (스톤헨지Stonehenge로 유명해졌듯) 우주적 질서 내에 관련 의례를 자리매김하게 되는 것이다. (뉴어크에서 보이는) 그런

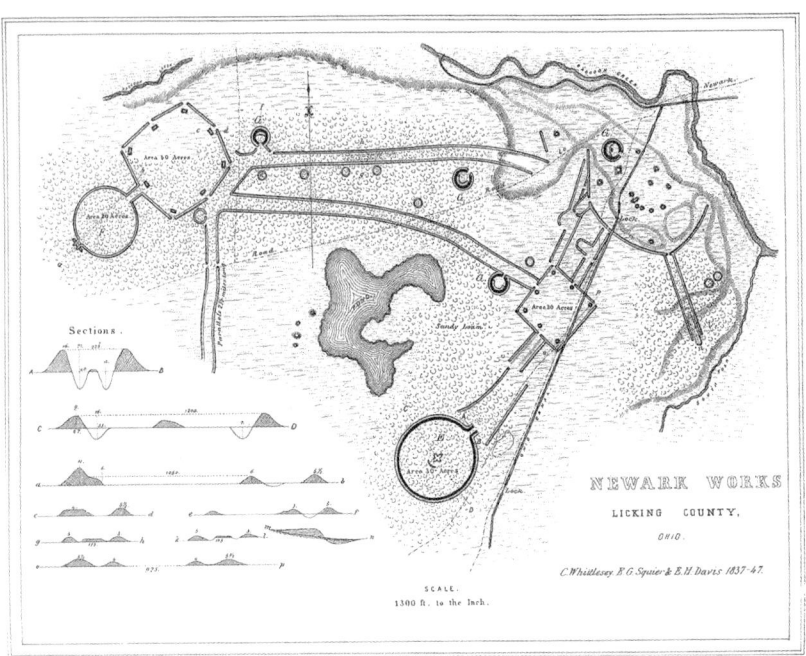

그림 4.3 19세기 삽화에 반영된 오하이오주 남부의 호프웰 뉴어크 토루. 북미대륙 동부의 마운드빌더Moundbuilder 기념물들에 대한 지표조사에 참여했던, 지질학자 휫시Charles Whittlesey와 고고학자 스퀴어Ephraim G. Squier 및 데이비스Edwin H. Davis가 작성하였다.

경관적 특징은 전문화된 건축가와 과업 관리자를 시사한다. 스칸디나비아 남부에서도 나타나는 그런 의례 장소의 인상적임과 정교함은 뭔가 수수께끼 같은 것을 던져준다.

호프웰 중심지 주변에 거주했던 비교적 저밀도이고 주로 수렵채집에 의존했을 집단만으로는 축조사업에 충분한 노동력을 제공하기 어려웠을 것인바, 노동력을 동원할 수 있는 광역적 조직이 있었음이 분명하다. 토루 주변의 평균 인구밀도는 (비교적 고밀도의 수렵채집민과 일맥상통하는) 대략 0.4명/km^2이며, 거의 모든 중심지에는 실질적인 거주성 점유는 없었다.

뉴어크에서 발견된 것 같은 커다란 제방은 1,300 m^3에서 25,500 m^3의 건축용 토사로 채워졌으며, 축조하는 데에 (280,000 인시에 이르는) 상당한 시간이 필요했다. 하나의 (예를 들어, 원형이나 방형인) 기하학적 모양의 제방이 세워지려면, 1,000~3,000명의 일꾼이 참여했을 것이다. 베르나르디니

Wesley Bernardini의 말을 빌자면, "같은 집단에서 일꾼을 더 끌어오거나 아주 먼 집단에서 일꾼을 끌어오지 않는다면, 한 세대 동안 인접한 둘 이상의 토루 축조는 어려웠을 것이다(Bernardini 2004: 348).". 한 축조사업에 200,000 인시가 필요하다면, 노동력은 2,000명으로 이루어진 지역 집단에서 차출된 400명이었을 것이다. 인구밀도가 0.4명/km^2였다면, (반경 41km 내 면적인) 5,200km^2의 배후 지역이 있어야 했을 것이다.

이런 추정치는 분명히 신중한 것이지만, 기념물 축조에 필요한 노동력에는 멀리서부터 많은 사람을 동원하고 그에 보상하는 기제가 요구되었을 것이다. 저밀도 집단은 간단히 숲속으로 사라져 버렸을 것인바, 그런 작업이 강압에 기반했다고 생각할 수는 없다.

종교적 의무가 만들어짐으로써, 인접 지역으로부터 사람들을 끌어낼 수 있었을 것이다. 영적인 힘과 경험은 정치경제를 관행화하고, 그럼으로써 통솔자들은 노동력을 동원하고 향연을 위한 음식을 모을 권리를 행사했다. 호프웰 토목사업은 렌프류가 표방하는, 고도로 종교적인 표현물의 위치에 관련된 설명모형에 부합한다.

호프웰의 의례적 (생산)양식에는 봉헌물이나 부장품으로 묻혔을 이국적인 물품의 장거리 이동도 결부되어있다. 그런 물품은 특별하였는데, 2,500km 떨어진 로키산맥 산물로, 호프웰 특유의 주먹도끼 제작에 사용된 흑요석이 포함되기도 하였다. 슈피리어호Lake Superior에서 온 토산물 구리는 복잡한 기술이 구사된 이식耳飾 등의 화려한 장신구 제작에 사용되었다. 노스캐롤라이나주의 애팔래치아산맥에서 온 운모판은 거울에 소용되었다. 미국 걸프만에서 채집된 해양성 단각패류는 컵을 만드는 데에 사용되었다.

파나마 원사시대 사례와 관련하여 헬름스가 제기한 바(1장 참조)대로, 호프웰은 오랫동안 권력의 이국적 원천에서 온 신성한 물품에 대한 광범한 교역·운반에 있어 구심으로 인식되어왔다. 높은 지위를 가진 사람들은 정치적 연결망 구축의 일환으로 장거리 여행을 시도했을 듯한데, 이를 통해 재지인들에게 불가해한 위신재에 접근힐 수 있었다. 생세 시향의 현실에서, 그런 물품은 분명히 감탄의 요소wow factor를 전달했을 것이다.

미시시피 사회

800년에서 1400년 사이, 미국 중서부the Midwest의 수계들을 따라서 유사한 (기념물성과 특수한 이국적 물품으로 특징지어지는) 정치경제가 미시시피 주민들의 사회질서를 뒷받침했다. 엄청나게 큰 토루군에는 세인트루이스 동쪽의 미시시피 충적 대지 바로 위쪽에 있는 카호키아Cahokia 세계유산유적도 포함된다. 1,900ha에 걸친 이 유적에는 약 120기의 토루, 뚜렷한 중앙광장 공간, 방어시설 등이 있었다. 그곳은 지역적 위계를 가진 의례 장소들의 중심이었다.

앞선 시기 북미 토루 축조문화들과는 달리, 미시시피 사회는 (주식 곡물인) 옥수수의 집약농업을 배경으로 했다. 방어시설과 상당한 수의 사망자가 결부된 전쟁이 주기적으로 중시되었다. 더 높은 인구밀도, 전쟁, 의례적 축조 사이의 연결은 북미 토루 축조집단의 종말적인 궤적과 전쟁에 대한 새로운 치중을 보여주었다(6장 참조).

선사시대를 통틀어 그런 토루 축조집단의 사례들과 관련하여 분명한 점은 그들 정치체가 종교적 기반을 갖는다는 것이다. 비교적 인구밀도가 낮았던 이 사회는 강압적인 수장을 떠나 이탈하기에 충분할 정도로 경계가 불분명한 삼림환경에서 생활하였다. 단지 의례를 통한 유인책만이, 어쩌면 전쟁의 공포만이 사람들을 수장에 충실하게 할 수 있었다. 미시시피시기 동안조차도 인구는 일부 지역에만 집중되었던바, 미점유된 지역이 그리 멀지 않았다. 일부에서는 발달하지만 다른 지역에서는 그렇지 않거나, 현저하게 떠오르다가 곧 사그라드는 등, 이 수장사회는 산발적인 동시에 고도로 순환적이었다.

미시시피 정치체를 예로 들면서, 벡Robin A. Beck은 강압적인coercive 바에 대비되는 구성적인constitutent 수장에 관해 서술하고 있다. 그의 구분은 초자연적인 존재의 매개자로서 인식되는 가치 부가적 역할로 인해 미시시피 수장은 집단으로부터 환영받았을 것인데, 그를 통해 위험과 불확실성에 맞서 어떤 확신을 부여받을 수 있었음을 의미한다. 기념물 축조를 통해, 수장은 통솔자가 되었다—의례의 매력, 단조로움의 중단, 신성과의 연결을 함의한 전언 등은 그 집단이 수장에 매이게 하였다. 집단행위이론의 상향 역동성에 따르면, 재원을 지지자들에게 의존해야 하는 의례적 (생산)양식의 수장은 노동력과 음식 동원을 정당화할 만한 편의를 제공해야만 했을 것이다.

요점

광역적인 정치체계를 창출하기 위해 멀리 떨어진 사람들도 유인할 수단을 제공하는바, 의례적 생산양식은 인구밀도가 꽤 낮은 많은 사회를 특징짓기도 한다. 종교적 행사나 관련 의식은 사람들을 문화·정치적으로 수장사회 수준의 정치체에 통합할 수 있는바, 가장 보편적인 흡인요인처럼 보인다. 그런 신정 수장사회는 인상적인 토루군을 비롯한 구축된 경관을 만들었는데, 사람들이 스스로 종속시켜 의무적 노동을 제공함으로써 영구적인 각양각색의 신성한 장소를 마련하게 된다.

이 중심지는 광역정치체를 체현하는 의례의 무대인 셈이다. 모든 인간이 종교적 믿음을 가진다고 보이지만, 단지 어떤 환경에서만 그런 믿음이 신정 수장사회를 지탱하도록 변환될 수 있다. 여기서 정치경제의 근원적 중요성이 강조된다. 종교는 광역정치체의 정체성을 만들지만, 구축된 경관은 수장이 자신의 신정체제를 뒷받침할 노동과 현물을 동원할 수 있게 하는 소유관계를 체현한다—거기에는 천문학이나 건축설계 등의 업무에 고도로 훈련된 전문가가 결부된다.

스태니쉬는 인류 역사에서 이른 시기부터 널리 퍼져있던 의례와 기념물의 중요성을 보여준다. 종교 기반의 이념은 마운드빌Moundville의 미시시피 사례, 하와이 수장연맹국가(6장 참조) 그리고 복합화에 들어섰을 무렵 메소포타미아, 이집트, 페루, 메소아메리카 등 좀 더 복합화된 사회에서 분명히 공통적이다. 수장사회 수준의 공동체에서 정치경제로 뒷받침되는 종교제도는 인력과 현물을 동원할 수 있다. 그러나 국가가 형성되어감에 따라, 차별을 표시하는 수단으로서의 신격화된 정체성, 더욱 강해진 재산권, 재부 축적 등에 기반하여 지배계급을 분리하는 것이 중요하게 된다. 수장사회로부터 성장해온 농업국가의 이야기는 이러하다.

더 읽어 보기

Adams, Ron L. 2004. An Ethnoarchaeological Study of Feasting in Sulawesi, Indonesia. *Journal of Anthropological Archaeology* 23: 56-78. 아담스는 거석분묘를 축조했던 오스트로네시아의 가문사회에 관한 민족지를 기술하고 있다. 그런 기념물은 더 넓은 토지를 소유함으로써 거석을 끌고 세우는 노동력을 동원·조직하는 것을 가능하게 했던 성공적인 가문의 특별한 지위를 규정하는 데에 일조했다. 그들은 비옥한 토지에 대한 가문의 소유권에 기반한 계층사회였다.

Andersen, N[iels]. H., 1997. *The Sarup Enclosures: The Funnel Beaker Culture of the Sarup Site Including Two Causewayed Camps Compared to the Contemporary Settlements in the Area and Other European Enclosures, Sarup, Vol. 1.* Publication No. 33. Jutland Archaeological Society, Højbjerg, Denmark. 이 연구서는 덴마크 전기 신석기시대의 중심지인 사룹에 대해 최초의 종합적 기술을 제시하는데, 후에 아르투르손·얼·브라운이 이 장에서 제시된 자신들의 기념물 축조의 궤적을 개발하는 데 활용된다.

Artursson, Magnus, Timothy Earle, and James Brown. 2016. The Construction of Monumental Landscapes in Low-Density Societies: New Evidence from the Early Neolithic of Southern Scandinavia (4000-3300 BC) in Comparative Perspective. *Journal of Anthropological Archaeology* 41: 1-18. 이 공동논문은 본 장이 토대로 삼고 있는 주장을 상세하게 제시한다.

Beck, Robin A. 2003. Consolidation and Hierarchy: Chiefdom Variability in the Mississippian Southeast. *American Antiquity* 68: 641-661. 벡은 강압적인 대對 구성적인 수장사회 사이의 구분을 인식하고 있다. 이는 수장

사회의 하위부류가 아니라, 오히려 상향 및 하향의 과정에 있어서 권력의 동태성에 기반한 정치적 전략의 대비적 모습을 강조한다.

Bernardini, Wesley. 2004. Hopewell Geometric Earthworks: A Case Study in the Referential and Experiential Meaning of Monuments. *Journal of Anthropological Archaeology* 23: 331-356. 미국 서남부에 대한 자신의 지식을 바탕으로, 베르나르디니는 기하학적 모양의 호프웰 기념물에 관련된 집단을 다룬다.

Hildebrand, Elisabeth A. 2013. Is Monumentality in the Eye of the Beholder? Lessons from Constructed Spaces in Africa. *Azania* 48: 155-172. 힐데브란트는 아프리카의 거석기념물에 대한 유용한 서술을 제공하면서 그런 기념물의 범문화적 의미와 그 축조를 담당했던 역사적으로 독립된 사회의 다양성을 설명하고 있다.

Keeley, Lawrence H. 1996. *War Before Civilization: The Myth of the Peaceful Savage*. Oxford, UK: Oxford University Press. 킬리는 매우 단순한 부족사회에서조차도 전쟁이 삶의 한 측면임을 염두에 두면서 '평화로운 야인의 신화myth of the peaceful savage'를 일소하고자 한다. 개인으로서는 위신을 획득하고, 집단으로서는 재산을 얻거나 지킬 기회가 되는바, 전쟁이 만연했었다.

Kidder, Tristram R. 2012. Poverty Point. In *The Oxford Handbook of North American Archaeology*, edited by Timothy R. Pauketat, pp.460-470. New York: Oxford University Press. 키더는 지역의 정치적 관계를 위한 의례 무대를 제공했던 포버티 포인트 초기 기념물 중심지의 규모를 묘사하고 있다. 작업집단을 동원하고 편성하는 데에 결부된 노동력의 규모로 보건대, 광역적 조직이 필요했을 것이다.

Stanish, Charles. 2017. *The Evolution of Human Co-operation: Ritual and*

Social Complexity in Stateless Societies. Cambridge, UK: Cambridge University Press. 스태니쉬는 수장사회와 국가에서 새로이 나타나는 사회복합화를 위한 의례적 기반을 강조한다. 의례는 세계 곳곳에서 관찰되는 이른 시기부터의 기념물 축조로 체현되지만, 페루 해안지대에서 가장 극적이었을 것이다.

Trigger, Bruce G. 1990. Monumental Architecture: A Thermodynamic Explanation of Symbolic Behaviour. *World Archaeology* 22: 119-132. 트리거는 위신을 구축하고 유지하기 위한 매력적 소비로서의 기념물 축조에 대한 사적유물론의 설명을 제시한다. 노동력 동원을 강조하는 정치경제에서, 집단과 그 통솔자 모두가 위신에 관련되었을 것이다.

05
영속적 생산양식과 영토 수호
Corporate Mode of Production and Defense of Land

영속적 생산양식에는 토지에 대한 집단 소유를 관철할 요새 시설의 축조가 결부된다. 그런 '산채 수장사회'는 영토를 확장하려는 인접 집단들에 맞서 고지를 방어했다. 생계는 보통 농경이고 인구밀도가 비교적 높았던바, 계단식 경작지 같은 농업시설에 기반한 집약화가 요구되었다. 요새 시설 축조를 지원하기 위해, 일반 가구로부터 노동력과 현물이 동원되었다. 이런 양식은 의례적 양식의 연장선에 있지만, 권력이 중앙집중화하면서 전쟁으로 관심을 옮겨갔다.

전쟁

마을 간 다툼은 (일부는 작고 다른 일부는 비교적 크지만 각자 생계의 토대인 토지를 방어하던) 농경 공동체들 사이에 광범위하게 존재했다. 생산력의 증진으로 결속되었던바, 토지는, 조상과 연관된 의례 장소에 의해 표시되는 상속권을 가진 영속집단에 결부되어 있었다. 요새화된 마을은 재지 집단이 착근하고 있음을 알린다. 전쟁으로 이웃 집단을 밀어내거나 종종 정복하기도 한다. 영속적 친족 터전의 형성과 부상하는 전쟁 수장은 함께 발달하는데, 흔히 의례 권력과 연결된다.

지도자는 정치전략에서 종교와 전사 권력을 조합했지만, 고고학적으로 표현되는 형태에 있어서 그런 조합은 사례마다 다양했다. 지도자는 요새 건설자, 지역의 조정자, 전투 지휘자 등의 특별한 지위를 강조함으로써 권력을 얻을 수 있었다. 방어와 연합을 위한 향연을 편성하는 데 있어 지도자의 역할은 집단 무용武勇을 형성하기 위해 잉여 노동력과 현물을 동원할 권리와 책임을 확립하였다. 이런 형태의 정치경제는 인류사에 있어 많은 수장사회를 특징지었다.

전쟁은 지도자가 방어를 책임지는 수장사회를 특징짓는다. 인구성장은 주민이 이탈할 수 있는 역량을 제한하였다. 카네이로는 이를 전쟁과 연결하면서 사회적 제한이라고 설명한다. 그런 경우, 하향식과 상향식 과정 사이의 균형이라는 측면에서, 잉여―처음 수확한 과실이나 공동체 노동력으로 경작되는 토지―에 대한 지도자의 권리에는 집단 보호의 보장이라는 대가가 결부된다.

전쟁을 수반하는 영속적 생산양식에 대한 이러한 이해는 (뉴질랜드 마오리Maori족 같이) 전사적 기풍, 중앙집중화된 저장시설을 갖춘 강력한 산채, 수장 등으로 특징지어지는 민족지 사례에서 온 것이다. 그런 일반화된 모형은 강고하게 요새화된 중심 취락을 갖춘, 선사시대 농업 기반 정치체에 광범하게 적용될 듯하다. 고고학 기록에 그런 사례는 매우 많은데, 양호하게 연구된 사례로 유럽 철기시대 산채 수장사회와 중부 유럽 신석기·청동기시대 텔Tell 사회 등을 꼽을 수 있다. 그런 산채 기반의 사회들은 규모와 취락구조에 있어 다양하다.

영국 남부의 메이든 캐슬Maiden Castle(그림 5.1)과 같이 정교함을 대표하는 일부 산채는 압도적인 세력에 맞서는 경우를 제외하곤 거의 난공불락의 공동체를 형성했다. 메이든 캐슬은 (19ha에 이르는 등) 규모가 컸으며, 취락위계 내 중심지였다. 이 요새는 공세에 쉽게 항거할 수 있도록 설계된 정교한 출입구를 갖추고 4중의 토벽과 호로 방어되었다. 예를 들어, 스페인 북서부의 카스트로Castro 철기문화에서 산채는 매우 작되 균일한 규모였다. 거기서는 공동체 방어, 요새 축조와 동맹 결성 등을 위해 전사 수장이 중요했지만, 그 역할은 전쟁과 공동체 수립을 위한 의례에 한정되었다.

그들은 정복에 항거하여 결성된 사회, 곧 그 독립을 위해 용감하게 싸운 '국가에 대항하는 공동체'이기도 했다. 카스트로의 경우, 로마제국 군대만이 산상의 보루들을 침범할 수 있었다. (일례로, 완카의 산채 수장사회와 같은)

일부 사례에서는 정복과 복속으로 광역적 취락체계가 형성되었다. 이를 비롯한 유사 사례들에서 보건대, 생산성이 좋은 충분한 토지와 상당한 인구를 가진 개별 산채 공동체는 주변을 물리치거나 병합하기에 충분한 전투력을 소집할 수 있었을 것이다. 그들의 사례에서조차 정치체의 공간적 범위는 제한적이었다. 페루 고산지대에서는 잉카제국Inca Empire 또는 그 이전의 와리제국Wari Empire의 압도적 세력만이 그들을 패퇴시킬 수 있었다.

방어시설

산채 수장사회의 고고학적 지표에는 취락위계가 포함되는데, 흔히 요새화되며 (일례로, 중세 성에서 보듯) 중심지는 특히 그러하다. 흔히 토지의 영속적 소유는 계속해서 집단 묘지에 의해 표시되었는데, 독특한 전사나 유력자의 무덤은 종종 따로 떨어져 있기도 하다. 광역정치체에서 무기는 정교해지며 전문적인 전사에 의해 활용되었다. 여러 가지 무기가 수장에게 부속된 장인에 의해 제작되었는데, 무기를 비롯한 독특한 장비의 독점화된 선물 흐름이 전사들을 수장에게 결속시켰다. 수장사회에서 전사는 필연적으로 정치경제에 의해 뒷받침되었다.

의례 기념물과 마찬가지로, 방어시설의 축조에는 현물과 노동력의 동원을 위한 구심적인 안배가 필요했다. 해당 집단이 방어해야 할 자신들의 토지를 가지고 있었다는 점은 전사 수장이 필수적이며, 더 나아가 그들이 공동체나 토지로부터 잉여를 차출할 권리를 가지고 있었음을 의미한다. 그러므로 방어시설이야말로 수장을 뒷받침할 노동력과 현물에 대한 편성역량을 가늠할 수 있게 한다.

방어시설은 간단한 토축 제방에서부터 많은 노동력과 작업관리가 필요한 주요 석축 방어시설에 이르기까지, 규모에 있어 매우 다양하다. 엄청난 규모의 벽을 위한 커다란 목재나 석재를 다듬고 운반하는 데에 관련된 전문인력이 결부된 여러 단계와 대비하면서, 흙이나 나뭇가지로 된 새소를 만드는 비교적 간단한 작업의 차이를 추정할 수 있다. 정교한 방어시설이 대체로 그 기능에 비례하지는 않았다고 보인다. 그러나 선사시대 방어시

그림 5.1 메이든 캐슬. 영국 남부의 도셋Dorset에 자리 잡은 철기시대 산채로 서기전 600년 경에 비정된다. 인상적인 축조된 방어적 경관을 창출하는 복수의 호와 토성은 19*ha* 면적을 둘러쌈. 앨런 George Allen 소령이 1934년에 촬영한 항공사진으로서 일반에 공개됨.

설의 규모는 고고학자에게 해당 집단을 조직하고 토지를 방어하는 역량에 대한 지표로 작동한다. 성채도 기념물처럼 권력을 공표했다.

(마오리나 영국 사례 모두에서 보이는) 산채의 흔한 특징 중 하나는 (어느 물품보다) 현물형 재정에 일조할 곡물과 괴경류의 중앙집중화된 저장이었다. 그러므로 산채 수장사회는 분명하게 (비옥한 토지와 현물의 중앙집중화된 유통이라는) 현물형 경제의 두 가지 핵심 병목에 의존한다. 전쟁 수장은 공동체에 대한 임무로서, 요새화 및 관련된 전쟁계획을 제공한다.

페루 고산지대의 산채 수장사회

페루 고산지대의 완카문화는 산채 수장사회에 관련하여 양호하게 입증된 역사·고고학적 사례로 달트로이, 하스토프, 얼 등에 의해 연구되어왔다. 잉카제국의 흥기에 앞서 후기 중간기Intermediate period 동안, 안데스 고지는 산채들을 구심으로 한 많은 소규모 정치체로 나뉘어 있었다. 대부분의 산채는 수백이 되지 않은 인구를 가질 만큼 매우 작은 규모였는데, 스페인 철기시대 카스트로문화에 비견될 정도의 독립적 정치체를 반영하는 듯하다. 그러나 (만타로강 유역의 완카에서 보듯) 전사 수장이 소규모 지역들을 정복하면서 광역정치체의 취락위계가 형성된 예외적인 경우도 있었다.

만타로강 상류역은 페루의 안데스산맥 중부에 있는 가장 길고 비옥한 산간 분지이다. 해발 3,200~3,400m의 드넓은 충적 대지에서 옥수수와 (현재로 치면) 밀이 생산되었다. 이 충적 대지의 경계를 따라 발달한 구릉 사면이나 굴곡진 산지에서는 명아주나 감자를 비롯한 안데스 산지 뿌리식물이 재배되었다. (라마, 알파카, 지금의 양 등을 위한 목초지였던) 초지 고원은 해발 3,700m로 훨씬 높이 있었다. 공동체는 이런 지대들을 수직으로 가르면서 다양한 경제를 뒷받침했는데, 이런 자급자족의 공동체 유형은 해당시기에 적합하도록 존재했었던 듯하다.

1977년 야나마르까분지Yanamarca Valley의 산채 수장사회를 연구하기 위하여, 만타로강의 지류역에서 〈만타로강 상류역 고고조사사업Upper Mantaro Archaeological Research Project, 약칭 UMARP〉이 조직되었다. 그 지면이 해발 3,500m에 있는바, 서리가 경작에 심대한 장애를 초래한다. 선사시대 이곳 주민들은 생산성을 높이고 (특히, 서리와 우박 같은) 위험을 최소화하기 위해 이랑과 고랑을 갖추어 관개한 경작지를 광범위하게 조성하였다. 잉카의 정복에 바로 앞선 시기에, 집중적인 전쟁은 고산지대의 특징이었다. 안데스 산맥의 요새화된 후기 중간기 취락들은 만연한 전투와 전쟁이 예비 수장의 주된 권력 배경으로 이바지했음을 입증한다.

파슨스가 수행한 확장적 취락(지표)조사에 기초하면서, 〈만타로강 상류역 고고조사사업〉은 스스로를 (각각이 많은 가구[곧 거주성 내원집단內園集團, patio group]를 가진) 몇몇 요새화된 취락이 포함된 광역정치체에 편성시켰던 선사시대 완카 주민에 관해 연구하였다. 이어진 발굴을 통해 (전쟁에 몰입했던 광역정치체의 시기로서 완카 Ⅱ기[1350~1450년]와 잉카제국의 군대가 강 유역을 정복한 직후인 완카 Ⅲ기[1450~1533년]라는) 두 시기를 비교하고자 했다. 조사단은 74기의 유력층 및 일반민 가구를 발굴하여 사회조직과 일상생활을 복원했으며, 제국의 정복과 병합으로 파생된 가구 경제의 변화를 연구했다.

만타로는 예외적인 연구지역이다. 잉카의 정복 이전과 이후 모두에 관한 생생한 민족사 기록과 현대 농업의 한계선 위에 자리 잡은 덕에 지상의 석조 축조물이 남아있는 등 유별나게 잘 보존된 고고유적이 있다. 조사단은 지역의 정치조직을 산채 수장사회로 묘사하고, 그들이 정복당해 잉카제국에 복속되는 과정을 관찰할 수 있었다.

완카 Ⅱ기 수장사회: 민족사

초기 스페인의 행정적 시찰을 통해 완카 사회에 대한 어느 정도 상세한 기록이 남게 되었다. 잉카의 정복 이전, 완카인들은 (세습된 전쟁 수장의 주도하에) 서로 치열하게 싸웠고 스스로를 광역정치체의 일부인 국소 공동체에 편입시켰다. 그런 문헌사적 기술은 '산채 수장사회' 모형의 토대가 되었다. 강한 취락위계가 있는 중간 수준(사회)이었지만, 고고학적 증거는 '전형적인' 수장사회와 쉽게 부합하지는 않는다. 이 사례는 광역정치체와 그 정치경제가 보여줄 수 있는 변이를 예시한다.

두 명의 조사자는 잉카의 정복 이전의 완카 사회를 서술하였다. 이들은 다섯 명의 장로를 면담하고 완카 사회에 대한 포괄적인 개요를 남겼다. 그 정보제공자들은 잉카 통치하에 살면서도 (의심의 여지 없이 이상화되고 낭만화된 것이긴 했지만) 자신들의 조부모나 부모 때의 잉카정복 이전 문화에 대한 지식을 가지고 있었다.

잉카의 정복 이전, 완카 공동체들 사이에 벌어지는 전쟁은 상시적이었다고 알려져 왔다. 유역 밖으로 나가지는 않은 채, 만타로강 한쪽 제방의 주민들은 반대쪽 제방의 주민을 상대로 싸웠다. 분명히, 전쟁의 주된 동기는 증가하는 공동체 인구를 부양할 토지의 확보였다. 한 공동체의 재부나 생존은 이웃 집단을 상대로 한 약탈, 정복, 철저한 방어 등에 달려있었다.

중심지들이 서로를 정복하게 되면, 남성은 죽이고 패퇴한 중심지의 토지, 가축, 여성 등을 취하였다. 전투에서 완카의 전사는 자신들을 위하여 여성을 포획하고, 공동체의 토지와 가축을 늘리며, 포악함으로 명성을 쌓았다.

전쟁 수장들은 전쟁 동안, 좀 더 드물게는 평화의 시기에도 완카의 공동체들을 이끌었다고 전해져왔다. 그들은 용맹해야 했고, 공격으로부터 공동체를 지켜야만 했다. 통솔권은 아버지에서 아들로 전승되었지만, 새로이 등장한 지도자는 전투에서 스스로를 두드러지게 해야만 했다. 지도자의 권력과 재부는 전쟁에서의 성공에 따라 증진되었다. 정복된 토지는 영속적으로 정치체에 귀속되고 공동체 소속 가구들에 할당되었는데, 승리를 거둔 지도자가 분할을 주도했으며, 스스로가 훨씬 더 많은 토지를 받았다. 전쟁에서의 용맹과 평화시기에 증진되는 재부가 위신과 권위를 강화했을 것이다.

완카인들은 가구, 공동체, 불안정한 정치체 등의 분절적 구조로 편성되었다. 각 가구와 공동체는 독립적이고 자치적이었지만, 공동체들은 이웃 집단을 상대로 한 동맹 또는 정복을 통해 병합되었다. 그러나 제도화된 권력과 통솔권의 영역은 여전히 문제의 소지를 남겼다. (정복을 통해 재부나 위신을 쌓을 기회 대對 가구나 공동체의 강렬한 문화적 독립이라는) 대립적 힘을 상상해보자.

문헌에 드러난 그런 조직상 구조가 대규모의 장엄한 중핵취락을 고고학적으로 확인하는 작업에서도 드러나기는 쉽지 않다. 광역정치체는 대규모 중핵취락을 정점으로 한 강력한 취락위계를 형성했다. 광역정치체의 규모와 위계는 대체로 수장사회에 대한 일반적인 정의에 부합하지만, 물적 과시나 의례의 관여가 부족하다는 측면에서는 그러하지 못하다.

완카 Ⅱ기 수장사회: 광역적 취락위계와 사회경제적 통합

투난마르까Tunanmarca 정치체는 사회정치적 조직, 경제, 의례 관행 등에 있어 ([수장사회라 할 수 있는] 광역적 취락체계, 소속된 취락 공동체, 소속 가구라는) 세 수준의 통합이 있었다. 여기서는 내부적 혼란, 의례의 극소주의, 최소화된 제도 정교화 등 예상치 못한 특징을 강조하고자 한다. 완카 내 전쟁이 그런 현저히 모순적인 특징을 파생했던 듯한데, 분열의 과정에도 불구하고 완카 Ⅱ기에는 대규모의 안정적인 취락위계가 형성되었다.

투난마르까 정치체는 대규모의 고밀도 인구집단으로 조직되었다. 수장사회에는 공동체별 전문화와 그들 간 교역이 자리 잡고 있었지만, 공동체나 가구는 스스로 일상생활의 독립성을 이뤄냈다. 취락위계는 투난마르까 정치체의 지역적 범위나 조직을 판정하는 데에 긴요하다. 여기에는 세 가지 연구단계가 관련되었다.

- 지역중심지의 판별
- 투난마르까와 연관된 토지와 취락에 대한 정의
- 취락에서 유력층 및 일반민 가구 경제 판정

야나마르까분지에는 (라마쁘 실론Llamap Shillón[19*ha*], 하툰마르까Hatunmarca[74*ha*], 투난마르까[26*ha*] 등) 3개의 완카 Ⅱ기 지역중심지가 존재했다. 중심지 사이의 평균 거리는 6*km*로, 걸어서 2시간이 채 걸리지 않았다. 높은 곳에 자리하면서 주요 농경지를 방어하기 위해, 각 중심지는 산등성이의 방어적 입지를 택했다. 각 중심지의 부속 영토는 최근접 중심지들 사이에 등거리를 표시한 선을 획정하고 (하천과 구릉 등) 지형적 특성을 고려하면서 다각형 구조를 이루듯 모양 지어졌다.

정치체의 영토경계는 각 중심지의 방어벽으로부터 단지 몇*km* 밖에 되지 않았는데, 서로 토지를 빼앗으려는 잠재적인 적의 근접성을 시사하는 듯하다. 각 중심지의 영토에는 해발 3,500*m*부터 4,200*m* 너머까지 분포한 토지가 포함되었다. 그런 세 중심지의 위치는 집약적으로 경작되는 고지대, 사면 및 저지대를 놓고 경쟁하는 인구집단의 극심한 집중을 반영한 듯하다.

야나마르까 정치체를 고려하면서, 달트로이는 3단계의 취락위계를 제시한다.

(1) 투난마르까 같은 중심지는 7,500명이 넘는 인구가 사는 대규모 거주구역을 갖추고 있었다. 이들 중심지는 방어적 입지에 자리 잡았고 다중의 방어벽으로 둘러싸였다. 각 중심지에는 (공공의례용인 듯한) 개방 광장 및 건축학적으로 독특한 구조물을 포함한 자그마한 의례 중심이 있었다.

(2) 움파말까Umpamalca와 같이 읍邑, town 크기의 취락은 2,000~7,500명으로 약간 적지만 여전히 상당한 인구를 포함했다. 꽤 큰 규모의 인구와 주위를 둘러싼 벽이라는 측면에서 이들 취락은 지역중심지와 비슷했지만, 공공의례 중심을 갖추지는 못했다. 원래 '읍'은 독립된 정치체였으나 정복으로 더 큰 정치체에 병합되었던 듯하다.

(3) 방어시설을 갖춘 마을에는 훨씬 더 적은 2,000명 미만의 주민이 있었다. 자그마한 유적은 특별한 목적으로 사용되었을 듯하다.

투난마르까 수장사회에 결부된 핵심 영토는 대략 150km^2였는데, 북쪽으로는 목축이나 채굴유적이 있었을 한랭건조한 고산지대, 푸나puna까지 이어졌다. 투난마르까 정치체에는 (중심지로서 투난마르까, 읍으로서 움파말까 및 [보존상태가 양호한 차윈Chawín유적을 비롯하여] 5개의 마을 등) 적어도 7개의 주요 취락이 있었다고 여겨진다.

투난마르까에 대한 인구통계는 인상적이다. 잔존 구조물에 대한 지도작업이나 가구군家口群의 발굴에 기초하건대, 정치체 전체의 인구는 약 2만 명이고 핵심 영토 내 인구밀도는 130명/km^2에 이르렀을 것으로 추정된다. 정치체 인구의 절반 이상이 투난마르까에, (79%로) 3/4 이상인 5,200명이 중심지(투난마르까)와 두 번째로 큰 읍에 거주했다. 나머지 인구는 (일반) 마을에 살았다. 취락위계에 따른 이런 인구(규모) 추정치는 취락 규모의 기하급수적 감소에 기초한 지프의 법칙이 예측하는 바와 정확하게 부합한다. 이런 정치체의 규모는 폴리네시아와 관련하여 설명할 복합수장사회에 비견될 만하다(6장 참조).

생계경제

투난마르까 정치체의 영역은 다양한 생계자원 지대를 포괄하였다. 옥수수, 명아주 속, 감자, 콩과식물 등이 주요 생계 작물이었다. 투난마르까에서 소비된 동물에는 라마, (그보다는 조금 적게) 개, 기니피그, 야생 사슴 등이 포함되었다. 그들의 식료가 되었던 이 모든 동·식물은 정치체 영역 내의 '지대'들에서 왔을 것이다. 지배적 열량 공급원은 정치체의 핵심 토지에서 재배된 농작물이었다.

투난마르까지역에는 (관개수로, 대상臺狀경작지, 토축의 계단경작지, 두둑경작지 등) 집약적 농업시설이 있었다. 관개 복합체 같은 잠재적 예외가 아니면 이들 중 그 어느 것도 축조나 사용에 작업관리가 필요하지는 않았으며, 기술적으로 간단하고 가구나 공동체의 필요에 따라서 확장될 수 있었다. 그러나 이런 체계는 재산권을 방어하는 포괄적 정치조직에 결부되어 있었다. 지도자들이 방어를 책임지고 있었다는 점은 민족사 기록으로 명확해진다.

경작지자본은 매우 광범위했으며, 방어의 주요 동기를 부여했음이 분명하다. 그런 '자본' 개선에는 정치체의 취락들에 부속된 매우 비옥한 토질의 골짜기 6개 이상을 연결하는 광범위한 관개체계가 있다. 해발 3,900m에서 발원한 도수로는 곧장 (서쪽의 한 큰 마을로 물길을 유도하는 하나와 남쪽의 예전 두 개 마을에 물을 나른 뒤 투난마르까에서 끝나는 다른 하나) 두 주요 지선으로 나뉜다. (폭은 채 1m가 안 되고, 벽은 진흙으로 만들어지되 종종 돌이 섞여 있는 정도로) 도수로는 간단하다. 지대의 낮은 지점에서는 3개의 토축 및 석축 도수로가 교차했다.

수로의 총연장은 24km가 약간 넘으며, (해발 3,800m가 넘는) 고지대 농지 100~200ha에 물을 댔다. 첫 강수로 시작되는 짧은 생장 기간은 그런 토지의 생산성에 위협이 되었지만, 관개를 통해 생장 기간을 극대화하는 조식早植재배가 가능하게 되었다. 또한 수로는 영구적으로 산상 취락에 음용할 수 있는 물을 제공하기도 했다.

투난마르까 영역에서 확인되는 자본 개선에는 그 외에도 광범위한 대상경작지, 계단식 경작지, 자그마한 두둑경작지 등이 포함된다. 야나마르까분지의 지표는 지금도 항공사진으로 관찰할 수 있을 만한 면적의 대상 경작지로 개발되었다. 인근의 하툰마르까 정치체 영역 내에서 가장 현시적인 대상경작지 복합체는 7 ha에 이른다. 이런 경작지는 초과 수분을 배수하도록 주위를 둘러싼 수로로 경계가 지어지는 양각의 격자무늬를 형성했다. 투난마르까 정치체에서도 강 유역 내 토지에 유사한 경작지가 개발되었다.

완만한 경사의 토지가 있는 골짜기에는 간단한 계단식 경작지가 조성되었다. 하스토프와 얼에 따르면, "린체트lynchet는 휴경을 줄이기 위해 경사를 완만하게 할 목적으로 토양을 평탄화하고 암석을 제거하면서 만들어진 (흙)둑 경작지"이다(Hastorf and Earle 1985: 579). 이런 경작지는 석회암이 기반을 이룬 투난마르까의 토양에서 전반적으로 나타난다. 더욱이 챠윈 마을 바로 아래 두둑 경작지가 있는데, 서리로 인한 곡물 손실을 줄이기 위해 사용되었다. 야나마르까의 북쪽으로 광범위하게 펼쳐진 두둑 경작지 농경이 알려져 왔는데, 이러한 자본 개선은 현대 감자 재배로 인해 그 흔적이 사라지고 있다.

투난마르까 정치체에서 공동체들은 식량을 자급자족했다. 모든 공동체가 인구 부양을 위해 재배 토지와 시설을 활용할 수 있었지만, 즉각 가용할 자원에 따라 각 공동체의 식이가 어느 정도 달랐다는 점은 하스토프가 지적하는 바이다.

수공경제

그런데 정치체에 속한 일부 공동체들은 (처트제 돌날, 토기, 직물 등) 수공품을 전문화하고 국소적으로 교환하였다.

처트제 돌날 생산

가용할 원료 산지가 일부에서는 가깝지만 다른 유적에서 그렇지 못했던바, 처트제 돌날 생산에는 전문화가 존재했었다. 처트제 돌날은 낫처럼 폭넓게 활용되었지만, 그 원료 산지는 영토의 서쪽 끝에 자리 잡은 채석장뿐이었다. 석회암 골짜기로 뻗어가면서, 지표에는 처트제 판재, 덩어리, 제작과정에서 나온 부스러기가 덮여있었다. 선사시대에는 판재와 덩어리가 골라져 우선 돌날몸돌로 만들어지고 취락 근처로 운반된 뒤, 거기서 석공들에 의해 다른 마을과 교역될 돌날이 떼어내어졌을 것이다.

러셀Glenn S. Russell은 움파말까와 중심지인 투난마르까의 양상을 대비하면서, 공동체의 돌날 생산 전문화에 관해 설명하고 있다. 농경에서의 전반적 활용을 암시하는 사용 돌날의 밀도는 양 유적이 비슷했지만, 돌날몸돌과 사용되지 않은 돌날을 포함한 제작 부스러기의 빈도에 있어서는 현저한 차이를 보였다. 움파말까에는 283개 발굴지점에서 23개의 돌날몸돌이 발견되었던 반면, 투난마르까에서는 456개 발굴지점으로부터 단 하나가 출토되었다. (식물을 자르면서 생긴 규소 광택이 확인된) 사용 돌날에 대비한 (최종적인 교역에 적합하지 않거나 반대로 그를 위해 쌓아두었던) 미사용 돌날의 생산 지표가 매우 대조적이다. 움파말까는 미사용-사용의 비가 2.26에 이르렀는데, 가까이서 처트 채석장에 접근할 수 있었던 돌날 생산유적이었기 때문이다. 원석의 산지로부터 더 멀리 떨어진 소비유적을 시사하듯, 투난마르까에서는 그 비가 0.5에 머물렀다.

토기생산

여러 발굴지점에서 출토되어 세척하고, 표기하고, (천장에 닿을 실험실 나무 선반에) 보관해야 할 것이 수천에 이르는 등, 토기는 단연코 〈만타로강 상류역 고고조사사업〉에서 가장 풍부하게 수습된 유물이다. 코스틴Cathy L. Costin이 애써 분석한 바에 따르면, 토기편 역시 처트 돌날과 유사한 양상을 보인다. 그는 생산과정의 부스러기와 최종 산물을 대조한 비로써 완카양식 토기의 공동체 생산 전문화를 확인했다. 토기 생산지표는 (과도한 소성 오류를 보이는 토기편인) 폐기물과 소비될 품질의 토기편 비에 100을 곱한 것이다. (폐기물이 많은) 움파말까의 지표는 비교적 높은 0.28로, (폐기물이 매우 적은) 투난마르까의 0.06과는 대조적이다. 챠윈 마을의 지표수습유물에는 폐기물이 없었다. 투난마르까 수장사회 내에서 움파말까는 분명히 완카 채색 토기를 생산하는 주요 공동체였다.

그런데 투난마르까 역시 다른 토기에 있어서는 전문화되었지만, 소성 과정의 폐기물은 생성하지 않는 전문화였던 듯했다. 한 시굴갱에서는 대부분이 조리 용기의 일부였던 16,000여 개의 토기편이 쌓인 엄청나게 조밀한 더미가 발견되어, 이 중심지에서 무문의 조리 용기가 제작되었음을 보여준다. 이 시굴이 끝나자 산처럼 쌓인 토기편 봉투가 운반 트럭의 서스펜션 스프링을 망가뜨렸다. 소성 과정에서 깨진 토기(가 폐기된) 더미를 건드렸다고 결론지어졌다. 움파말까와 투난마르까 모두는 토기 생산자였지만, 서로 교역할 수밖에 없었던 다른 기능적 형태(의 토기)였다.

상세한 토기 연구를 통해 야나마르까 수장사회의 생산과 분배에 관한 이해를, 인근의 만타로강 유역은 물론 그 너머까지로 넓혀 보려 하였다. 거의 6,000개에 달하는 토기편에 대한 암석학적 분석은 지역의 독특한 양상을 보여주었다. 재지의 장식 토기와 관련하여, 사용한 물질에서 투난마르까와 움파말까 양자는 태토 특성이 매우 흡사하지만, 인근의 하툰마르까 정치체와는 매우 대조적이었다. 투난마르까 정치체에서 생산된 토기는 정치체 내에 머물렀다고 하겠다.

어떤 토기 양식은 만타로강 유역 전체로 교역되었다. 매우 장식적인 특별한 부류의 토기는 유역 중심부에서 남쪽으로 30~50km 떨어진 곳에 살던 완카 집단에서 온 것이었다. 그러나 거의 하나의 토기도 만타로지역 밖에서 오지는 않았다.

직물생산

발굴에서는 소수의 직물 편이 수습되었는데, 해당 지역에서 얻을 수 있는 알파카 털로 만들어진 것들이었다. 직조용 실 생산에 사용된 방추차가 보여주듯, 고지대 주민들은 저지대 주민들보다 비례적으로 더 많은 털실을 자아냈다. 직물생산에의 참여는 (보통 가구의 소비를 나타내는 데에 활용된) 토기편 100개당 방추차의 비로 측정되었다.

해발 3,800m의 움파말까는 3.0이라는 직물생산지수를 보이고, 더 고지(인 해발 3,900m)에 있던 챠윈의 취락들에서는 더 활발했던 제사製絲를 시사하는 (5.3이라는) 훨씬 큰 지수가 나타났지만, (해발 3,850m에 자리한) 투난마르까에서는 제사의 빈도가 낮고 직물을 공물로 받았을 가능성을 시사하듯, 단지 2.1 정도의 낮은 비를 보인다. 알파카가 사육되었을 초지와 더 밀접하게 연관된 고지대 유적은 부분적이나마 털실로 만든 직물생산에 전문화되었다고 추정해 볼 수 있겠다.

요약

수공(생산) 전문화는 자원 가용성 및 수장사회 내 취락 간 교환과 연관되었다. 움파말까는 처트제 돌날과 장식 토기를 제작했다. 더 고지대에 자리 잡은 취락일수록 털실을 내는 동물의 목축과 연결되는 직물생산에 더욱 깊게 연관되었고, 중핵유적인 투난마르까는 조리 용기를 만들었다. 수장사회에 관한 기능주의 이론은 지역 지도자들이 전체 경제에서의 효율성을 높일 수 있도록, 전문화된 공동체 간 산물을 재분배했다고 말한다. 그런데 재분배에는 방출하기에 앞서 물품을 쥐고 있었을 수장에게 부속된 저장이 필요할 수밖에 없었을 것이다―그러나 수공 생산품을 위한 저장시설은 발견되지 않았다. 오히려, 공동체의 상호 교환은 부족사회와 연관이 있는 이웃 간의 간단한 호혜에 기반했던 듯하다.

지역적 차원에서 볼 때, 투난마르까 정치체의 의례 활동은 정교하게 구현되지는 않았다. (크고 개방적인 공간, 사원 축대 또는 수장층의 독특한 분묘 등) 의례용 건축물은 고고학적으로 수장사회를 인지하는 데에 활용된다. 그러나 수장사회를 판별하기 위해 일률적으로 이런 양상을 활용하는 것은 잘못이다. 투난마르까에서 볼 수 있듯, 완카의 산채 수장사회에는 의례용 건축물이 거의 없었을 수 있다. 투난마르까에는 본질적으로 의례와 관련된 특별한 건축물이 있었을 듯하지만, 기념비적이지는 않았다.

중핵적 취락, 그보다 하위의 읍, 몇몇 마을 등의 방책防柵만이 주요 축조물이었다. 정치체 간 전쟁이나 영역 방어에 연관되었던 수장사회에 적합한 그런 방책은 공간적으로나 상징적으로 취락을 한정했으므로, 타자로부터 자신들의 터전을 지키겠다는 자발적 의지에 따라 재산권을 주장하기 위한 공동체 기념물로 비추어졌을 수 있다. 이렇듯 광역적 전쟁 수장은 일차적으로 평화 유지를 통해 지역 주민에게 봉사했는데, 이로써 빈번한 교역에 대한 (저위험이라는) 저렴한 처리비용이 치러졌고 가치가 높아진 토지에 대한 재산권이 보호되었다.

완카 II기: 취락조직

투난마르까의 취락 내에서는 차별적 배치 양상이 분명했다. 여기서 (지역중심지인 투난마르까, 읍인 움빠말까, 일반 마을인 챠윈 등) 위계적 체계 내에서 서로 다른 층을 대변하는 취락들에 대해 살펴보자. 이들 단일 층위 유적은 한두 세대 동안만 조성되었고 잉카의 정복을 맞아 버려졌다. 이들은 농경이 이루어지지 않은 바위 산지에 자리 잡았던바, 건축물들의 보존상태가 매우 양호하여서 항공사진이나 지표 조사만으로도 상세한 취락배치도의 작성이 가능하다.

드마라이스가 기술한 대로, 완카 II기 취락의 평면계획(이나 그것이 없음)은 위계적 체계 내 모든 수준에서 일관된다. 둘러싼 방책은 주거 군집의 구역들을 한정한다. 불규칙한 통로를 통해 주거 구역을 가로지를 수 있었으며, 친밀한 이웃 집단으로 갈 수도 있었다. 공간적 범위나 추정 인구의 규모에서는 유적 간 편차가 있었다. 전반적으로 개별 취락은 가옥들의 무질서한 군집이었다.

투난마르까

투난마르까는 해당 수장사회의 유명한 중핵적 취락이었다(그림 5.2). 동쪽으로는 야나마르까분지를 굽어보듯 솟은 석회암 산악지대의 (해발 3,850~3,900m) 높은 지점들에 취락이, 서쪽으로는 기복이 있는 경작지가 조성되었다. 26ha의 지역에 10,000명이 거주했다는 추정의 근거가 될 약 4,400개에 달하는 (평면) 원형의 석축 가옥이 있었다.

하나 또는 두 개의 방책이 취락을 감싸고 있었다. 취락의 중앙에는 (면

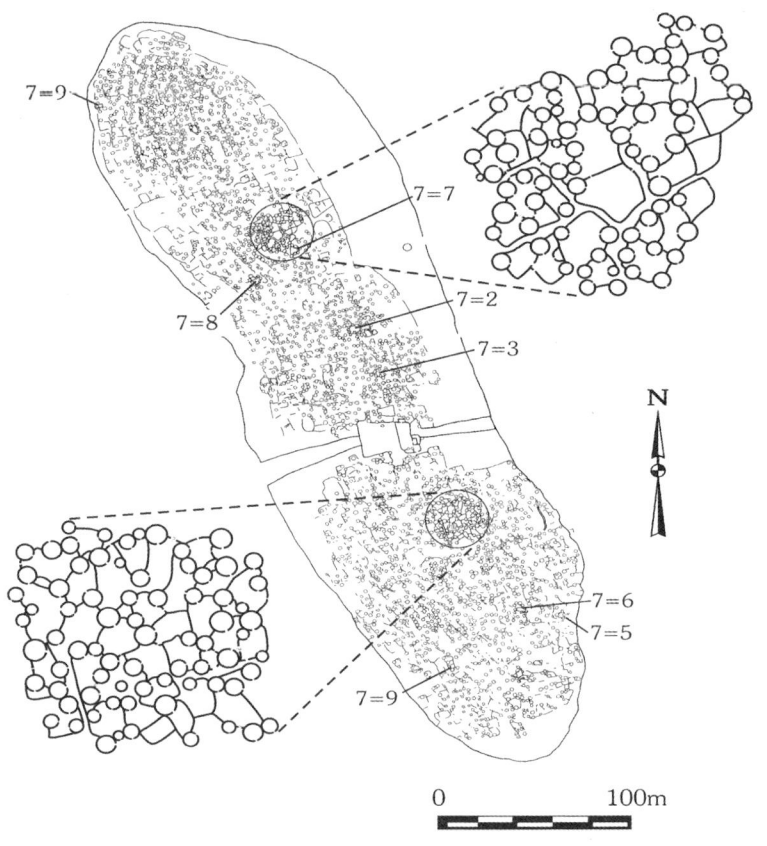

그림 5.2 투난마르까의 유구배치도. 둘러싼 성채 석벽, 중앙광장, 별도의 둘로 나뉜 거주 구역, 비공식적인 지구로 편입되는 가옥 군집 등을 보여준다. 발굴된 내원집단은 숫자로 표시되었다. 〈UMA-RP〉이 도면 작성.

적이 2,325㎡에 이르는) 두 개의 빈 광장, 몇 채의 가옥 및 한 개의 폐쇄된 돌담을 갖춘 특이한 구역이 있었다. 이 구역 동서로 난 좁은 공간이 유적을 반으로 갈랐다. 그런데 이 통로에서 광장으로 난 출입구는 없었다. 그 중앙구역의 측면에는 광장으로 정교하지 않은 출입구가 난 두 개의 거주 구역이 있었다. 중앙구역의 남북으로는 폐쇄된 내원 공간과 연결통로를 갖춘 대규모 거주 구역이 있었다. 이 유적의 건축은 이례적으로 보존상태가 양호하여, 석축 가옥의 밀도가 엄청남을 알 수 있다(그림 5.3).

중앙구역은 무엇이었을까? 하나의 가설은 많은 수장사회에 부합하는

그림 5.3 투난마르까의 근경. 산상 취락에 퍼져있던 석조 가옥이 보인다. 달트로이가 촬영.

해석처럼, 수장사회 전체 차원의 특별한 의례에 소용되었다는 것이다. 다른 한편으로, 중앙구역은 (투난마르까의 최고지도자를 위한 대규모 내원집단 등과 같은) 유력층의 거주 구역이었을 수도 있다. 두 광장 구역의 면적이 대규모 사회적 회합에는 너무 작은 탓에, 취락 거주민의 일부, 어쩌면 정치체 주민의 일부만이 거기에 모였을 수 있다. 두 광장에 기념비적 출입구가 없고 취락 통로의 중심이 아닌바, 일반의 접근이 제한되는 사적 공간인 듯도 하다. 거기에서 개최된 의식은 어쩌면 수장과 관련된 인생 주기의 행사처럼 개인적이었을 수 있다는 것이다.

중앙의 광장복합체를 벗어나면 취락의 구성은 거의 무질서하다. 서쪽의 두 개와 경사가 급한 동쪽의 한 개 방책이 두 개 거주 구역을 둘러싸서 한정하였다. 실질적인 바깥쪽 방책은 대략 $2m$ 높이로 솟아있는데, 산악지대에서 채석된 석회암으로 축조되었다. 방책의 바깥쪽은 출입구에 의해 분할되었다. 방책들 사이는 아마도 라마나 알파카를 몰아넣을 수 있게 비어있는 축조되지 않은 공간이었을 것이다.

취락은 중앙의 광장복합체와 그 빈 통로들에 의해 나뉜다. 비슷하게 규모가 큰 (각각 4,000~6,000명이 거주하는) 거주 구역 둘이 각 한쪽에 있다.

05 영속적 생산양식과 영토 수호 149

거주 구역에는 (평면) 원형 건물들이 무질서하게 배치된 듯하지만, 자세히 관찰해보면 내원집단이라고 불리는 자그마한 주거 구역 단위로 배열되었음을 알 수 있다.

그런 주거집단이 공식적으로 편성되지는 않았는데, 일례로 그들은 공공광장이나 매장기념물 및 여타 시설에 주목하지는 않았다. 불규칙한 통로는 거주 구역을 가로질렀다. 그들은 격자로 구획되거나 축을 따라 배열되지도 않았으며, 광장이나 출입구를 비롯한 시설들을 향하지도 않았다. 통로는 단순히 (모두는 아니지만) 일부 내원집단에 곧장 갈 수 있게 해주었다. 그러나 많은 집단이 다른 내원을 거쳐서만 갈 수 있었다. 분절사회와 관련하여 논의했던 대로, 개별 내원집단은 비공식적으로 이웃과 연관되는 기초적인 가옥 단위였던 듯하다.

움파말까

움파말까는 단지 해당 정치체의 읍 정도 규모 취락이었다. 이 취락은 해발 $3,800m$ 지대의, 하천으로 이어지는 가파른 폭포가 있는 야트막한 석회암 산등성이에 조성되었는데, 전쟁 중인 두 수장사회를 분리하는 자연적 경계에 전략적으로 자리 잡은 듯하다. 그런 위치에서 취락은 농토, 가축, 여성들을 방어할 수 있었을 것이다. $15ha$의 면적에 5,200명으로 추정되는 사람들이 거주했던 약 2,150개의 원형 석조 건축물이 있다. 규모와 조직 면에서 움파말까는 투난마르까 내 한 구역에 필적한다.

움파말까의 범위는 (서쪽 방면의 가파른 절벽을 제외하고) 취락을 둘러싼 방책으로 한정된다. 너덧 출입구로 거주 구역에 드나들었다. 방책 내에는 전형적인 크기와 건축방식을 따른 (평면) 원형 건물로 이루어진 대규모 거주 구역이 있다. 부가적인 방책이 없어 폐쇄되지 않은 공백의 공간에 가축들을 몰아넣은 듯하다. 상대적으로 고도가 낮은 취락이어서 가축이 거의 없었을 듯하다.

주거용 건물은 둘러싼 방책, 공동의 내원 공간 및 몇몇 구조물 등에 의해 한정된 자그마한 가구 군집에 모여 있었다. 이 유적에는 광장이나 매장

기념물은 없었다. 불규칙한 통로망에는 분명한 축 방향 등 유형화된 질서는 없었다. 이들은 내원집단 간의 비정규적 접근을 가능하게 했고, 유적을 비공식적인 이웃 집단으로 분리하였다. 방책 바깥쪽에는 방어시설도 없는, 20여 채의 소규모 주거 건물들이 있었다.

챠윈

챠윈은 투난마르까 서쪽과 북쪽에서 호상으로 분포하는 비교적 작은 다섯 취락 중 하나이다. 각 취락의 인구는 (추정범위가 600~1,450명으로) 약 800명이었는데, 모두 합쳐서 움파말까의 규모에 근접했다. 챠윈 자체는 해발 3,900m에 이르는 투난마르까 북쪽의 석회암 산상에 세워져, 야나마르까강 유역의 상류 부분을 굽어볼 수 있었다. 이 취락은 전략적으로 이 지역의 관개체계를 굽어볼 수 있게 세워졌으며, 정연하게 축조된 소로는 이 취락에서 투난마르까로 이어져 있었다. 5.6ha의 면적에, 650명으로 추정되는 사람들이 거주했던 420채의 (평면) 원형 건물이 있었다.

챠윈은 움파말까의 축소판이라 할 수 있다. 취락을 보호하는 가파른 절벽이 있는 동쪽 경계를 제외한 전체를 두 개의 방책이 감쌌다. 너덧 지점의 출입구가 접근을 제한했다. 바깥쪽 방책은 가축을 위한 공간을 창출한 듯하다. 안쪽 방책 내에는, 내원 주위에 모인 (평면) 원형 건물의 전형적인 군집으로 이루어진 하나의 거주 구역이 있었다. 공공광장이나 매장기념물은 없었다. 정연하지 않은 통로들이 거주 구역을 십자로 가로질렀는데, 이들은 내원집단을 이어주는 동시에 유적을 이웃 집단들로 나눴다.

완카 II기: 취락구조

힐리에르Bill Hillier와 핸슨Julienne Hanson의 분석안을 따르면서, 드마라이스는 투난마르까, 움파말까, 챠윈의 취락평면 배치에 관한 통계적 설명을 제시한다. (a) 취락은 격자나 축선 상 배치에 근접하지 않으며, (b) 그 세 유적은 (규모와 취락위계 내 위치에 상관없이) 놀랄 만큼 유사하게 편성되어있다는 두 가지 중요한 점이 분명해졌다. 투난마르까의 중앙광장에서조차 배치의 구심성은 거의 보이지 않는다. 오히려 내부구조는 거의 없이 다양한 크기로 웅징했을 뿐이다. 그런 취락구조는 관계 형성의 현시적 또는 의례적 구조를 제공할 중앙광장, 토루, 매장기념물 등 의례 유구가 부족함을 강조할 뿐이다.

다양한 규모의 인구가 상당히 무질서하게 서로 응집했었을 뿐, 방책에 의한 한정성 외에는 별다른 하달식 기획의 증거가 없다. 방어를 위해 모이기는 했으나 일상생활에서는 상당한 정도의 독립성을 가졌던 사람들이라는 인상을 준다. 이런 규칙성의 부족은 집단 간 전쟁을 겪었던 수장사회들의 특징인 듯하다.

미얀마 고산지대 부분(1장 참조)에서 언급했던 것처럼, 사회조직은 다양한 크기의 공동체로 편성되어 분절적인 듯 보인다. 그런 상황은 민족사 자료들이 푸에블로에 대해 언급한 바와 같다. 안데스산맥에 대한 민족지 서술이 밝히는 대로, 집단들은 (상층과 하층이라는) 이원적 원리에 따라 배열되었을 듯하다. 투난마르까의 거주 구역이 별개의 두 부분으로 나뉘는 현상은 그런 조직을 설명하는 것처럼 보이는데, 유사한 이원적 구조가 인접한 하툰마르까의 중심지에도 있었다. 투난마르까에는 해당 수장사회 전체 인구의 절반가량이 거주했었다. 나머지 절반은 거의 비슷하게 남쪽의 움파말까의 인구와 북쪽의 취락 군집의 인구로 나뉘었다.

완카 Ⅲ기: 가문

가문은 그런 거주 공동체를 구성하는 가족의 단위였다. 일상 활동 대부분을 수행하는 기저의 사회경제적 친족집단이 가옥구조 및 닫힌 내원 공간으로 구현된 듯하다. 완카는 가내 생산양식(3장 참조)으로 조직되었는데, 개별 가구는 필수자원에 대한 권리를 보유하고 필요한 작업을 위한 노동력을 유지함으로써 자급자족을 지속하려 하였다. 구조에 있어서, 그런 내원(또는 가옥)집단은 사실상 매우 획일적이었다.

드마라이스는 그런 단위에 대해 포괄적인 건축학 분석을 제시한다. 내원집단에는 입목立木의 벽과 계단식 벽 및 가옥들로 둘러싸인 공동의 내원에 축조된 주거용 석축 구조물이 포함된다(그림 5.4). 투난마르까 중앙부의 복합체에 있는 두 (평면) 장방형의 구조물을 제외하고는 모두 원형 구조이다. 개별 가옥은 한 개의 문으로 출입하였다. 벽은 두께가 50cm 정도로 거칠게 쌓고 진흙으로 양면을 마무리하였다. 이런 구조물의 평균 지름은 3~4m로, 지붕으로 덮인 공간이 9~10m²에 이르렀다. 구조물의 수는 하나에서 여

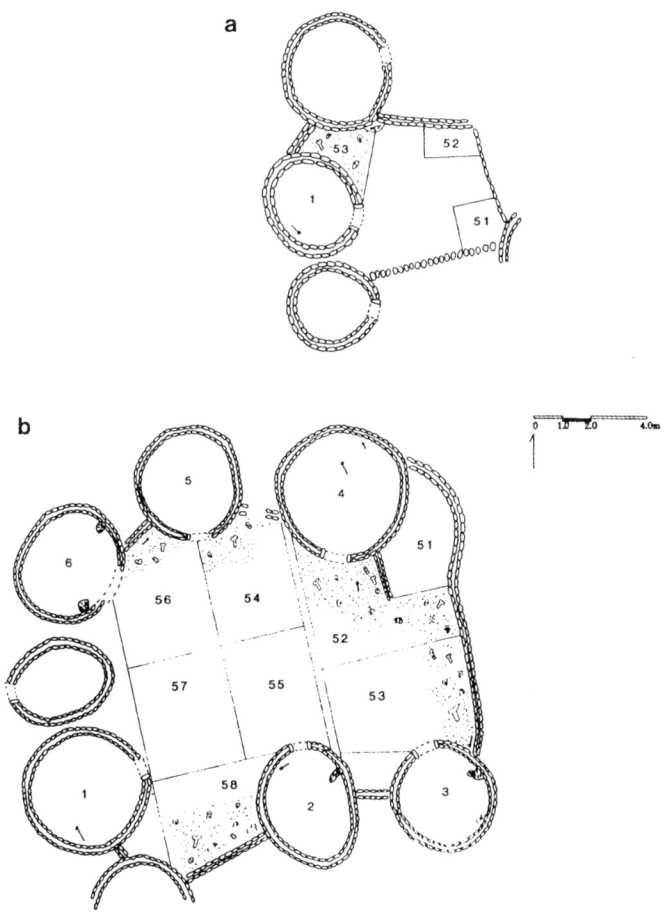

그림 5.4 **투난마르까 두 내원집단의 평면도.** 이 가문 단위는 완카 II기 취락의 대부분을 구성했다. 내원집단은 (a)처럼 단일 주거구조를 갖는 경우가 일반적이지만, (b)처럼 수장 가족이 거주했을 듯한 다중 주거구조가 있기도 하다. 코스틴이 도면 작성.

05 영속적 생산양식과 영토 수호 153

섯까지 다양했지만 대부분 한두 가옥으로 이루어졌다. 난방과 조리를 위한 화덕(들)과 생활면 아래에 분묘를 포함하고 있는 등, 기본적인 기능상 구조물에는 차이가 보이지 않는다. 하나나 두 개의 좁은 출입구만이 있을 뿐이어서 이런 군집은 사적 공간을 만들어내게 된 것이다.

유력층과 일반민 가문의 차이는 미세했음에도 불구하고 상당히 의미심장했다. 유력층 가옥은 취락의 중앙에 자리 잡았는데, 그 석축 구조물은 켜쌓기, 메움, 석재 다듬기를 세심하게 함으로써 훨씬 정연했다. 내원집단 사이의 주된 차이는 개별 가옥의 수에 있었다. 각 가옥은 분명하게 핵가족용 기본적 주거 단위였다. 복수의 가옥을 포함하는 내원집단은 (여러 세대世代가 함께 사는) 확대가족이거나 (각 가옥에 별도의 아내와 그 자식들이 거주하는) 일부다처 가족이었을 듯하다. 역사 기록에서 언급되는 대로, 유력층이 여성에 대한 특별한 접근권이 있었다면 상대적으로 큰 거주 단위들은 전쟁 수장에 속해있었을 것이다. 발굴할 내원집단의 선택은 위치, 규모 및 건축적 품질 등의 기준을 따라 이루어졌다.

가구의 지위 구분

각 내원집단 내에는 생산과 소비의 증거가 있다. 달트로이와 하스토프의 편서, 『제국과 가내경제Empire and Domestic Economy』(2001)는 가구의 (동물뼈, 탄화된 식물유체, 사용된 석제 도구, 토기편, 다양한 의류 등에서 보이는) 소비양상과 (석제 부스러기, 갈판과 갈돌, 방추차, 다소 적게는 토기 폐기물 등에서 보이는) 생산양상을 분석하였다. 모든 내원집단에서 배출된 가구의 쓰레기에는 기본적으로 비슷하게 음식 찌꺼기, 사용된 도구, 과시를 위한 물품 등이 포함되어 있었다. 음식, 용기 그리고 재부에서조차 대체로 유사했다.

그런데 유력층 가구에는 (은이나 구리로 만든 머리핀, 투푸tupu와 소형 원판 등) 고가의 상징물이 계량적으로 좀 더 흔했다. 유력층은 사슴고기와 같은 좀 더 맛있는 음식을 먹었고, 재지적이건 외래양식이건 장식 토기를 더 많이 사용했으며, 개인 장식을 위한 위신재를 더 많이 소유했다. 가구들은 유사한 소비양태를 공유했지만, 유력층 가구는 좀 더 과시적이었다. 모든 완카 사람은 평등했지만, 어떤 사람들은 다른 이들보다 더 평등했다.

(유력층 및 일반민) 가구들은 경제적으로 일반화되었지만, 일부는 교역을 위한 생산에 전문화되었었다. 비전업 전문가는 일반화된 완카 가구 활동에 내재해 있었는데, 즉각적으로 가용할 수 없는 물품을 얻기 위해서인 듯하다. 움파말까에서 발굴된 6개 가구는 (한 경우의) 0부터 1.14까지로 다양한 폐기물 지수를 보인다. 대조적으로, 투난마르까의 8개 가구는 (세 경우의) 0부터 0.25까지에 이른다. 공동체 수준의 전문화 양상에서조차, 전문화 활동은 소규모로 극히 일부 가구에 한정되어 있었다.

전문적으로 생산된 재부성 물품은 소량이었을 뿐만 아니라, 유력층 가구에 집중되지 않은 채 널리 분포해있었다. 지도자에게 의미 및 그를 구현한 물품을 통제할 가능성을 제공하는바, 수장사회에 관한 연구에서 귀중품 생산은 매우 중요하게 인식된다. 유력층 가구와 귀중품 생산의 연관성에 대한 증거에 집중했지만, 여기서 재부성 물품 생산이 부속된 장인과 연관되지는 않았다.

위신재는 비교적 희귀했으며 주로 수입되었다. 재지의 완카 장식 토기는 분명히 유력층 가구에 집중되었지만, 0.05~0.24의 폐기물 지수로 보아 생산이 그들에 의해 통제되었는지는 분명하지 않다. 완카 유력층 사이에서 직물은 지위를 표시하기 위한 개인 의복에 활용되었을 듯하지만, 그 생산 역시 (방추차나 바늘로 지시되듯) 가구들 사이에 널리 분포하였다. 유력층 가구들에서 방추차와 바늘의 밀도가 좀 더 높기는 하지만, 그런 양상이 강하게 그리고 유일하게 더 높은 소비 비율을 반영하지는 않는 듯하다. 생산과정에서 나오는 금속 부스러기는 전반적으로 매우 적었는데, 금속제는 완성품으로 인접한 수장사회로부터 수입되었음을 시사하는 듯하다. 제작과정의 부스러기가 미약하나마 유력층 가옥에 집중되고는 있지만, 부속적 전문화가 존재했다는 확실한 증거는 없다.

완카 가구에 대해 최종적으로 고려하건대, 의례의 증거가 거의 없으며 발견된 것조차 분명하게 (집단에 대비되는) 가구에 기반하고 있었다. 어떤 대규모 의례용 퇴장 유구나 여타 봉헌물도 발견되지 않았다. 공공의례 공간의 수량이 현저히 한정됨은 이미 살펴본 바와 같은데, (수장 가옥 집단의 일부인 듯한 광장을 갖춘 중심지를 제외하면) 어떤 유적에서도 보이지 않았다.

소규모 가구 의례의 관행이 좀 더 일반적이었다. 가옥 바닥 아래의 분묘는 매우 중요하다. 가문 사회의 특징 중 하나인 가구 기반의 상속을 지시한다고 여겨진다. 이 가옥묘 subfloor burial의 양상은 매장기념물이나 공동묘지가 공동체 집단과 결부되어 있던 페루의 나머지 장소와는 사뭇 다르다. 가구 내에서는 특별한 의례적 매장도 보이는데, 거기에는 개 무덤과 자그마한 의례용 봉헌물이 들어있다.

유력층은 현저하게 구별되지도 배타적이지도 않다. 특정 역할을 조건으로 하는 수장으로부터 독립적인 가구에 대한 완카 정보제공자들의 묘사는 고고학적으로도 뒷받침된다. 기풍에 있어서는 명백하게 매우 평등하지만, 방어나 제한적인 정복 활동에 있어서는 통솔자에게 의존적인 사회에서 수장은 동등한 중에 첫 번째였을 뿐이다. 유력층은 (비록 제한적 방식이지만) 이득을 취하되, 소속 공동체에 대한 봉사가 요구되었다.

요점

여러 수장사회 중, 취락위계와 광범위한 요새화에도 불구하고 구조적 불평등이 미약하게 보이는 경우야말로 영속적 생산양식으로 매우 분명하게 대변된다. 전사 (성격의) 수장의 직분은 분절적 동태성에 의해 한정되는데, 그 안에서 그들의 의무는 분명하지만, 권리는 문제시될 소지가 있다. 정치체의 가장 주요한 기능은 생산성 자원에 대한 영속집단의 소유권을 지키는 것인데, 특히 농업을 집약화할 시설과 관련이 있다. 그런 축조된 경관은 효과적으로 해당 공동체를 속박하게 된다. 주된 조직적 방편으로서의 산상 요새는 의례용이라기보다는 방어용이다.

민족지를 통해, 그런 지도자들이 수장이 될 것임을 알 수 있다. 완카와 폴리네시아의 마오리를 보건대, 지도자는 지위와 권위로 인지되더라도 그다지 상징적으로 구분되지는 않았으며 시각적으로 분리되지도 않았는데,

공동체 내에서 방어시설 축조를 위한 사회적 노동 편성을 지휘했더라도 필요가 다하면 그 권위를 상실하였다. 그런 지도자는 아마도 지위를 둘러싼 경쟁에 관련된 연회나 농맹의 결성에 관여하지만, 매우 희한하게도 의례를 지원하거나 의례 구조물을 조성하기 위한 사회적 노동력의 동원은 제한적이었다.

투난마르까 정치체는 전쟁이 결부된 영속적 생산양식과 관련하여 하나의 사례로 제시된다. 풍부한 민족사 데이터베이스는 고고학적 증거를 잘 설명할 수 있게 한다. 이 안데스 사례는 철기시대 유럽이나 태평양 군도의 영속적 생산양식과 구조적 측면에서 비교될 만하다. 그 규모나 3단계의 취락위계에도 불구하고, 투난마르까의 가구나 공동체 조직은 권력과 권력에 기반한 정치적 위계에 대항하는 듯하다. 중핵적 취락은 크고 도시와 유사하기조차 했지만, (방책을 제외하면) 구심성 있는 기획이 없어 내부적으로는 권위부재적이었다. 의례는 극히 온건했으며 어쩌면 유력층 가구에만 결부되었던 듯한데, 나머지와 최소한으로만 차별화되었다.

방어와 관련하여 재지 주민에 대한 봉사를 통해 수장은 권력을 얻게 된다. 수장은 생명의 위협을 감수하면서도 집단을 방어하기 위해 노력하는 바, 그 위신은 일차적으로 자신이 보장하는 안전성에 의해 정해진다. 물론 그런 지도자는 자신들의 필수적 역할을 강조하면서 권위를 확대하려 하지만, 그런 역량은 잉여 전용에 대한 직접적 통제의 미비와 강력한 반위계적 문화 기풍으로 제한된다.

더 읽어 보기

Arkush, Elizabeth, and Mark W. Allen (editors). 2006. *The Archaeology of Warfare: Prehistories of Raiding and Conflict*. Gainesville: University Press of Florida. 이 책은 선사시대 약탈과 정복을 설명하고 있다. 책의 장들은 수장사회의 몇몇 전쟁 사례를 고려하고 있는데, 앨런Mark W. Allen이 다루는 마오리, 레드먼드Elsa M. Redmond와 스펜서Charles S. Spencer가 다루는 전쟁전략의 변이 등이 예가 된다.

Currás, Brais X., and Inés Sastre Prats (editors). 2020. *Alternative Iron Ages: Social Theory from Archaeological Analysis*. London: Routledge. 쿠라스와 사스트레 프라츠가 편집한 이 책은 유럽 철기시대 고고학에 사회이론의 적용을 고려한다. 평등주의 이론에 관한 쿠라스와 사스트레 프라츠의 장, 권위부재의 시각에 관한 엔젤벡의 장, 가문사회에 대한 샤플스Niall Sharples의 장 등은 특히 중요하다. 이 책은 통솔권이 문제시되는 그런 산채사회의 반위계적 기풍을 보여주고 있다.

D'Altroy, Terence N., Christine A. Hastorf, and Associates. 2001. *Empire and Domestic Economy*. New York: Kluwer Academic. 잉카의 정복 이전과 이후의 완카 사회에 관한 〈만타로강 상류역 고고조사사업〉의 연구에 대한 개요이다. 각 장은 취락유형(달트로이), 건축(드마라이스), 식료잔존물(하스토프와 샌더퍼Elsie C. Sandefur), 토기(코스틴), 재부(오웬Bruce D. Owen), 교역(얼) 등을 분석하고 있다.

Earle, Timothy. 2005. The Tunanmarca Polity of Highland Peru and Its Settlement System (AD 1350-1450). In *Settlement, Subsistence, and Social Complexity: Essays Honoring the Legacy of Jeffrey R. Parsons*, edited by Richard E. Blanton, pp.89-118. Los Angeles: Cotsen Institute of Archaeology Press, University of California. 이 글은 〈만타로강 상류역 고고조사사업〉에서 얻어진 한 산채 수장사회에 대한 증거를 정리하고 있는데, 본 장의 토대가 되었다. 앞서 살핀 달트로이와 하스토프의 편서가 해당 발굴과 분석에 관련된 추가적인 상세 정보를 제공한다.

Hastorf, Christine A., and Timothy Earle. 1985. Intensive Agriculture and the Geography of Political Change in the Upper Mantaro Region, Peru. In *Prehistoric Intensive Agriculture in the Tropics*, edited by I. S. Farrington, pp.569-595. BAR International Series No. 232. Oxford, UK: Archaeopress. 〈만타로강 상류역 고고조사사업〉에 참여했던 하스토프와 얼은, 계단식 경작지, 관개체계, 대상경작지, 두둑 경작지 등을 포함하는 완

카의 경작지자본에 대한 증거를 요약하고 있다. 상대적으로 축조에 관련된 작업이 단순한 탓에, 필자들은 집약적 농업시설을 조성하기 위한 노동력 편성을 수장이 해야만 한다는 기능주의적 가설에 반대하는 주장을 펼친다.

Sastre Prats, Inés. 2008. Community, Identity, and Conflict: Iron Age Warfare in the Iberian Northwest. *Current Anthropology* 49: 1021-1051. 사스트레 프라츠는 카스트로 문화의 산채 사회는 (위계 없이) 평등적이었으며, 정복이나 광역정치체로의 병합에 저항하도록 조직되었다고 주장한다. 공동체들은 규모가 작고, 경제적으로는 자급자족하며, 정치적으로는 독립이었다고 여겨진다. 페루지역의 증거들과 조합하면서, 이 논문은 산채 사회가 반영하는 연속선을 보여준다.

06
아시아적 생산양식: 토목경관
Asiatic Mode of Production: Engineered Landscapes

　아시아적 생산양식은 수장이 소유권을 주장하면서 그로부터 잉여를 추출할 수 있는 집약적 농업(체계)에 의해 부양되는 고밀도의 인구를 포함한다. 그런 포괄적 권리는 (관개체계나 계단식 경작지의 조성과 같은) 경관 축조에 대한 유력층의 투자 및/또는 그런 시설들의 정복을 통해 얻어진다. 노동력과 현물은 그런 개량된 시설을 사용하는 권리의 대가로 일반민 가구에서 온다. 그런 정치경제는 노동력에 기반하며, 기념물로 구현된다.

　선사시대 동안 사회적 위계의 출현은 우선 현물, 특히 식료와 더불어 의복이나 토기 같은 일상 물품의 동원에 달려있었다. 토지소유권의 병목을 통해 노동에 대한 통제를 계속해 갔다. 그러나 생계의 지배는 어려웠을 것이다. 현물형 생필품의 순환고리는 짧을 뿐만 아니라, 주로 가구의 수준에서 편성된다. 각 가구는 생계경제에 있어 폭넓은 독립성을 가졌을 가능성이 있다.

토목경관에 대한 소유권: 병목

　토지를 소유한 수장층의 등장은 어떤 면에서는 앞서 설명한 바의 연장선에 있지만, (경제구성체의 연속선을 따라 이상화된 형태인) 이 모형에서 수장은 (주로 신성神聖에 기초한) 권리를 강조하면서 일반민의 노동에 대한 통제권을 획득한다. 일반민이 강요된 노동이나 현물생산 일부를 제공하면, 수장은 그들에게 생계를 위한 구획토지의 이용을 보장했다. 이는 인구밀도가 가장

높은 수장사회에 관련된 경우로 집약적인 생계방식, 주로 농업으로 뒷받침
되었다. 십약화의 일환으로서 자본투자에는 대단위이면서 광범위한 계단
식 경작지 조성, 배수 및 관개 등이 포함되었다.

봉건시대 농노처럼, 사람들은 농토에 예속되었고 생계를 위해 농지를
분할받았는데, 거기에는 영주에게 노동과 산물을 제공할 의무가 뒤따랐다.
일반민은 고(인구)밀도의 경관과 분할농지의 법적 체계로 포위되면서 이동
이 제한되었다. 정치체 간 전쟁은 토지 및 관련 시설을 강탈하고자 한 것이
었지만, 더 중요하게는 토지에 예속된 노동력을 전유하는 데에 목적이 있
었다. 성공적인 정복 수장은 이전의 지배자를 대체하여 사람들이 그 장소
에 머물면서 새로운 지배자인 자신에게 노동력을 비롯한 잉여를 바치게 하
였다.

마르크스는 농업에 기반한 아시아 제국의 정치경제를 특징짓는 것으
로 아시아적—원래는 '동양적Oriental'— 생산양식을 정의하였다. 그는 동방 사
회에 대해 조직상 분절적이되, 각각의 독립적인 공동체는 자신들의 수요를
충당하면서 제국의 영주에게 잉여를 제공한다고 이해했다. 그는 그런 사회
를 매우 정체되어있으며, 서구에서 보이는 포괄적인 정치적 역동성에는 둔
감한 채 간단한 노동 분화만이 있는 농업적 과거에 고정되었다고 보았다.
그는 (지금은 잘 알려진) 토목경관에 기반한 농업국가의 그러한 안정성이 가
구와 공동체에 의해 관리되는 보속保續적인 경제를 반영한다는 사실을 간
과했다.

재지 일반민의 생산이나 가구 노동력에서 산출되는 잉여가 하달식의
독재를 견제할 교섭역량을 공동체에 부여한다. 공동체 잉여의 이면에는 공
동체가 유력층으로부터 (대규모 관개체계, 지역 평화, 토지에의 접근권, 공동체의
일상에 대한 신성의 지원을 담보할 것으로 일컬어지는 정교한 종교적 의례 등) 특정 편
의를 받을 것이라는 기대가 존재한다.

일반 농민의 교섭역량은 살린스가 말하는 가구의 자급자족에 기반한
가내 생산양식에 의해 부각한다. 일반민 가구가 기본적 노동력 배분을 관
리했던바, 가내 생산양식에서는 간단한 병목은 없었으며 결국 잉여의 수급

도 실질적이지 못했을 듯하다. 현물에 기반한 정치경제의 발달에는 자원에 대한 가구의 권리를 유력층이 장악하는 소유체계가 요구되었다.

전통사회에서 소유권의 가장 기본적인 조건은 생산시설에 대한 가구의 노동력 투자에 기반한다. 가구는 경작지자본을 생성하며, 매장 관행에는 영속집단 또는 가문의 재산권이 반영되었다. 그러나 생계에 기반한 강력한 정치경제가 등장했고, 고고학적으로 연구될 수 있었다. 재산권의 창출로 수장제 현물형 재정을 가능하게 하는 병목이 생성되었다. 토지에 대한 가구와 공동체의 기본적인 권리는 새로운 재산제도에 의해 폐기되거나 덧씌워져야만 했다.

토목경관에 대한 과정주의 접근

토복경관의 선사시대 사례는 세계적으로 풍부하다. 비트포겔의 인식처럼, 관개와 국가 사회의 반복적인 연관성이 존재했다. 그의 국가적 수리이론hydraulic theory은 기능주의에 기반했다. 고도로 정연한 여타 기술처럼, 대규모 관개체계는 공학적 기획, 노동력의 동원과 통솔, 범람에 따른 시설 복구, 다수의 여타 특별활동 등을 위한 전문화된 분업체계를 요한다. 간단히 말하자면, 대규모 관개에는 수장의 관리적 감독, 마침내는 필수적인 전문가나 역량을 제공할 국가 관료 체계가 요구된다.

서비스와 프리드는 수장사회에서의 광역적 통합의 형성을 설명하기 위해 수리이론을 활용했으며, 그 관점은 인류학계에 널리 수용되었다. 그러나 그 인과관계에 대해서는 많은 의문이 제기되었다. 예를 들어, 얼은 제도적 복합도와 관개(는 물론, 토목경관의 여타 사례로 확장하여도) 사이의 실질적 연관성은 오히려 그 시설들이 어떻게 현물생산에서 병목을 형성하는지의 문제와 관련됨을 피력한다. 관개를 통한 현물 전용에 기반하는 복합사회의 고고학적 사례는 근동, 아프리카, 중국, 메소아메리카, 페루, 미국 남서부 및 태평양 등지에서 (거의) 상호 무관하게 확인된다.

근동의 관개기반 수장사회

근동에서 가장 오래된 농업 수장사회와 후속하는 국가에 대해서는 고고학적 기록이 있다. 여기서, 수장사회와 초기 도시국가city-state가 형식론적으로 대비될 만한 점을 간단하게나마 살펴봐야 할 듯하다. 근동에 관한 한 경외할 고고학자이자 역사가인 요피는 독자적으로 국가가 발달했으나 원초국가primary 또는 pristine state 형성의 밑거름이 되지는 못했던 수장사회는 실질적으로 진화상의 (사실상 끝이 막힌) 곁가지였다고 주장한다. 그에 따르면, 국가 형성은 근동과 지중해 편년상 이른 시기를 특징짓는 도시국가에 기반한다.

그런데, 요피의 주장은 사실상 (국가에 선행하는 정치체를 어떻게 부를지를 결정하는) 형식분류의 수수께끼일 뿐이다. 근동의 초기 정치체에 주목한 글에서, 팔코너Steven Falconer와 새비지Stephen Savage는 이른 시기 "(근동의) 중심지는 대체로 도시는 아니고, 해당 정치체도 전형적인 국가는 아니다(Falconer and Savage 2009: 131)."라고 결론짓고 있다. 얼의 관점으로 보자면, 근동에서 발견되는 도시국가는 아시아적 생산양식에 기반한 수장사회에 매우 잘 부합할 만하다. 설명해보도록 하자.

아담스Robert McC. Adams는 메소포타미아에서 정치체제가 어떻게 광범위한 관개체계, 고밀도의 인구, 취락 위계, 사원이라 불리는 정치-종교적 기구를 갖추게 되었는지를 설명했다. 인구결집은 '도시에 선행하는pre-urban' 현상으로 여겨졌는데, 대규모 영구 취락들이 있었지만 광범위한 수공전문화와 시장은 미약했던 듯하다. 정치체의 일반적 규모는 만 명 정도로, 대략 복합수장사회에 비견될 만하다.

광범위하게 퍼졌던 순동시대Copper Age 우바이드Ubaid문화(서기전 6500~3800년)는 그런 수장사회와 유사한 정치체를 시사한다. 이 문화의 취락은 이라크 남부에 형성된 티그리스와 유프라테스강의 광범위한 충적 대지 주위에 집중되었다. 스타인Gil J. Stein은 이 문화가 다양한 규모의 여러 국소적 수장사회로 구성되었음을 확인했다. 유력층은 구심적 기념비 건축물과 관개체계를 뒷받침하기 위해 곡물 식료와 노동력을 동원했다. 현물형 재정의 증거에는 중앙집중화된 저장시설과 자료관리를 위한 회계용 표식 등이 포함된다. 5장에서 서술된 수장사회와 비슷하게, 수장이 귀중품으로 구별되지는 않았다.

개별 우바이드 정치체는 크기가 천차만별이었는데, 관개복합체의 생산성을 비롯한 권력 원천과 관련된 듯하다. 그들은 구심적 취락을 유지하고 있었는데, 흙벽돌로 만든 주거용 가옥 군집, 중앙집중화된 저장시설, 기념비적 건축물이 있었지만 둘러싼 방책은 없었고 수공 전문화가 유력층 가구에 부속되지도 않았다.

이라크 남부에 자리 잡았던 중핵 취락, 에리두Eridu는 약 10ha 규모였다. 에리두는 많은 수의 소규모 취락으로 이루어진 대규모 정치체를 통치했다. 에리두는 자체적으로 (사원을 뜻하는) 지구라트ziggurat 또는 ziggart로 불리는 구심적 대형 기념물을 갖추고 있었지만, 그보다 작은 취락에는 의례용이나 유력층 건물이 없었다. 경제에는 광범위한 관개체계로부터 산출되는 현물이 결부되어 있었으며, 부차적이었던 외부 무역을 통해 흑요석, 구리 등의 여타 생산물을 입수하였다.

텔 아바다Tell Abada는 가장 전면적으로 발굴된, 서기전 5천 년 기 우바이드의 중심지이다(그림 6.1). (바그다드의 동쪽이자 자그로스 산록의 아래쪽인) 이라크의 동쪽 경계를 따라 발달한 충적 대지에 자리한다. 2~3ha의 주거용 건물 복합체를 갖춘 이 토루tell는 3m 높이의 언덕인데, 여러 세대에 걸친 연속적인 점유로 생성되었다. 복합체 A는 독특한 가옥 복합체로, 유력층 구역이었던 듯하다. 세 개의 중앙홀과 의례 행사용인 듯한 별도의 내원을 갖추어 유난히 컸다. 기록관리용 표식은 여기서 발견되었다. 중앙홀은 없지만, 가축과 저장을 위한 공간을 갖춘 복합체 I 또한 독특하다. 텔 아바다는 현물형 재정에 기반한 매우 작은 우바이드 수장사회의 중핵 취락이었는데, 가축이 귀중품이었던 듯하다. 그런데 요지窯址 3기가 여기저기 흩어져 있는 점으로 보아, 수공 전문화는 유적의 특별한 구역에 부속되지 않았던 듯하다.

토루는 장기간 점유에서 나온 폐기물의 집적이 만들어낸 인공 언덕이다. 결국, 가옥 복합체가 보유한 영속적 토지소유권이 연관되었을 특정 장

그림 6.1 순동시대 메소포타미아 우바이드문화의 텔 아바다. 이 토루는 유력층 구역(A)과 저장시설 및 가축우리 복합체(I)를 갖추고 있었다. 음영 처리된 부분은 (거실인 듯한) 특수한 방을, 세 개의 동떨어진 점들은 요지를 표시한다. 그런 중심지에는 다실의 흙벽돌 가옥 복합체와 기념비적 건물이 있었다. 위계적 취락체계에서 중심지에는 수장사회 수준의 지역 인구가 편성되었다. 원도는 우르Jason A. Ur가 작성하고 하우저가 수정함.

소에 대한 강한 거주 관련성을 반영한다고 하겠다. 일반민 주거가 있는 (흔히 1ha가 안 되는) 좀 더 작은 규모의 마을 유적들이 주변에 산재한다. 이런 특징은 수장사회에 관한 비교론적 이해에 잘 부합한다. 우바이드 사회의 규모, 취락 위계, 종교기관 발달 등은 의례 및 영속적 (생산)양식의 특징을 조합했다. 건조 환경에서 고밀도의 인구를 부양(하고 한정)하는 데에 필요한 관개체계 등의 토목경관을 조성함으로써 이 도시국가들의 등장이 가능했다고 여겨진다.

정치적 통합을 위한 종교 기반 기구의 발달은 정치체의 정체성을 창출했는데 그로써 보관소에 저장될 현물의 전용이 가능해졌고, 새로운 정치기구를 재정적으로 뒷받침했다. 중요한 종교적 역할을 가진 지도자에게, 스스로가 축조하고, 방어하며, 급기야 정복하기도 했던 관개시설에서 도출된 잉여의 전용을 가능하게 할 새로운 소유관계가 필수적이었을 듯하다. 잉여가 있었기에, 지도자들은 사원 이념을 포괄하고 중앙집권적 권력을 정당화하는 등의 특정 권력 전략을 뒷받침할 수 있었다.

하와이제도의 복합 수장연맹국가

지난 40년간 하와이제도의 선·역사는 양호하게 기록되어왔다. (미국)국립과학재단은 (특히 토지권에 관련된) 문헌기록, 고고학적 지표조사, 실제 발굴 등에 주목한 주요 과학 연구사업을 지원해왔다. 가장 영향력 있는 연구는 살린스와 커치에 의해 수행되지 않았을까 한다. 지표조사와 발굴의 범위는 개발사업자들이 재정을 지원한 계약문건에 의해 비약적으로 확장되어왔다.

서기 800년이 조금 지난 시점에, 폴리네시아의 항해자들이 이 제도를 발견하고 점유했을 듯하다. 시간이 흐르면서 그 점유자들은 제도 전체를 통치하는 정치기구를 수립했다. 1778년 서구와의 최초 접촉 무렵까지 하와이 사회는 태평양에서 가장 중앙집권화되어 있었던바, 권력 기관의 진화를 입증하면서 아시아적 생산양식의 생생한 사례를 제공했다. 생계는 집약화된 농업시설, 특히 토란 재배를 위한 관개체계 및 계단식 한전旱田에 의존했다. 하와이 수장은 노동 제공의 반대급부로 일반민에게 경작지를 할양할 수 있는 차별적 지위의 토지 소유계급이 되었다.

하와이제도의 원초적인 고대 수장연맹국가는 대규모 정치체의 시원적 사회진화에 관련된 생생한 사례였다. 인구성장, 생산 집약화, 위기와 보속, 전쟁, 소유관계 등은 그 정치경제를 위한 조건을 만들어냈다. 신의 옷을 상징하기 위해 희귀하고 화려한 새의 깃털로 장식하고 수장에 부속된 전문장인이 제작한 망토와 투구를 입는 등, 화려하게 치장한 신격의 지배 수장이

그림 6.2 깃털 망토와 투구를 착장한 하와이 수장의 모습. 투구를 덮고 (보이지는 않지만) 망토 뒤를 가로지르는 깃털 장식은 신의 존재를 증명하는 무지개를 표시했다. 웨버 그림 제작.

있는 고도로 분화된 사회였다(그림 6.2).

하와이의 민족사

커치가 논의한 대로, 하와이의 폴리네시아인들에게는 문자가 없었지만, 그들의 역사는 민족지 및 고고자료를 조합하여 신뢰할 만큼 정립될 수 있다. ([세상의 사람들에 대해 알고자 하는 유럽인의 열망을 충족하기 위해 그 많은 수가 출간되었던] 탐험가, 무역상, 초기 선교사 등의 항해 일지, 일기, 서신, 회고록 등) 접촉의 시기 서구의 자료원과 하와이의 구술사는 강도 높게 분화된 국가 수준의 사회에 대해 묘사하고 있다(2장 참조). 초기 선교사들에게 음성학적으로 표기하는 법을 배우게 되면서, 하와이 저술가들이 자신들의 전통 언어, 전통적인 사회조직, 관습, 종교의례, 구술사 및 신화를 기술하였다.

19세기 동안 하와이의 국가는 점점 더 서구의 법적 기준과 통치 수단을 수용했다. 그레이트 마헬레Great Mahele로 불리듯, 새로운 토지권 법령은 개별 일반민 경작자에게 경작지와 주택지에 대해 무조건 소유권을 부여하였다. 토지를 받기 위해 농부는 어떻게 토지를 물려받았으며 경작했는지를 소명해야 했다. 하와이어로 기록되었기 때문에, 이 토지 기록은 전통적인 토지 소유 관행을 묘사한 법적 문건의 매우 귀중한 집체를 보여준다. 연로한 원주민 정보제공자를 면담한 인류학자의 '구제salvage' 민족지는 20세기까지 이어져 온 전통적인 생활양식에 대한 심도 있는 이해를 제공한다.

서구에 의한 역사 기록은 영국 탐험가 쿡 선장Captain James Cook이 카우아이Kaua'i 남쪽 해안의 와이메아Waimea에 정박했던 1778년에 시작되었다. 쿡선장의 삽화가였던 웨버John Webber는 벽으로 둘러쳐진 주택지가 계곡을 가로질러 산재해 있고, 여성들이 타파tapa 천을 두드리는 듯 보이는 와이메아 마을의 일상생활을 포착했다. 그는 와이메아 인근의 석조 사원, 예배소로 대표되는 신들의 집, 신의 형상을 한 입상, 신과 대화하는 계시의 탑 등을 묘사했다(그림 6.3). 보고에는 (남성들이 물이 채워진 토란 경작지를 일군) 계곡 상류의 광범위한 관개복합체는 물론, 철기를 비롯한 새로운 외래 물품과 식료, 깃털, 매춘 등을 맞바꾸기에 열심인 사람들이 묘사되어 있었다.

하와이의 가내경제

하와이 및 서구의 자료에 따르면, 하와이의 경제조직은 농장에 기반했다. 낳거나 입양한 자식(들)과 부부가 한 가족이었다. 분업으로 남편은 생계를 위한 경작과 어로 및 의무 노동을 담당하고, 아내는 자녀 양육이나 채집을 비롯한 가사의 대부분, 타파 천과 직조 명석의 생산 등을 담당하게 되었다. 자녀들은 부모를 도왔다. 비공식적인 입양은 가구 내 노동력의 균형을 이루기 위해 자녀를 들이거나 포기함으로써, 가족이 독립성을 유지할 수 있게 하는 데에 필수적이었다. 의무 노동을 남성이 담당하는바, 남편이

그림 6.3 최초 접촉(1778년) 당시 와이메아의 하와이 사원. (신들의 집인) 예배소가 왼쪽에, (세속적 현신으로서) 신상이 정면에, 그 뒤에는 사제들이 신과 대화하는 계시의 탑이 있다. 웨버 그림 제작.

죽으면 여성은 신속하게 재혼하여 생계의 필수인 경작지에 대한 권리를 유지하고 공동체 자원을 이용하였다. 그런 가족은 살린스의 가내 생산양식 모형에 부합하는 유연한 생산 단위였다.

전통적으로, 생계자원에 대한 가족의 권리는 의무 노동의 대가로 수장이 할양하는 것이었다. 가족들은 필수 식료인 토란을 키우는 관개·담수 경작지 등을 받는다. 부차적인 작물로는 담수 경작지 사이의 경계면과 할양된 밭에서 자라는 고구마, 사탕수수, 마, 코코넛 등이 있었다. 농부들은 방목하거나 고구마를 먹이면서 돼지를 키우기도 했다. 물고기는 해안가의 특수 연못에서 양식되었다. 가족들은 관개된 경작지를 비롯한 자원들 가까이에 초가집을 세울, 담으로 분리된 부지를 받았다.

가구는 대체로 독립적으로 운용되었지만, 봉건제와 같은 체제여서 토지소유자인 수장에게 의존적이었다. 이런 의존성은 노동과 물품의 잉여를 운용하는 병목을 만들어냈다. 이는 아시아적 생산양식의 본질이다. 기본적인 권력은 토지와 시설의 소유권에 기반했지만, 일반민은 대체로 생계를 보장하는 도덕경제 속에서 행동의 독립성을 가지면서 자신들의 일상 노동력을 관리했다.

개별 가구는 주로 중앙부의 산지에서 흘러내린 하천이 있는 하나의 계곡을 포괄하는 영역공동체의 부분이었다. 깎아지른 산지는 공동체 사이의 경계를 이루었다. 침식성 계곡이 아직 발달하지 않은 지질학적으로 젊은 지대에서는 섬의 중앙으로부터 방사상으로 뻗어나는 선들이 공동체 영역을 파이 조각처럼 나누었다. 개별 공동체는 가구들로 구성된 자급집단으로서 호혜적 안배와 수장의 토지 관리를 기반으로 하였다.

대수장은 수입 창출의 자산으로서의 개별 공동체를, 흔히 자신의 가까운 친척인 공동체 수장에게 할양하였다. 각 공동체에서 수장은 일반민이 대수장을 위해 일하게 하는 관리자였다. 개별 가족은 식료를 생산하기 위해 할양된 토지를 경작했을 뿐만 아니라, (관개 및 계단식 경작지, 의례 기념물, 양어장 등의 조성을 비롯한) 공공사업에도 참여해야 했다. 반대급부로, 수장들은 생산성 높은 생계 시설에의 접근권을 부여하고, 곤궁한 시기에는 부양하기도 했다.

하와이의 잉여 전용

잉여는 하와이 수장사회를 지탱했던 권력의 기본 원천에 투여할 자원을 제공했다. 수장은 담수 경작지와 양어장 축조, 종교적 장소 조성, 의례 후원, 토지 관리자, 전사, 장인, 사제에 대한 지원 등 다양한 활동과 관련된 사람들을 뒷받침하는 데에, 공동체들에서 나온 토란, 고구마, 돼지 등을 사용할 수 있었다.

경제

경제적 기반에 대한 투자가 우선이다. 잉여는 경작·어로 시설의 축조, (수로 청소, 제방 보수 등의) 연례적 유지, 홍수로 인한 간헐적인 재앙적 손실에 기인한 재축조 등을 뒷받침했다. 그런 전용을 통해 수장에 예속된 전문장인들을 뒷받침하기도 했다. 이 전문장인들은 교환을 위한 생필품 생산에 결부되지는 않았고, 오히려 그들은 후원자를 위한 고급 깃털 망토, 전사를 위한 무기, 원양 어업과 전쟁을 위한 항해용 카누 등을 제작했다. 전문가들은 뒷받침에 대한 반대급부로 토지를 받았는데, 종종 그들은 수장 가구의 구성원이었던 듯하다.

전쟁

전쟁에 대한 투자가 다음이다. 전쟁은 수장의 생활 및 관심의 전제조건으로서 역사 기록에 자주 거론되었다. 통치 수장은 고도로 훈련된 실전적 전투 인력으로서 일군의 전사를 유지했다. 전사는 (수장의 권위와 소유권을 방어하고, 새로운 토지와 그곳의 사람들을 정복하고, 충분한 조세를 바치지 않은 공동체를 벌했던바,) 권력 전문가로서 예속되었다. 전쟁은 (방책을 갖추지 않고 산재한 취락에 살았던) 일반민에게는 영향을 거의 미치지 않았을 듯하지만, 패배한 수장은 모든 토지를 잃을 뿐만 아니라 향후 경쟁자를 없애는 차원에서 죽임을 당했을 듯하다. 일반민에게 전쟁은 공동체 수장의 교체라는 소득이 있었겠지만, 의무 노동은 변하지 않았다.

전쟁에서의 성공과 실패는 대수장의 통치, 잉여에 대한 접근권, 결과적으로는 제도화된 권력을 판가름 지었다. 전쟁은 정복을 전제로 했으며, 수장 대부분은 경쟁자를 물리침으로써 권력을 획득했다. 현물재정의 근거인 토지소유권은 물리적으로 그 농부와 함께 토지를 취하는 데에 기반한다. 따라서 주로 공동체 사이에 토지를 놓고 다툼이 벌어졌던 영속적 생산양식에서의 내용(5장 참조)과는 다른 형태의 전쟁이었다. 물론, 이러한 변이는 목적의 연속체를 반영하는 것이었다.

역사적으로 볼 때 모든 폴리네시아 수장사회는 물론, 하와이 수장사회에도 분명히 전쟁이 있었다. 대규모 정복과 합병을 통해 복합수장사회가 국가와 유사한 구조로 발달했던 마우이Maui와 하와이섬Big Island에서는 매우 빈번했다. 커치는 전쟁이야말로 하와이 수장연맹국가의 탄생에 있어 가장 핵심적 기제였다고 주장한다. 인구밀도가 낮고 관개보다는 건조농법에 의존했던 탓에, 하와이섬에서는 적절한 잉여를 확보하고 건조농법에 배태된 높은 생산 위험성을 줄이는 데에 전쟁이 필수적이었다.

저밀도 수장사회에서의 통제가 고밀도 수장사회에서와 근본적으로 다르다는 점은 (1장에서 논의된 대로) 중요하게 지적될 수 있다. 아프리카 사회와의 비교론적 민족지 연구는 정치적 규모가 인구밀도와 반비례적으로 관련되었음을 보여준다. 인구밀도가 낮은 곳에서는 정복 전쟁 및 국가적 성격의 사회체제가 필요했었던 듯하다.

종교

세 번째는 의례나 종교와 연결된 이념에 대한 투자이다. 하와이제도의 신에는 몇몇 고등 신, 특히 토지생산성을 담당한 로노Lono와 전쟁에서의 성공을 담당하는 쿠Ku가 있었다. 수장은 그보다는 하등 신으로, 땅에 살면서 깃털 망토와 신의 존재를 의미하는 아치 모양 무지개로 장식된 투구 등의 독특한 복식을 갖추었다. 여러 덜 높은 신령들은 개개 장소나 어로와 같은 위험성이 높은 활동에 연관되어 있었다.

모든 신과 신령들에게는 흔히 봉헌이나 희생이 결부된 관련 의식과 의례가 있다. 묘당, 의례, 고등 신을 받드는 사제 등이 매우 중요했다. 농업시설과 마찬가지로, 수장은 자원과 재료를 전용하여 사원을 반복적으로 재건함으로써 사제를 부양하고 의례를 지원했다. 토지관리자나 전사가 자신들의 수장에 그러하듯, 사제도 상위 수장에 예속된 권력 전문가였다.

두 의례주기가 중요했다. (사제와 전사를 대동한) 해당 섬의 대수장이 해안 길을 따라 섬 주위를 다니다가 개별 공동체의 묘당에 들러 의무적인 '선물'을 받는 연례적 마카히키Makahiki 의례가 으뜸이다. 그 행렬에서 대수장은 토지 및 주민의 생산성을 담당하는 신인 로노의 세속적 현신이었다. 로노에 대한 선물은 세심하게 가려졌다. 좋은 봉헌물은 오는 해의 생산성을 담보했을 것이지만, 부적절한 선물은 대수장을 호위하는 전사에게 체벌을 당하는 빌미가 되었다. 그 선물들은 의례의 맥락에서 징수되는 일종의 세금이었다.

부가적으로, 쿠에 헌납된 큰 묘당에서 치러지는 의식들도 있었다. 그 묘당들은 대수장의 사원인바, 그의 주된 역할이 권역의 수호자이자 새로운 영토의 정복자라는 점을 시사한다고 하겠다. (주로 패퇴한 적을 대상으로 한) 인신 희생이 결부되었던바, 그런 의식은 유난히 신성하였다.

역사 기록으로 판단컨대, 대수장의 정치 전략에는 그런 세 가지 기본 권력이 포함된다. 생계경제가 기본이었는데, 그것을 위해 일반민이 자신의 경작지에서 일했다. 공동체가 수장의 재산이었기 때문에, 노동, 음식, 재료 등은 제도화된 권력을 뒷받침하도록 동원되었다. 어떤 의미에서 (생산을 위한 농토, 전쟁에서의 보호, 흥미진진한 의식 등을 제공함으로써) 수장의 이런 권력 전략은 잉여 추출의 객체가 되는 농부들에게 편의로 제공될 수도 있다. 기록된 역사를 통해 이러한 결론에 이르게 되었다.

하와이의 고고학

고고학은 하와이 수장 제도의 통시적 진화, 특히 거기에 경관 축조가 결부되어 있음을 기록해왔다. 그 물리적 항구성으로 인해, 관개 수로와 계단식 경작지, 영역표시물과 도로, 의례 기념물 등은 노동력 동원과 관리에 관한 연구에 매체를 제공했다.

(의례적 생산양식의) 의례 기념물 및 (영속적 생산양식의) 방어시설의 축조에 투여된 노동력은 이미 논의된 바 있다. 아시아적 생산양식에서는 수장이 소유관계를 주장할 수 있는 농업체계와 시설의 축조가 매우 중요하다. 하와이의 초기 수장연맹국가는 그러한 연결이 어떻게 정치경제의 관점에서 이해될 수 있는지를 입증한다.

고고학은 하와이 수장사회의 취락분포유형을 기록해왔다. 취락의 기본요소는 포장된 축대로 윤곽 지어지는 가옥이다. 이 포장된 축대는 경작과 어로의 주요 지대인 하류역에 주로 분포한다. 가옥들은 해변을 따라 열을 이루었고, 이웃과는 분리되어 있다. 가옥들이 뭉쳐서 마을을 이루지는 않았던바, 읍이나 도시와 흡사한 취락은 존재하지 않았다. 수장사회로는 상당히 독특한 양상을 나타내고 있어, 하와이 선사시대의 취락위계 부재는 주목할 만하다.

하와이의 편년체계는 식량 생산 및 상응하는 노동력통제에 기반한 권력의 원천으로서 생산경제와 연결되어 있는바, 거리를 두고 바라보아야만 한다. 서기전 1000년경부터 태평양지역 여기저기에 흩어져 있던 원양의 제도는 지구상에서 거주할 마지막 장소 중 하나였다. 고유의 항해용 카누를 활용하여, 폴리네시아인들은 태평양의 모든 거주 가능한 섬들을 탐험·발견하고 거기에 실질적으로 정착하였다. 작았던 정착 집단이 확대되고, 생계자원 생산이 집약화되고, 꽤 주목할 만큼 다양한 사회들이 진화했다. 역사적 실험을 위한 자연 실험실이 되었는데, (1장에서 살펴본 티코피아처럼) 어떤 사회들은 매우 단순하고 거의 평등하였던 반면, 하와이제도와 통가에서는 고대국가가 발달하였다.

하와이의 사회발달 추이

하와이제도의 개척, 정착화, 생계 집약화, 사회진화의 과정은 세 단계로 요약될 수 있다.

인간 거주의 시작

1000년경의 최초 점유에 뒤이어, 개활지는 모든 도래인이 활용할 수 있었다. 해양자원과 간단한 원예농경에 의존하면서 인구는 해변을 따라 확산했다. 관개와 배수 체계는 한정된 규모로만 실행되었다. 취락은 소규모로, 산재해 있었다. 강제력 있는 토지소유권은 없었고, 사람들은 생계의 기회를 찾거나 수장의 요구를 피해 자유롭게 이동할 수 있었던 듯하다. 경관조성의 흔적은 확인되지 않는다. 수장제 구조의 구성요소는 모든 폴리네시아 사회에서 공통적이겠지만, 주된 생산양식은 잉여 전용이 거의 또는 전혀 없이 유연하면서도 친족 질서를 따르는 형태였다.

계곡별 정치체의 형성

1400년경까지는 계곡별 국소 정치체가 등장했는데, (티코피아와 관련하여 퍼스가 기술한 바와 같이) 토지소유권은 분명하게 개별 계보나 '가문'이 보유했다. 해변을 따라서만이 아니라 내륙으로도 확산하면서, 그런 소규모 취락의 수가 증가했다. 그런데 고지대에서의 벌채는 침식을 빠르게 했다. 의도한 결과는 아니었겠으나, 토양 침식은 저지대를 비옥하게 만들었다. 내륙이 폐기됨에 따라, (소규모 관개체계, 양어장, 바나나·빵나무·코코넛 과수원과 더불어 의례 기념물, 통로, 구획담장 등을 축조함으로써 생계자원 생산을 강화할 수 있는) 해안가나 유역 안으로 인구가 집중되었다. 소규모 체계로 이루어졌지만, 관개된 지대는 소유권이 방어되어야 할 만큼 생산성이 높아졌다.

이 무렵, 석조 축대를 갖춘 사원이 (의례 구조물로서) 축조되었는데, 이들은 토지와 집단 간 연결을 구현했을 듯하다. 국소 수장들은 그런 기념물을 축조하고 축제를 뒷받침하며, 당연히 공동체의 토지 및 관련 시설을 방어할 자원과 노동력을 동원하는 데에 이바지했을 것이다. 커치가 설명하였듯, (관개에 기반한 유역의) 습윤지대나 (관개를 할 만한 하천이 없는 지역에서 경작해야 했던) 건조지대의 영속적 공동체들이 연관된 전쟁 및 수장과 관련하여 무언가 다른 역할을 상상할 수도 있을 것이다.

수백이나 이삼천의 인구를 가진 새로운 정치체는 영속적 생산양식을 대변할 수도 있음이 제시된 바 있다. 마르키즈제도(1장 참조)와의 유사함에 비춰보면, 개별 유역이나 몇 유역의 군집은 별도의 국소 수장사회를 형성했을 것이다. 토지는 해당 지역의 가옥 군집이 영속적으로 소유했고, 개별 가족들은 그 일부에 대한 사용권을 가졌을 것이다. 유역별 정치체 간 전쟁이 만연했으며, 수장에게는 중요한 방어의 임무가 주어졌을 것이다.

방어시설의 부재는 언뜻 필적할 수장사회들에 대한 반작용처럼 보일 수도 있지만, 자연적인 계곡의 산악이 이웃 공동체에 대한 방어물로 작동했던 때문일 수도 있다. 그런데 침식 계곡이나 수계가 없는 지점에서는 관개가 불가했던바, 집단들은 건조농법을 위한 계단식 경작지를 구축했다. 낮은 인구밀도나 자연 방어물의 소산인 듯한 또 다른 특이점으로, 공동체 간 전쟁은 방책 내에 거주하는 영속적 마을을 창출하지는 않았다.

섬 전역에서의 수장연맹국가 형성

1650년 무렵까지는 섬 전역에 수장연맹국가가 형성되었다. 지배적 수장들이 원래는 별도의 계곡으로 나뉘어 있던 넓은 영토를 복속하기 시작했다. 정복을 통해 대수장들은 폴리네시아 고래古來의 혈통적 소유권을 폐지하고 봉건제적인 체제를 부여했는데, 일반민은 의무적으로 수장에게 노동을 제공함으로써 이전에는 계보 소유였던 토지에 대한 접근권을 부여받았다.

최초 접촉 시기의 토목경관

고고조사를 통해, 서구와의 첫 접촉 무렵 제도 전체에 현저한 토목경관이 이루어졌음을 알 수 있다. 광범위한 관개복합체와 건조지대의 계단식 경작지는 매우 인상적이다(그림 6.4). 수계가 확립된 곳에서는 충적 대지 및 인접한 사면의 거의 모든 지표가 관개에 이용되었다. 그런 관개체계는 계단식 경작지에 물을 대는 (종종 석축 벽으로 보완되기도 하는) 토축 수로와 보조

그림 6.4 **토란 담수경작지가 있는 하와이의 전통적인 관개체계.** 하와이 하날레이에서는 아직도 사용 중이다.

수로로 구성되었다. 그것들은 계단식의 담수 경작지로, 분리된 면들에 물을 채워 습윤성 토란을 키웠다.

계단식 경작지는 주로 돌이 포함된 벽으로 보강되었는데, 고고학적으로 인지될 만하다. 개별 담수 경작지는 물로 채워진 바닥의 주위를 흙둑으로 막는, 별도의 계단식 경작지였다. 둑은 통로는 물론, 다른 작물을 위한 공간을 만들어냈다. 카우아이의 하날레이Hanalei에 대한 현장 조사에서 촬영된 사진은 휴경부터 수확까지의 생장 단계별로 경작지의 모습을 보여주는데, 그런 단계화를 통해 거의 연속적인 생산이 가능하게 되었다. 토란은 지금도 시장에 팔거나 하와이 주민의 주식 및 루아우luau 잔치에서의 (포이po'i라는) 의례용 음식으로 이용할 목적으로 중요하게 재배되고 있다.

토란 경작지는 사면을 따라 계단식으로 낮아졌고 물은 흙둑을 절개해서 낸 자그마한 수로를 따라 평탄면에서 평탄면으로 흘러내렸다. 평탄면의 크기는 평균 $40~400\,m^2$로, 해당 관개체계에 따라 상당한 차이가 있었다. 대규모 계단식 경작지는 충적 대지에, 비교적 소규모 경작지는 작은 계곡이나 큰 계곡 안쪽의 산록 가장자리에 자리 잡았다. 작물과 노동력의 일정 문제로 인해, 비교적 작은 토란 경작지는 가족들이 개별적으로 쉽게 관리할 수 있어야 했을 것이다. (비교적 대규모 경작지가 있는) 계곡 하류역 일부의 관개체계는 잉여 전용이 목적인 수장의 관리에서는 분명히 핵심이었다.

관개는 하와이제도 전역에 존재했지만, 카우아이, 오아후Oahu, 서쪽 마우이 등 지질적으로 오래된 섬들에서는 압도적이었다. 많은 관개체계는 역사시대에도 계속 사용되었는데, 주로 논으로 전환되었고 일부는 현재까지 상업용 토란 생산에 활용되고 있다. 관개의 고고 잔적은 제도 전역에 불균등하게 분포하는데, 광활한 충적 저지로 이루어진 핵심지대에 집중되어 있다. 특히, 계곡이 가장 크고 많이 발달한 섬들의 북쪽 해안에는 토란 경작지가 계곡의 경계 사이로 바다까지 뻗어있었다. 양어장은 주로 해변의 산호초에 조성되었다.

관개의 범위는 인상적이지만, (비트포겔이 당초에 제안했던 바와는 달리) 중앙집중화된 관리의 필요성은 매우 적다. 개별 계곡은 많은 수의 분리된 소규모 관개체계로 구성되었다. 카우아이의 북쪽 해안에서 원사시대 관개체계는 (최대 14ha이지만) 평균 3ha 미만이었고, (최대 50가족) 평균적으로는 여섯 가족에 의해 경작되었다.

그런 소규모 관개체계는 가족의 협업으로 어렵지 않게 조성되었을 듯하다. 그레이트 마할레를 통해 농부가 자신들의 관개 경작지를 받게 되었을 때, 어떤 사람이 "우리는 이제 우리 땅의 관리자이다."라고 언급했음이 법적 문서에 기재되어 있는데, 역사시대 내내 그러하게 되었다. 범문화적으로 보건대, 그런 규모의 체계에 중앙집중화된 관리가 요구되지는 않았다. 대신, 수장의 관리는 잉여의 동원에 이바지했다.

광범위한 한전체계는 관개를 위한 하천이 없는, 하와이섬의 서쪽 사면과 마우이섬 동쪽에 정착되었다. 적절한 강수가 있는 중고도의 광대역에는 고구마와 건조성 토란의 계단식 경작지가 발달해 있었다. 개별 계단식 경작지는 거친 화산 사면을 개간하고 평탄화하여 영구적 농업을 위한 장을 마련하였지만, 곳곳에 있던 토란의 담수 경작지보다 위험성은 크고 생산성은 낮았다. 그런 계단식 경작지는 전혀 중앙집중화된 관리를 필요로 하지 않았으나, (분명히 수장의 지시 아래) 많은 수가 급속하게 조성되었다.

따라서 구축된 경관이란 담수 경작지 및 한전으로 한정되었다. 집약농업 시설은 매우 생산성이 높았으며, 통제하기가 쉬웠다. 전사들에 의해 방어되었던바, 그런 시설은 현물형 경제의 병목이 되었다. 정복 전쟁으로 그런 시설들을 탈취하였음은 물론, 수장의 관리로 더 많은 수가 축조되었던 듯하다. 수장은 (비옥하고 위험부담이 적은 농지를 개발하는) 본질적인 편의를 제공했으며, 대가로 정치적 재원이 될 현물을 받았다.

하와이제도의 보완적 이념 권력

하와이 국가의 진화는 높은 인구밀도, 농업생산시설, 강력한 고립성과 더불어 정복 전쟁을 통한 소유권 확보라는 부수적 역량에 의존해왔다. 그렇듯, 아시아적 생산양식의 기초가 되는 집약적 경관의 제도화된 소유가 세계 여러 초기국가 출현의 저변에 자리한다. 만이 기술하듯, 농부는 자신들에게 할양된 토지에 속박되었던바, 출구전략의 부재로 인해 농부들의 교섭력이 제한되었다. 그러나 수장은 일반민 노동력에 의존할 수밖에 없었던바, 저항을 무마하기 위해 해당 집단에 이바지해야 하는 압박을 받았다.

축조된 시설은 다른 권력 원천에도 연결되어 있었다. 여러 섬 전역에 흩어져 있던 많은 수의 종교적 묘당이 고고학적으로는 가장 압도적이다. 개별 공동체에는 그 의례를 위한 한 개 이상의 영구적 장소가 있어서, (의례적 생산양식에 부합하면서) 사람들을 그 자리에 묶어두었다. 크기와 노동력 투여가 달랐지만, 그 묘당들은 보통 (주로 벽으로 둘러싸인) 석축 축대로, 그 위에는 신성한 구조물과 (신의 세속적 현신인) 목상이 세워졌다. 여기서 (연례적인 마카히키의식 기간 동안) 풍요의 신인 로노의 세속적 현신이라 할 대수장에 대한 봉헌 등 공동체의 의례가 집전되었다. 비교적 작은 묘당은 어획의 신을 비롯한 신령들에게 헌정되었다.

공동체 사원의 건축은 고고학적 편년상 두 번째 시기에 비정되는데, 공동체에 기반한 계보가 이 시기에 나타났다고 여겨진다. 여러 섬 전역에 수장사회가 형성되면서, 사원의 위계는 권력의 정치적 위계를 구현하였다.

사원 위계의 정점에 있었던 유독 큰 구조물 몇몇이 마우이섬과 하와이섬에 축조되었다. 후자는 역사적으로, 해당 정치체가 전쟁으로 특징지어지던 섬의 대수장에 연관된 전쟁의 신, 쿠의 사원으로 기록되어 있었다. 중요하게도, 하와이제도 여기저기의 종교 기념물은 그 규모가 인상적이지만, (예를 들어, 4·5장에서 다루었던 미국 남동부나 근동의 도시국가에서와 같은) 다른 수장사회와 비교하면 사실상 크게 내세울 정도는 아니다. 수장사회에서 이념 권력의 역할은 매우 가변적이었다.

하와이 경관의 기타 물리적 표식에는 공동체가 인접 집단들로 나뉨을 표시하는 담장과 산지로부터 바다까지 공동체를 통합하고 연결하는 오솔길이 포함된다. 오솔길은 모든 공동체를 연결하고 대수장에 의한 연례적 마카히키 순방을 위한 건축을 형성하면서 섬들을 에워싼다. 방어시설은 전혀 없다. 취락은 산발적이며 소규모여서, 도시나 작은 읍에도 미치지 못했다. 방어에 대한 고려의 부재는 계곡을 이루는 산지의 자연스러운 방어적 지형과 정복 목적의 전쟁을 반영한 듯하다.

요점

하와이제도의 수장연맹국가에 대한 역사 기록은 섬을 돌아가며 파이 조각과 같은 모양으로 배치된 계곡 크기 정도의 공동체들이 이루는 개별 섬을 다스리는 신왕神王, god king(곧 대수장)들이 있는, 고도로 분화된 사회를 설명하고 있다. 접촉기 역사와 구술사는 높은 인구밀도, 집약화된 농업, 제도화된 권력을 지탱하는 현물형 재정 등에 기반한 아시아적 생산양식과 관련된 풍부한 기록을 제공한다. 수장은 일반민이 생계를 위해 이용하는 토지를 소유함으로써, 반대급부로 자신을 위해 잉여 생산의 의무 노동을 제공하게 한다.

이 모형은 흔히 도시국가로 판명되기도 하는 세계 곳곳의 농업기반 복합수장사회에 관한 그것과 유사하다. 그런데 섬이라는 극심한 고립성, 세계 무역으로부터의 소외, 시장의 부재, 도시 또는 규모가 큰 취락의 부재 등으로 인해 하와이 사례는 이례적이다. 잉여에 대한 반대급부로, 수장은 해당 주민집단에 (관개체계, 재난에서도 안전한 보금자리, 인상적인 의례 등의) 핵심적인 편익을 제공한다.

고고학적으로, 물리적 경관 축조는 영구적인 변형을 유발한다. 그런 자본 개선을 통해 정치 전략이 구현된다. 관개체계는 현물형 재정으로 뒷받침되는 정치경제가 기반하는 토지소유권이란 병목을 갖춘 집약·보속·생산적인 형태의 경제를 창출한다. 경작지, 가옥, 종교적 묘당, 오솔길 등에 대한 (토목)공사는 조심스럽게 권리와 책임에 기반한 사람-토지 관계를 시사한다.

정치경제는 그런 농업의 집중적이고 생산적인 특성 때문에 가능해진 수장의 소유권에 기반한다. 국가 영역이나 부상하는 세계경제 너머의 (대부분은 아니지만) 여러 수장사회는 집약적 농업생산과 현물형 재정 체제에 기반한다. 이런 유형은 현재 약탈, 무역, 이념을 통해 농업국가와 가깝게 연결된다고 여겨지는 저밀도의 복합화 유형과는 첨예하게 대비된다.

더 읽어 보기

Adams, Robert McC. 1966. *The Evolution of Urban Society: Early Mesopotamia and Prehispanic Mexico*. Chicago: Aldine. 아담스는 메소포타미아와 메소아메리카에서 상호 무관하게 등장한 국가들을 비교한다. 그의 접근은 새로이 부상하는 위계가 경제에 가한 통제를 설명하기 위해 취락분포 양상 분석에 치중하고 있다. 차일드가 표명했던 마르크스주의 접근법을 이어받았던바, 관개는 그 분석의 핵심에 있다.

Cook, James. 1967. *The Journals of Captain James Cook on His Voyages of Discovery, Vol. Ⅲ: The Voyage of the Resolution and Discovery, 1776–1780*. Edited by J. C. Beaglehole. Cambridge, UK: Cambridge University Press. 쿡은 영국 해군 장교이자 태평양 탐험가였다. 이 항해 일지는 그의 발견을 자세히 다루고 있는바, 커다란 관심 속에서 신속히 발간되었다. 이는 당시 독립적으로 세계체계를 발달시켰던 하와이 사회의 발견에 대한 직접적인 진술이다.

Earle, Timothy. 1978. *Economic and Social Organization of a Complex Chiefdom: The Halelea District, Kauaʻi, Hawaii*. Anthropological Papers No. 63, Museum of Anthropology, University of Michigan, Ann Arbor. 얼의 박사학위논문에 기초한 이 전문서는 하와이 수장사회의 진화에 있어 (관개, 무역, 전쟁 등) 동인을 강조하는 기능주의 이론의 부적합성을 보여주는 초기 연구를 제시한다.

Earle, Timothy, and David Doyle. 2008. The Engineered Landscapes of Irrigation. In *Economies and the Transformation of Landscape*, edited by Lisa Cliggett and Christopher A. Pool, pp.19–46. Lanham, MD: AltaMira Press. 해당 장은 기조연설에서 발췌되었는데, 정치적 복합화가 나타나는

과정에서 관개가 중요했던 하와이 복합수장사회의 발달을 미국 남동부와 비교하고 있다. 토목경관 및 부수하는 소유관계의 역할이 강조되고 있다.

Falconer, Steven E., and Charles L. Redman (editors). 2009. *Polities and Power: Archaeological Perspectives on the Landscapes of Early States.* Tucson: University of Arizona Press. 이 편서는 메소포타미아 가장자리에서 레반트Levant를 따라 발달했던 도시국가들을 비교하고 있다. 장들은 수장사회 규모의 초기 정치체와 관련된 인위적 경관을 기술하고 있다. 팔코너와 새비지가 공동 집필한 장이 특히 유용하다.

Handy, E. S. Craighill. 1940. *The Hawaiian Planter, Vol. 1.* Bulletin No. 161, Bernice Pauahi Bishop Museum, Honolulu. 핸디의 연구논문은 토란 재배의 전통적 관행에 관해 기술하고 있다. 이는 연로한 하와이 농부들과의 면담(조사)에 기반하고 있는데, 역사시대에 한정하여 여러 전역으로 확산한 관개체계를 기술하고 있다.

Kirch, Patrick V. 1994. *The Wet and the Dry: Irrigation and Agricultural Intensification in Polynesia.* Chicago: University of Chicago Press. 커치는 현재 가장 선도적인 폴리네시아 선사시대 연구자로, (하와이, 마르키즈, 라파누이Rapa Nui, 티코피아 등) 태평양 제도를 가로지르는 광범위한 고고학 연구를 해오고 있다. 그의 초기 연구에 기초하여, 이 책은 전쟁과 폴리네시아 수장의 확장을 연결하고 있다.

Kirch, Patrick V. 2010. *How Chiefs Became Kings: Divine Kingship and the Rise of Archaic States in Ancient Hawai'i.* Berkeley: University of California Press. 커치는 신성한 왕권의 등장과 하와이 고대국가의 흥기에 관한 민족지 및 고고학 증거를 기술하고 있다.

Ladefoged, Thegn N., and Michael W. Graves. 2008. Variable Development of Dryland Agriculture in Hawai'i: A Fine-Grained Chronology from the Kohala Field System, Hawai'I Island. *Current Anthropology* 49: 771-802. 래드포그드와 그레이브스는 하와이 선사시대에 관한 폭넓은 경험을 가진 과정(주의)고고학자들이다. 하와이제도에 속한 하와이섬의 한전 농업에 관한 래드포그드의 연구는 폴리네시아의 정치적 진화에서, 관개의 중요성을 낮게 평가했던 커치의 관점에 증거를 제공하기도 한다.

Wittfogel, Karl. 1957. *Oriental Despotism: A Comparative Study of Total Power*. New Haven, CT: Yale University Press. 국가 진화의 수리 가설에 관해 이론적으로 소개한 고전이다. 본질적으로, 관개체계 축조와 유지의 필요조건은 국가 관료주의에 의한 중앙집권적 관리라고 여겨졌다. 이 책은 고대국가와 관개의 밀접한 연관에 대한 비교문화적 서술을 제공한다.

Yoffee, Norman. 1993. Too Many Chiefs? Or Safe Texts for the '90s. In *Archaeological Theory: Who Sets the Agenda?* edited by Norman Yoffee and Andrew Sherratt, pp.60-78. New York: Cambridge University Press. 요피는 국가 사회의 단계적 발달에 있어 진화상 한 형식으로서 수장사회에 대해 강력한 비판을 제시한다. 그는 초기 메소포타미아를 특징짓는 도시국가야말로 국가의 전조라고 믿는다. 더욱이 그는 수장사회가 일탈적인 사회구성체였다고 주장한다.

07
약탈적 생산양식과 재부형 재정
Predatory Mode of Production and Wealth Finance

인구밀도가 낮은 곳에서 약탈적 생산양식은 재부 유통의 통제에 기반했다. (개인의 지위나 직위를 표시하는 물품, 무기, 의례 장구 등을 포함한) 최고급 물품의 유도된 흐름과 분배를 강조하는바, 이 생산양식은 위신재경제로 불려 왔다.

이 공동체들은 전형적으로 분절 또는 가문 사회였는데, 생활의 수단을 스스로 통제함으로써 가족 집단들이 대체로 자신들의 운명을 결정할 수 있었다. 수장이 너무 많이 요구하면, 가족들은 간단히 떠나버릴 수 있었다. 구심적인 통솔권이 해양이나 목축 사회에서는 형성되기 어려울지라도, 부상하던 세계경제와는 연결되기도 하였다. 정치경제는 위신재, 무기, 노예 등에 대한 유통통제로 수장 권력을 뒷받침할 수 있었다. 고가이면서 양도할 수 있는 물품을 통제함으로써, 지도자들은 산발적이던 집단을 합병하여 수장사회 규모의 정치기관을 창출했던 수장체를 확립하였다. 특수 물품에 의해 창출되는 흡인력이 핵심이었다.

재부 흐름의 통제

재부의 흐름이 수장에 의해 어떻게 통제되었던지가 문제일 것이다. 그런 문제는 병목이 만들어지는 특정 상황에서 수장의 역량에 의해 해결될 것이다. 그러한 병목에 대한 이해가 재산권을 농지 소유권 자체로부터 분리하여 교역의 기술이나 지점으로 전화시킨다. 이런 맥락에서 특수 물품은 선물교환을 통해 사람들을 수장에게 매이게 했다.

도시국가의 주변에서는 (주로 항해를 위한) 선박 또는 (말, 낙타, 당나귀 등) 운반용 가축의 소유권이 기업적 약탈이나 무역에서의 병목을 유발하였다 —아니면, 강, 산길, 교역로에 대한 입지상 소유권(과 방어)이 수장으로 하여 자신의 거점을 통과하는 물품 일부를 편취할 수 있게 했다. 두 가지 병목은 약탈, 이동 물품의 보호 및 교역거점의 방어에 주목하는 전사 세력에 의존하였다. 수장은 공동체 영토의 수호자 역할에 가까운 숭고한 전사로서의 특수 지위를 차지했다.

재부에 기반한 수장사회는 위신재 배분에 연결된 지위 구분을 기초로 한다. 고고학적으로, 약탈적 생산양식 내에서 작동하는 수장의 표식은 여타 수장사회의 생산양식과는 첨예하게 대비된다. 기념물 축조의 중요성보다는 (분묘에서 발견되는 바와 같은) 특수 물품의 소유가 개인의 차별성을 규정한다. 이러한 정치공동체는 비교적 소규모의 북·중 유럽 수장체에서부터 확장적인 중앙아시아 이목 제국에 이르기까지 매우 다양하다. 그러한 생산양식은 세계경제와 연결되었기 때문에, 특히 도시국가의 주변에서 구대륙을 특징지었다. 하지만 좀 더 제한된 정도나마 그런 생산양식이 (파나마 수장사회에 대한 역사 기록에 묘사된 대로) 신대륙에도 존재하기는 한다(1장 참조).

약탈적 생산양식에 대한 이해는 게르만적 생산양식에 대한 마르크스와 엥겔스의 모호한 생각에 기초하고 있다. 당시 유럽의 생각에 따라, '민주적인' 게르만적 생산양식Germanic mode of production은 전체주의적인 아시아적 생산양식과 대조적으로 개념화되었다. 게르만적 양식에서 정치경제는 방어와 분쟁 해결을 목적으로 수장층에 의해 간헐적으로 조직되는 독립 농장들에 기반한다고 여겨진다. 길먼은 부족 집단에 내재한 독립적인 생산 단위를 형성하는 자치적인 가구들로 구성된다고 그 특성을 요약하고 있다. 통솔권은 약하지만, 권위의 세습에 기초하고 있었다.

유럽 청동기시대 스칸디나비아의 산발적 취락체계는 그런 모형에 부합한다. 그런 사회들은 권위부재로 묘사될 만한 요소를 가지고 있었다. 그런 모형은 태평양과 동남아시아 섬들의 오스트로네시아인, 아이슬란드의 바이킹, 미국 북서해안 사회들을 분석하는 데에 활용된 최근의 가문사회 개념과 많은 공통점을 보인다. 기본적으로 그런 사회들은 유약한 정치제도에 내재한 독립적 사회 단위로 조직되었다. 그 사회들은 (프리드가 '계층화된 선국가사회stratified pre-state society'라고 불렀던 대로) 핵심 자원에 대한 차별화된 소유권에 기반하였던바, 계층화되었으되 구심력은 약했다.

그런 사회들은 재부의 유통을 통제하면서 광역적 수장사회로 발돋움할 수 있었을 것이다. 수장은 특수 물품으로 표시되는 전사 계급을 창출함으로써 독립적 가구들을 광역적 수장체로 끌어들였다. 무기와 재부를 권력과 구분의 상징으로 활용하면서, 수장은 결속의 매개인 그런 지위 물품을 획득·사여賜與하였다. 이런 양식은 이목이나 해양 경제에서 보이는 높은 이동성에 기반하였는데, 전근대사회에서 필수품 유통에 대한 약취는 해적질로 불리어왔다. 특히 도시국가가 필요로 했던 노동력인 노예의 포획과 교역을 공통적인 특징으로 하기도 한다.

바이킹시대 및 청동기시대 스칸디나비아의 수장사회

약탈적 생산양식의 특별한 사례로서 (북유럽의 바이킹시대 및 청동기시대 사회로 예시되는) 해양성 수장사회maritime chiefdom는 링Johan Ling·크리스티안센·얼이 해양성 생산양식maritime mode of production으로 기술하는 바를 보여 주고 있다. 스칸디나비아 청동기시대 전사들은 금속, 직물, 노예, 외래품 등의 국제교역에 관여하면서, 사회 내에서 지배적이며 부분적으로 독립적인 지위를 얻게 되었고, 수장체와 수장연맹이 형성될 수 있게 하였다. 동시에, 그런 전사 집단은 개인적 차별을 추구하면서 정치적 관계를 해체하는바, 항상 분열적이었다. 해양성 생산양식 설명모형은 무역의 세계체계와 당시 유라시아 곳곳에서 등장한 정치적 관계에 연관된 구심 및 원심적 세력을 병합하고 있다.

신석기시대에 연원이 있는 스칸디나비아의 해양성 경제는 가축 약탈이 횡행하던 강한 농목혼합구역에 연결되어 있었다. 청동기시대를 특징짓고 이어서 바이킹의 사회구성체를 강화했던 특별한 경제양식으로 여겨진다. 해양성 생산양식을 위한 설명모형을 구축하기 위해서 바이킹시대에 대한 요약과 그 풍부한 기록으로 시작하게 된다. 다음으로 청동기시대와 관련해서는 스칸디나비아의 고고학적 증거를 살펴보면서 그런 경제양식의 등장에 관한 설명모형을 만들게 된다.

바이킹시대: 통시적 개관

바이킹사회는 포악하고 야만적이었던 북유럽을 상징한다. 호전성은 전사의 의상과 무기에 의해서, 약탈과 수장을 위한 복무로 얻어진 재부에 의해서도 드러난다. 그러나 바이킹은, 여러 세대에 걸쳐 자신들의 농토에 매인 자유 농경민이기도 했으며, 그 일부는 유럽 사람 중에서 가장 유명한 시인이었다. 선박과 농장은 가문처럼 두 가지 기초적인 단위를 구성했다. 개별 단위는 구성원 개인의 이해에 따라 결합하거나 분리하면서 분절적 체계 내에서 작동했다. 태생적으로 원심적이었지만, 지역적으로 계층화된 수장권은 세습 귀족, 유명한 전사들, 자유농민, 노예 등을 유지했다. 개인적 동기, 항해, 잉여 추출, 재부의 유통 등은 원심력과 위계 사이의 균형을 창출했다.

독립부락

게르만적 양식과 부합하게, (스칸디나비아 사회의 기층 단위인) 농장이 주된 생산 단위였다. 볼렌더 Douglas Bolender는 (각 농장은 생계에서의 상대적 자치성, 농장 위에 축조된 조상의 무덤으로 구현되는 세습적 토지권, 불균등한 농장 규모에 따라 형성되는 사회적 불평등을 갖는다는 점을 염두에 두면서) 개별 아이슬란드 바이킹 부락이 가문사회 조직을 반영한다고 설명하고 있다. 바이킹 가옥의 구조는 그 면적에서 상당한 차이가 있으며, 풍요로운 집안의 목조 가구架構는 복잡하고 아름다운 동물 및 신화적 문양으로 정교하게 조각되었다.

현대 도시를 운전하면서 돌아다녀 봐도 그러하듯, 사회적 위계 내에 특정 농장을 자리매김하기는 쉽다. 토지가 없는 사람들은 조잡한 오두막에 살았고, 자유농민은 보통의 집에 살았으며, 수장층은 손님과 지지자들을 대접하기에 충분할 커다란 저택에 거주하였다. 수장의 농장은 전사나 장인을 끌어들일 만한 잉여를 산출하기 위해, 노예를 비롯한 속박된 노동력이 경작하는 비옥한 토지를 보유했었다. 친족을 비롯한 사람들과 개인적으로 지원의 연결망을 구축함으로써, 수장은 소지역을 아우르는 정치적 지지를 만들어냈다.

수장의 농장에서 산출되는 농업적 잉여는 금속과 노예 획득을 위한 해상 활동을 뒷받침한다. 아랍, 프랑크족, 영국의 기록은 바이킹을 값진 금속, 주로 은에 이끌린 약탈자로 묘사했다. 약 80만 개의 은화가 스칸디나비아에서 발견되었는데, 이는 사실상 그 원산지에서 발견된 것보다 더 많다(그림 7.1). 이런 귀중품은 수장이 전사를 끌어들이거나 연맹을 수립하기 위하여 사여되었다.

바이킹시대가 끝나갈 무렵, (스칸디나비아, 아이슬란드, 영국, 아일랜드, 프랑

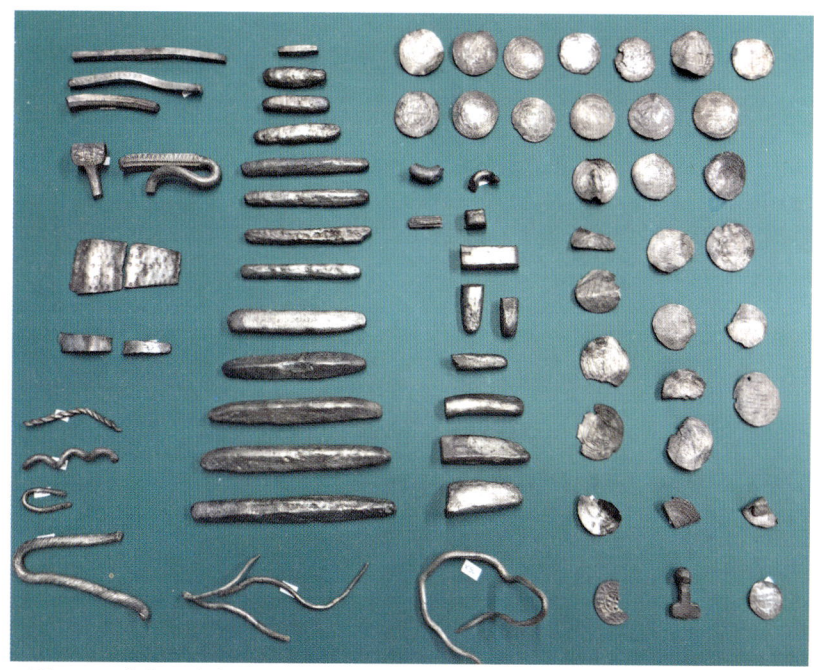

그림 7.1 덴마크 아이스트룹Ejstrup에서 출토된 바이킹의 은제 퇴장물(1000년경). 30개의 (이슬람 동전인) 디르함dirhem, 2개의 독일 동전, (동전을 녹인 듯한) 다양한 금·은괴, 몇몇 파편 및 토르Thor의 망치 등이 포함되어있다. 덴마크 스키우아Skiva에 소재한 살링박물관Museum Salling 고고부의 크리스티안센Inge K. Kristiansen이 사진 제공.

스 등 지역의 일부를 일정 기간 지배했던) 강력한 수장은 정복과 식민지 구축을 통해 자신들의 왕국을 확장하기 위하여 함대와 군대를 소집하였다. 국가 수준의 사회는 마침내 항구, 해안의 시장 중심지, 새로이 수립된 기독교 교구의 교회와 성당 등으로 이루어진 복합체를 건설하였다.

해상무역과 약탈

약탈과 후속하는 교역에서 얻어진 재부는 선박 건조 및 재화, 정복지, 식민지 등을 찾는 원거리 항해를 뒷받침하였다. 수장이 아닌 사람도 선박을 건조하고 선원을 구할 수 있었(고 또 그랬)겠지만 병참학적 어려움으로 인해 선박 건조와 항행의 후원은 수장에게 유리했고, 선박을 소유한 수장은 항행으로부터 정치적 자본이 될 재부를 축적하였다. 커다란 수장의 배는 노와 돛을 활용하여 빠르게 원양 및 강변으로 항행을 할 수 있었다. 그런 배들은 용골龍骨과 중첩된 판목, 위로 뻗은 선미, 신화적 동물로 조각된 선수를 갖추고 있었다. 길이가 $30m$를 넘는 수장의 배는 약탈-교역 항행에서의 잠재적 보상에 이끌린 소규모 선박들의 전대를 선도했다.

스웨덴과 노르웨이 북부에 집중되었던 해사구역海事區域, maritime sector은 삼림 목재, 숙련된 목공, 해양에서 훈련된 선원 등을 제공하였다. 선박 건조의 요건을 추정하려는 실험고고학 연구에서는 $30m$ 길이의 항해용 선박은 1년 동안 대략 1백 명이 작업하는 정도의 상당한 노동력 동원이 필요했음을 보여주었다. 선박용 목재로 쓰일 큰 나무를 벌채·운반함은 물론, 나무와 (돛을 만들기 위한 모직물과 타르 등) 여타 재료를 다루는 전문가에게 보상해야 하는바, 선박 건조는 복잡하고 고비용이다. 그런 작업은 세심한 조정을 요한다.

게다가, 4개월 동안 그런 배를 타고 바다로 향한다는 사실은 70여 명의 남성이 자신들의 농장을 떠날 만큼 매료되고, (항해 중) 부양되고, 배당 및 수장의 증여로 보상받을 수 있었음을 의미한다. 대형 선박의 건조와 항행을 뒷받침하는 데에는 큰 비용이 소요되었는바, 수장만이 이런 정치경제라는 경기의 중심 선수가 될 수 있었다.

선박 건조 및 원거리 약탈·교역을 위한 집단을 현실화하기 위해서는 노동력이 야외작업에서 항행으로 전환되어야만 했다. 역사 기록에 묘사된 바에 따르면, 노예가 농장 일을 수행함으로써 노동력의 틈을 메웠다. (다양하게 분류되는) 그 노동력에는 격한 경작, 가축 몰이, 집안 허드렛일, 농장 관리 등이 포함되었다. 노예 노동력을 활용하면서, 자유농민과 전사들은 자신들뿐만 아니라 수장의 사회적 입지와 자본을 신장시켰다. 스칸디나비아의 노예는 일반 농장에는 그리 많지 않았지만, 수장의 농장은 더 많이 소유했다. 이점이 중요한데, 여성은 전사는 아니었지만 높은 지위를 가졌으며, 농장에서 모든 활동을 관장했다.

바이킹에게 있어 중요한 필수품으로서 노예는 가내 활용뿐만 아니라 국제무역을 위해서도 선호되었다. 바이킹은 서유럽, 발트해 또는 슬라브지역 어디로든 이동하면서, 사람들을 잡아 노예로 팔았다. 그들은 금, 은, 청동 및 옛 스칸디나비아 자료에 기록된 여타의 값진 필수품을 얻기 위해 노예를 팔았다. 프라이스Neil Price가 간략히 묘사한 대로, 약탈은 노예 포획을 위한 것이며, 노예 포획은 무역을 위한 것이다.

수장들(만)이 많은 배를 소유했던 탓에, 노예, 금속, 무기 등의 유통은 그들의 손을 거치면서 불균형적으로 유도되었다. 그런 귀중품으로 수장은 자신의 지원 연결망을 구축할 수 있었는데, 물품을 배분함으로써 사회적 지위를 표시하고, 전사를 무장시키고, 장인에게 공구를 제공할 수 있었다. 왕, 귀족, 수장은 전문장인으로 하여 직접 소비는 물론, 특별한 선물 용도의 귀중한 금속, 직물을 비롯한 지위 표시 물품 등을 생산하게 했다. 궁극적으로 전문화된 제작은 왕의 통제 아래 있던 중심지에서 이루어졌지만, 지방의 수장 역시 수공 생산을 후원했다. 이런 상황은 정치경제가 심하게 중앙집중적이지는 않았으며, 예비 수장들로 하여 권력과 위세를 추구할 수 있게 했음도 알려준다.

요컨대, 바이킹 수장사회는 재부 축적이나 선물교환을 통해 권력 연결망을 구축할 수 있는 분절적 정치체였다. 육상구역과 해사구역은 광역적인 경제로 통할 수 있게끔 분리되었으되, 보완할 잠재력과 기술을 보유했었다.

토지에 기반한 구역에서 모든 농장은 노예를 통해 노동력을 생성했다. 더 크고 더 비옥한 수장의 농장은 전사나 장인, 의례 전문가 등을 뒷받침하고 선박 건조나 승무원 배치를 후원하는 데에 쓰일 잉여를 생산할 노예와 하인의 노동력을 축적했다. 연구자들이 믿듯, 이런 해양성 생산양식은 청동기시대에 이르렀을 스칸디나비아 선사시대에 그 연원이 있다.

스칸디나비아의 초기 청동기시대: 고고학적 증거

스칸디나비아 청동기시대에는 링·얼·크리스티안센이 수장연맹으로 연결되었다고 주장하는 두 지역인 티와 타눔Tanum에서 해양성 생산양식의 형성이 보인다. 이 무렵, (특히, 금속의) 원거리 교역이 유라시아를 가로질러 등장하였는데, 공동체들이 먼 곳으로부터의 금속 공급에 의존하게 됨으로써 새로운 세계질서가 창출되었다. 국제적 상호의존이 있었던바, 청동기시대는 의미심장한 경제적 혁명으로 특징지어졌고, 새로운 경제 상황이 유럽 전역에서 50%의 인구 증가를 추동했다. 북극 지대에 자리 잡았던바, 스칸디나비아는 변경처럼 보였지만, 사실과는 거리가 멀었다. 금속 재부의 집중, 수장의 대규모 농장, 인상적인 매장 경관 등을 갖춘 놀랄 만한 사회가 거기에 있었다.

청동기시대 북구 수장사회를 이해하기 위해, 한 걸음 떨어져 앞선 역사를 요약해보자. 4장에서 서기전 4천 년 기(서기전 4000~3000년)의 전기 신석기시대를 살펴보았다. 서기전 3천 년 기(서기전 3000~2000년)에 (매듭무늬 토기corded ware, 새로운 무기, 주로 봉분 아래 복수의 단장單葬 무덤 등) 다른 문화적 조합을 가진 종족이 확산함에 따라 그 전기 신석기시대 공동체 대부분이 사라졌다. 최근의 DNA 자료는 그 종족이 이목 경제를 영위했던, 초원에서 온 이주민들이었음을 보여준다. 그들은 선주민을 절멸시켰던 듯하다.

스칸디나비아에서 이 새로운 문화는 (주로 하나의 봉분 아래 있는 단장의 남성 무덤들에 부장된) 전부戰斧, battle axe와 재지의 호박琥珀 장식이 부장된 여성 무덤으로 표지된다. 주거에 대해서는 거의 알려진 바가 없고, (높은) 이동성을 시사하듯 가옥은 확실히 매우 임시적이었다. 이 시기 화분 자료는 분명히 가축용 목초지를 조성하기 위해, 불 지르기를 통한 급속한 삼림 개간이 이루어졌음을 보여준다. 그 새로운 사회는 분절적이었던 누어족(1장 참조)과 유사할 것으로 추정해본다. 남성은 지위를 확립하기 위해 가축을 약탈한 전사였고, 외부로부터 사회적 분절의 방어를 담당했었다.

석검기Dagger Period로 불려 온 서기전 2000년 무렵, 스칸디나비아에서는 해양에 변화가 일어났다. 새로운 무기, 곧 지위의 상징과 함께 살상력도 지닌 매우 정교하게 제작된 플린트제 단검이 특히 주목할 만하다(그림 7.2). 전사의 무덤에서 발견되는 석검은 (장식적인 긴 병행 떼기를 할 수 있는 고도로 숙련된 전문가가 제작했던바) 매우 특이했다. 그 외의 변화로는 원거리에서 획득된 많은 양의 금속기, 지위를 표시했던 재지 호박 활용의 중단, 농가 전

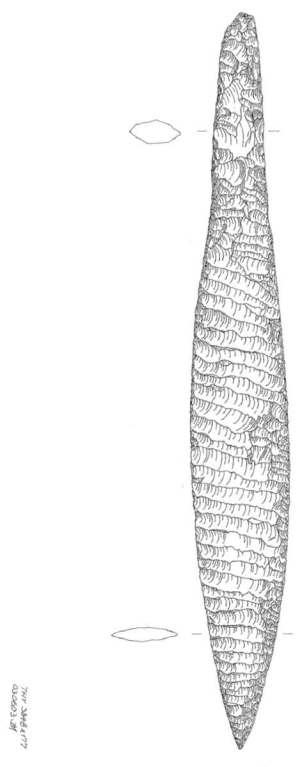

그림 7.2 정교하게 제작된 플린트제 단검. 티 비스뷔Visby의 분묘에서 출토되었다. 이런 석검은 스칸디나비아 남부에서 제작되어 광범위하게, 특히 양질의 플린트가 부족한 북쪽으로 교역되었다. 〈티 고고조사사업〉을 위해, 티스테드박물관Thisted Museum의 묄러Beth Møller가 도면 제작.

통의 형성 등이 있다. 유럽의 하천과 해안을 통한 이주, 화염 전문가가 결부된 금속 기술의 발달, 새로운 선박 기술을 갖춘 국제무역의 확립, (게르만적 생산양식과 연관된) 산발적인 농장 전통을 반영하는 벨-비커Bell-Beaker 현상 등이 이 시기와 연관된다.

후속하는 전기 청동기시대(서기전 1500~1100년)에는 개별 농장들, 농장이 바라보이는 구릉 정상에 있는 봉분, 가옥과 봉토분 크기에서의 위계, 일부 무덤과 퇴장退藏 유구에서 나타난 인상적인 금속 재부의 집중 등이 보이는 해양성 생산양식이 구현되었다. 경제는 $1km^2$당 농장 하나 정도로 현저하게 낮은 인구밀도를 부양하는 농목혼합형이었다. 연관된 봉토분은 토지의 소유권이 여러 세대에 걸쳐 세습된 독립 농장을 가진 가문에 기반했음을 시사했다.

링·얼·크리스티안센은 정치경제의 변형에 수장의 농장들이 주도한

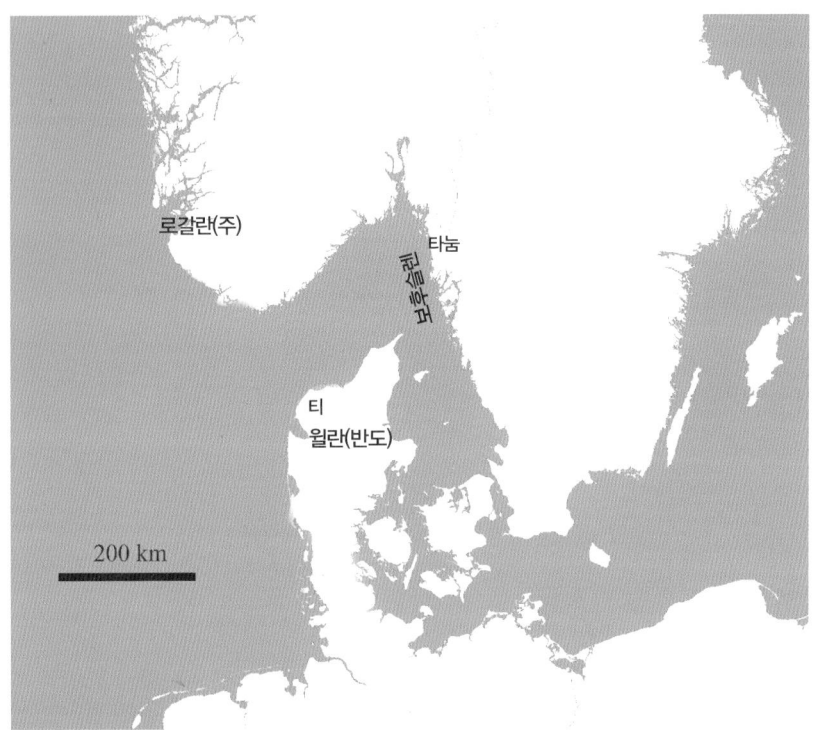

그림 7.3 스칸디나비아 남부 지도. 덴마크 윌란반도의 빙적토양지대에 있는 티와 스웨덴 서부 해안 암석지대에 있는 타눔의 위치를 보여준다. 링이 도면 작성.

집약화가 결부되어 있었는데, 그를 통해 항해용 선박과 (무역상과 같은) 경제 촉진자나 (습격자 등) 약탈자의 연결망 개선이 재정적으로 뒷받침되었다고 주장한다. 그 결과로 정치적 변화가 결부된 새로운 경제가 구축되었다. 스칸디나비아의 세장가옥細長家屋, longhouse, 봉토분, 금속 재부 등은 단일 고고 문화를 지시하지만, 국소적으로 특화된 정치경제와의 연결은 매우 분명하게 구별되는 정치구성체에 맞도록 각각의 병목을 창출하였다.

그런 주장은 (분묘의 현저한 밀집과 재부의 집중이 보이는 스칸디나비아 남부의 티와 풍부한 암각화와 재부의 상대적 결핍을 보이는 북부 스칸디나비아의 타눔이라는) 두 상호보완적인 지역에서의 고고조사에 기반한다(그림 7.3). 이들 지역은 수장연맹으로 연결되었을 듯하다.

남부의 초기 청동기시대: 덴마크의 티

티는 (독일 북쪽에서 북해까지 뻗은) 윌란Jutland반도와 (스웨덴 남쪽에서 발트해까지 뻗은) 스카니아, 그 사이의 여러 섬을 포괄하는 스칸디나비아 남부의 농업적 풍요로 특징지어진다. (낮고 완만한 구릉, 빙퇴석, 빙하성 유수 퇴적평야, 융기한 해저면, 해식애海蝕崖, 사취砂嘴 등 주빙하周氷河경관의) 이 지역은 중세에 덴마크왕국이 되었다.

경작을 통한 잉여 생산

청동기시대 동안, 티의 주된 생계전략은 농목혼합이었다. 경식 사질토는 목초지와 곡류 경작에 이상적이다. 집약적 경작기법이 요구되었던바, 당시에는 점토질 토양이 기피되었다. 농장은 경식 토양에 자리했으며, 해안이 멀지 않았다. 생계 관련 유체에는 해양자원이 드물지만, 해양 활동은 매우 활발했었을 듯하다.

특히 티에서는 폭풍이 지나간 후 해안선을 따라 호박이 드러난다. 석회암지대의 외딴 노두는, (석검기부터 이어져 온) 정교한 석검과 튼튼한 돌낫을 제작하는 장인이 이용하던 플린트의 중요한 원산지였다. 호박, 플린트제 도구 또는 가축의 가죽도 티의 수출품이었다. 호박은 유럽 전역에서 귀중 품목으로 역할을 했고, 플린트제 단검은 이 시기의 이른 단계에, 북방에 이르기까지 청동제 무기의 대체품이었으며, 돌낫은 농업집약화에 폭넓게 이바지했다.

3열 복도를 갖춘 세장가옥은 농장의 중심이었다. 대부분의 세장가옥은 대략 길이 18m, 너비 8m에 이르렀는데, 지붕을 받치는 2열의 주 기둥과 초벽을 지탱하는 보조 기둥을 갖추었다. 일부는 훨씬 더 크기도 하였다. 중심지나 마을은 존재하지 않았지만, 농장 가옥에서 보이는 차이는 (수장의 회당, 자유농민과 전사의 거주지, 하인이나 노예에 속하는 듯한 빈한한 가구 등으로) 사회적 분화를 반영했다. 〈티 고고조사사업〉을 통해 길이가 30m가 더 되며 지붕을 떠받치는 육중한 기둥과 판목으로 축조된 수장의 회당 2기가 발굴되었다. 이런 인상적인 건물에는 바이킹 회당임을 알리는 전문가의 조각이 있었다.

여타 수장제 경제양식과 현저한 토목경관이 결부된 양상과는 대조적이게, 스칸디나비아에서는 축조된 경관이 뚜렷하지 않았다. 주식 생산에 있어 주된 개선은 목초지를 위한 개간, 쟁기질, 토양비옥도를 높이기 위한 가내 부산물의 뿌리기 등이었을 듯하다. 티에서 방어시설은 보이지 않았다. 의례 구조물은 (봉토분을 제외하면) 소규모여서 가족 의례용이었을 듯하다. 축조된 경관에는 단지 농장 가옥과 그에 상응하는 봉토분만이 포함되었다.

커다란 회당과 현저한 매장기념물은 엄청난 노동력을 요하는바, 연구자들은 성공적인 농장이 잉여를 관장하는 수장의 근거지가 되었다고 추정한다. 농장이 굽어 보이는 야트막한 티의 언덕들에는 수천 기의 (봉분을 갖춘 수장, 전사, 자유농민 등의 무덤인) 봉토분이 있었다. 대다수는 높이가 2~3m, 지름이 15~20m 정도이지만, 소수의 대형 무덤은 높이가 5m를 넘어 경관 속에서 현저하게 서 있었다.

전사 귀족

전사적 기풍은 북유럽 청동기시대 특유의 것이다. 이 전사적 전통은 전부문화Battel Axe Culture 또는 석검기 문화와 직접적인 연속성을 갖는다. 청동제 장검과 단검, 덜 보편적으로는 도끼, 화살촉, 창 등의 무기는 흔히 단독묘나 퇴장유구에 들어 있었다. 이들은 노련한 전사의 개인적 무기였을 듯하다.

북유럽 사회에는 (고도로 정교한 장식용 검을 가진 수장, 여기저기 손상이 보이고 재가공된 전투용 검을 가진 전사, 자유농민 등 소수만을 포함한) 전사 귀족정치가 있었다. 아마도 예상하지 못했을 듯싶은데, 이런 무기류의 존재가 방어시설에 관련된 증거 없이 발견되었다. 이런 양상은 전사들이 영토에 대한 국소적 방어보다는 주로 원거리 약탈에 연관되었음을 보여준다고 해석될 수 있다(4장 참조).

청동기시대 동안 스칸디나비아는 금속 재부에 관한 한, 유럽 전역에서도 가장 부유한 지역에 속했다. 그 외의 재부로는 모직물, 여러 특이한 물품 등이 있는데, 대부분 보존이 거의 완벽하게 이루어지는 참나무 관을 쓴 무덤에서 발견된다. 지역적으로 이 귀중품들은 남부지역, 특히 윌란반도와 주변 섬들에 집중되었다. 금속기의 풍부함에서 보이는 특이사례로 (윌란반도 북서해안에 있는 조사지역인) 티를 들 수 있는데, 양식적으로 III기Period III(서기전 1300~1100년)에 속하는 청동기 조합에서 검파 하부가 돌출한 (전사의) 검과 장식적인 검파를 갖춘 (수장의) 검, 양자 모두의 급격한 증가가 보인다.

청동검의 높은 비율은 청동기시대 스칸디나비아 사회의 전사적 기풍을 보여준다. 청동은 모든 자유농민과 전사의 봉토분에 부장되었다. 전 인구 중 분명하게 농장을 소유했던 (20% 정도의) 일부가 봉토 내에 매장되었다. 가옥과 봉분에 대한 노동력 투여의 차등과 연관되듯, 소수의 수장이 엄청난 재화를 통제했었다.

장거리 교역의 중요성

이런 재화는 주로 원거리 수입품이었다. 대부분 물품이 본토에서 (부속된 전문장인에 의해) 제작되었지만, 금속 재부가 토산 원석에서 얻어지지는 않았다. 티에서 출토된 전기 청동기시대 스칸디나비아 금속에 대한 납 동위원소분석은 모든 청동기가 수입된, 주로 대서양 교역망을 통해 전달된 금속으로 만들어졌음을 보여준다. 윌란반도 해안의 티는 선박을 통해 운반된 금속의 통과 구역으로서, 유리한 위치를 점하고 있었다. 해류의 도움으로 영국제도로부터 윌란반도를 거쳐 스웨덴 서부와 남동 노르웨이에 도달하는 해로가 분명히 존재했다.

현대까지 어부들은 시간과 노력을 아끼기 위해 이 해류를 이용했는데, 청동기시대 선원들도 그 혜택을 누렸을 듯하다. 그렇다면, 항해용 선박에 대한 고고학적 증거는 무엇인가? 윌란반도, 좀 더 일반적으로는 스칸디나비아 남부에서 활용할 만한 것이 없는데, 청동기시대의 집약 농경으로 인해 선박 건조에 적합한 목재가 고갈되었기 때문이다. 그와는 다른 자원을 통해 수장이 보완적인 해양 기반 세계를 창출했던 좀 더 북쪽에 주목해야 할 듯하다.

그러나 여전히 핵심적인 질문이 남는다. 티 그리고 좀 더 일반적으로는 스칸디나비아의 청동기시대 수장들이 어떻게 유럽의 변두리에서 금속을 비롯한 재부를 입수할 수 있었을까? 이에 대해서도 고고학적 증거는 희박한바, 유럽 다른 지역과 비교하여 무역상 이득을 창출할 수 있었던 조건을 확정하기 위해서는 모형화 작업의 역할이 중요해진다.

북부의 초기 청동기시대: 스웨덴의 타눔

타눔은 스웨덴 서부 해안에 있는 지구로, 암석 해안, 만, 자그마한 계곡 등이 해양-농업의 혼합경제를 뒷받침한다. 청동기시대 동안은 현재보다 해수면이 높아서 생긴 여러 만입灣入이 항구에 적합한 조건을 제공했다. 해안선이 후퇴하면서 삼림이 우거진 산악지대가 가파르게 바다 위로 솟았다. 이 지대는 오랫동안 목재 입수에 있어 중요했으며, 야생 사냥감이 풍부했다. 서기전 1500~1000년 동안, 인구밀도는 ($2km^2$당 하나의 농장이 있을까 말까 할 정도로) 낮았다. 바다에의 인접성과 양호한 선박용 목재는 해양성 생계자원의 중요성을 높였다.

문화적으로 타눔의 청동기시대 양상은 (독립적인 농장, 어느 정도의 귀중품을 부장한 관련 봉토분, 흔하게 플린트제 단검, 드물게는 청동제 도구와 장식품이 보이는 등) 매우 전형적이었다. 전기 청동기시대의 문화양상은 빈번한 지역 간 교류를 시사한다. 스웨덴의 암석 해안을 따라, 커다란 적석묘가 항구 위에 위치하는데, 이 지점을 수장이 소유하고 있었음을 의미한다. 이런 양상은 농목지대에 연관된 수장 무덤이 있는 남쪽과는 첨예한 대조를 보인다.

덴마크, 스웨덴 및 노르웨이 사이에는 사람과 사회구조 모두의 이동이 결부된 광범위한 상호작용권역이 존재했었을 것이다. 북쪽에서는 몇 가지 주요 원료가 부족했던바, 이 지역은 금속, 플린트 그리고 아마도 가축과 모피를 위한 교역에 의존적이었을 것이다. 이들 해안에서는 호박이 나질 않았다. 그들은 남쪽으로부터의 수입 물품에 (반대급부로) 무엇을 제시할 수 있었을까?

북부의 선박

타눔 주민들은 세계적으로 유명한 청동기시대 바위그림에도 나타난 항해용 선박을 활용할 수 있었다. 타눔 바위그림의 약 70%는 커다란 만 근처에 자리한다. 티의 무덤들에서 발견되지만 타눔의 무덤에서는 희소하거나 존재하지 않는 청동제 무기로 무장한 전사와 수장들이 묘사된 인상적인 바위 면들이 있다.

타눔에는 거의 2,000개에 달하는 배 형상이 알려져 있다. 항해용 배는 철기시대 초기의 배와 형태가 놀랄 만큼 닮았으며 돛이 없었다. 배는 곡선을 이루는 용골, 서로 대對를 이루는 선수와 선미의 구부러진 장대로 묘사되었다. 그림에서는 위로 솟은 선들로 표현된 노를 젓는 사람들에 의해 배가 추진되었음이 분명하다. 배는 길이와 선원 규모에서 상당한 차이가 있었다. 많은 경우가 탑승 선원 8명 정도로 무척 작았지만 몇몇은 선원이 (일부가 수장, 전사 그리고/또는 의례 전문가 등으로 구분될 만한) 25명 이상이었다. 그런 배들은 원거리 약탈을 위해 바다를 가로지르거나 강을 따라 전사들을 날랐다. 그림 7.4에서 전사는 (도끼, 허리에 찬 검, 방패, 창, 활 등) 전투 용구를 갖춘 것으로 나타난다. 그런 청동 무기가 타눔에서는 희소하거나 존재하지 않았지만, 티에서는 흔했다.

그림 7.4 스웨덴 타눔의 바위그림. 청동기시대 배와 전사를 보여준다. (바위그림에 드러난 것처럼) 우수한 선박 기술은 스칸디나비아 수장층이 재부의 흐름을 집중시키고 계급체계에 기반한 전사 공동체를 창출할 수 있게 했다. 타눔의 바위그림 연구보관소Rock Art Research Archive에 소장되어 있다. 링 도면 제공.

그런 배의 직접증거는 서기전 375년에 비정되어, 철기시대 후손집단에 해당한다. 덴마크 알스Als섬 남부의 습지에서 발견된 보존 상태가 양호한 요르트스프링Hjortspring 배는 연속적인 판목의 배를 축조하는 전통을 보여주는데, 청동기시대 형상과 무척 흡사하다. 봉헌이 분명한 듯, 배에는 무기들이 적재되어 있었다. 배는 대략 20m 길이로, 용머리, 판목, 평행을 이룬 선수와 선미의 장대를 갖춰 건조되었다. 일련의 널빤지는 노꾼의 의자로 쓰였다. 요르트스프링 배의 복제품은 그런 배의 무게가 단지 500kg을 조금 넘음을 보여준다. 이런 배들은 파도가 높은 바다에서도 24명의 선원과 무기를 빠르게 상당한 거리까지 나를 수 있었던바, 원거리 약탈과 무역에 이상적이었을 듯하다.

실험연구는 타눔과 같은 선박 건조를 위해서는 노동과 목재에 대한 상당한 수요가 있었음을 보여준다. 그런 배의 건조에는 6,500인시가 소요되었을 것이다. 그런 전투용 배는 건조에 몇 년이 필요했던 솔로몬제도의 그것과 흡사했다. 수장이 재정을 지원했던바, 배는 수장의 자산이었을 것이다.

타눔의 풍부한 배 형상은 의심의 여지 없이 선박 건조와 관리에 관련된 재지의 관행을 반영했는데, 이는 청동기시대 스칸디나비아의 광역적 분업에서 전문화된 활동이 되었다. 링에 따르면, 이 바위그림은 위험한 원거리 원정의 성공을 기원하는 의례를 수행할 때 선원들의 개별 대리자를 나타냈을 듯하다.

해사구역

(타눔에서 예시되었듯,) 해사구역의 형성은 (어획, 해양 포유류 사냥, 사교활동, 교역 등) 일상생활에 배를 이용했던 해변 주민들을 포괄했었을 것이다. 특수한 해양기술에는 선박 건조나 승조원 활동이 포함되지만, 믿음직한 선박을 구축하기 위해서는 목공 기술이 중요했다는 점은 매우 의미심장하다. 여기서 번성한 나무숲의 인접성은 고품질의 재목 획득에 필수적이다. 적어도, 서기전 1300년까지는 스칸디나비아 남부 목초지, 연료, 가옥 부재 마련을 위한 개간으로 숲은 제거되었다. 티 주민은 저질 목재로 그런 작업을 했다. 인상적인 수장의 회당을 축조하기 위한 양호한 나무와 숙련된 장인은 북쪽 또는 특별하게 관리된 주변 숲에서 왔을 듯하다.

정치경제와 관련하여, 항해용 선박 건조를 위한 목재와 목공 기술은 스칸디나비아 남부에서 금속 재부를 획득하는 기초가 되었을 것이다. 20세기 문헌자료는 스웨덴 해안이 윌란반도의 농축산물을 얻기 위해 목재와 선박을 교역했으며, 역사시대 덴마크 함대는 타눔에서 생산된 목재로 건조되었다고 기록하고 있다.

스칸디나비아 청동기시대 수장연맹의 모형화

초지역적 수장연맹에 대한 스칸디나비아식 모형은 (잉여 곡류를 산출할 수 있었던 스칸디나비아 남부의 농업 부문과 목재와 해사 관련 전문기술을 제공할 수 있었던 북부 스칸디나비아의 해양 부문이라는) 두 부문 간 상보적인 관계에 대해 관찰된 양상의 설명에 합리적인 수단을 제시한다. 스칸디나비아 남부 수장의 농장들은 혁신적인 선박 기술과 북부 집단의 전사를 활용함으로써, 그 약탈 역량이 자신들에게 무역과 노예교역에서 상대적 이익을 가져다준다고 추측했다. 각각 경제적 이득을 가진 두 지역의 수장들은 연맹으로 연결되었음이 분명하다.

링·얼·크리스티안센이 모형화한 바대로, 스칸디나비아 청동기시대 해양성 생산양식은 정치경제의 상호 연동된 4가지 요소를 포함하고 있다.

잉여의 생산과 투여

스칸디나비아 남부와 북부 모두에서 표준적인 청동기시대 농장은 대체로 자급자족하였지만, 금속을 비롯한 외래 자원과 전문장인이 생산하는 여타 물품에 대한 접근권을 얻기 위해 어느 정도의 잉여가 필요했다. 가장 비옥한 토양에 대한 접근권을 가졌던바, 남부지역 수장의 농장은 사람들을 모으고, 교역-약탈용 선박을 획득하고 원정을 지원하기 위해 투자할 잉여를 산출할 수 있었다. 북쪽에서 주민들은 배의 지역 내 교환, 건조, 관리 등에 종사했을 듯하다.

북부 농민들은 생계용 어업, 국소적 교역 등 스스로의 동기로 선박을 건조했을 듯하지만, 더 큰 배에 대한 노동 및 재원의 제약으로 선택은 제한적이었다. 비옥한 남부 농장들에서 생산된 동물 및 곡류 잉여는 큰 배의 축조와 선원모집을 뒷받침할 수 있었을 것인바, 티 수장들의 손에 재부가 집중되는 현상에 대한 설명이 가능하다. 그 농장들은 가축사육을 강화했으며, 교환을 위해 그 모피와 고기를 수출하게 되었을 것이다. 수출에 있어 티의 상대적 우위는 목초지가 훨씬 척박하고 양질의 플린트가 없었던 북부에 대한 것이었다.

농장과 선박의 노동조직

　전형적인 농장에서의 노동력은 그 구성원에 의해 제공되었던 반면, 수장의 농장에서는 농산물을 늘리기 위해 추가적인 노동력이 필요했었을 것이다. 그런 노동력(의 원천)은 하인, 가난한 그 지역 농민의 자녀 또는 노예 등의 노동이었을 수 있다. 선상에서의 노동 또한 농장에서처럼 편성되었다. 생계용 어업에는 농장에서 온 한두 사람 정도면 적당했을 것이다. 무역과 약탈에 동원된 비교적 큰 배에는 더 많은 선원이 필요했을 것인바, 가구 간 관계가 필수적이었다.

　타눔 바위그림에 묘사된 대로, 배에는 주로 그 지역 수장층이 제공한 6~13명의 선원이 올랐다. 바위그림에 표현된 가장 큰 부류의 배들에는 (높은 지위의 전사를 포함하여) 지위가 분명한 60명 이상의 선원이 올랐다. 작은 배들을 동반했을 그런 큰 배들이야말로 교역과 약탈을 위한 체제의 핵심 참가자로서, 초지역적 연맹의 산물이었을 듯하다. 성공적인 티의 수장들이 큰 배들을 제공하고 그 선원들을 부양했던 반면, 동반하는 작은 배들은 국소 지역에 의해 지원·소유·관리되었을 듯하다.

금속 재부

　전기 청동기시대 스칸디나비아 정치경제에서 금속 재부는 과대 평가될 수 없다. 금속 재부는 전사를 위한 무기, 남·여성 수장과 전사의 정교한 개인물품, 목공을 비롯한 작업을 위한 갖가지 도구를 제공했다. 청동기시대 금속 교역의 위상은 매우 대단했다. 그 풍부함으로 인해 알려졌듯, 청동기시대 전기 금속 소비에서 티의 압도적 위상이 수장연맹에서의 중심적 역할 차지, 배의 소유권에 따르는 연결망의 발달에서 재화 흐름 통제 등을 가능하게 했던 듯하다.

호박과 노예 수출

　스칸디나비아 남부로 수입된 대량의 금속과 여타 물품을 보상하기 위해서는 스칸디나비아에서 수출된 대량의 귀중품이 경쟁적 이점을 가져야 했다. 어떤 산물이 그런 많은 수입을 지원할 수 있었을까?

호박이 그에 대한 전통적 해답이었는데, 윌란반도에서 그 원석의 풍부함은 집중된 금속 재부에 필적할 만했다. 호박은 청동기시대 무덤에 널리 풍부하게 부장되었을 뿐 아니라, 에게해에 이르기까지 유럽 전역에서 산발적으로 발견되기도 한다. 호박은 발트해가 원산지이지만, 최소한 청동기시대 이른 시기에는 주로 티를 비롯한 서부 해안에서 왔다. 남쪽에서는 고가였지만 스칸디나비아의 금속 수입량은 엄청난 양의 호박 수출을 요구했다. 〈티 고고조사사업〉을 통해 수출용으로 수집된 호박 원석이 발견되었는데, 전기 청동기시대에는 그 양이 적었다. 이 지역에서 풍부한 금속기 발견물이 흔해졌을 때도, 가장 집중된 발견품이라고 해야 자그마한 봉지에 담긴 69개의 호박 원석뿐이었다. 당시 수장연맹을 뒷받침할 만큼 금속기의 풍부한 축적이 이루어지게 했던 수출에 있어, 스칸디나비아가 가졌던 상대적 강점은 무엇이었을까?

강점은 전사 세력과 해사 역량에 있었을 듯하다. 무력과 해사가 결합한 스칸디나비아의 전문성이 무시무시한 무역-약탈 일괄을 형성했을 것이다. 유럽 전역에서 새로운 광역적 활동으로 유발된 노동력 부족을 메우면서 부상하던 세계체계 내에서 노예는 스칸디나비아의 주된 수출품이 되었을 것으로 보인다.

노동 필수품으로서 노예는 스칸디나비아(뿐만 아니라, 지중해 동부를 비롯한 지역의 도시궁전사회urban palace society에서 멀리 떨어져 있던) 청동기시대 공동체들에서 선호되었을 것이다. 후기 에트루리아Etruria 벽화에는 금발의 북쪽 노예가 보이는데, 청동기시대부터 이어져 온 관행을 반영했을 듯하다. 해양성 수장사회와 관련하여 비교론적으로 묘사되었던 대로, 포획된 인신人身이라는 재부는 전쟁과 약탈을 통해 얻어졌을 수 있다. 바이킹 사례에서 노예의 중요성과 상동을 보인다. 브링크Stefan Brink가 서술하듯, 패퇴한 집단의 개인들은 살해되지 않았다면, "자유를 누릴 권리를 상실"했을 것이다(Brink 2008: 50).

노예는 스칸디나비아, 독일 북부, 발트해 등의 해안을 돌아다니던 사람 중에서 잡혀 왔었을 듯하다. 해안의 인구집단은 바이킹시대와 관련하여 묘사된 이동성이 강한 약탈자에게 취약하였다. 이런 시나리오가 지금은 사변적이지만, 설명모형으로서 재부의 집중을 만들어냈을 필수요건을 제시하고, 여타 저밀도의 약탈적 수장사회와 관련하여 묘사되었던 노예제의 양상에 잘 맞으며, 가장 중요하게는 새로운 증거들이 축적되어야 함을 시사한다. 고대 DNA의 새로운 가능성은 노예제를 연구할 생산적인 경로가 될 듯하다. 해양성 생산양식을 규정할 9가지 특성을 제시할 수 있겠다.

- 교역으로 연결된 낮은 밀도의 인구
- 약탈, 교역, 수호, 협박에 능한 전사들
- 비옥한 토지와 자유농민과 수장층이 소유한 자치적 가구를 가진 농업구역
- 목재와 선박에 대한 전문적 지식을 가진 해사구역
- 그 축조를 후원했던 수장의 대형 선박 소유권
- 수장이 재정을 후원하고 감독하는 사업적 항행
- 노예 및 여타 귀중품을 위한 항해 경로를 따라 벌어진 약탈
- 선박 소유자인 수장층에로의 금속과 노예의 전달
- 권력과 동맹을 수립하기 위한 수장의 선물교환

여기에는 수장연맹을 형성하는 권력의 세 가지 원천이 혼합되어 나타난다. 비례적인 성장주기에는 농업집약화, 해양성 약탈-교역의 확장, 재부의 축적과 배분, 광범위한 지역을 아우르는 역동적 권력 연결망의 형성 등이 포함된다.

큰 농장의 소유권과 해양 원정에 대한 후원을 통해 행사되는 경제적 권력이 기저를 이룬다. 전사적 권력은 수장의 영토와 재부를 수호·확장하며 노예를 포획하는 수단이 된다. 무기는 전사를 수장에게로 이끌기도 했지만, 그 전사들은 자신의 개인적 도약을 도모하기도 하였다. 다음으로 이념적 권력인데, 수장과 전사의 복무에 의미와 정당성을 부여하였다.

수장은 경제적 잉여로 향연과 의식을 주관하는 종교 전문가를 지원함으로써 원정과 전쟁의 위험을 완화할 수 있었다. 물품과 행동은 사용되는 의례의 맥락에 따라, 특별한 의미를 띠었다.

비교의 관점에서 본 약탈적 생산양식

수장사회는 고밀도의 상황에서 발달했다고 여겨지지만, 스칸디나비아에서 예시되었듯, 반드시 그렇지는 않으며 세계적으로는 다른 사례도 존재한다. 재화 흐름을 통제할 수 있게 될 때, 재화 교환을 통해 정치체를 결속함으로써 낮은 인구밀도에서도 수장사회가 등장할 수 있었다. 그런 해양 및 목축 기반 수장사회는 지위를 구분하는 '배제의exclusionary' 전략을 활용했으며, 전사는 재부를 획득하고 보호하는 수단을 제공했다. 약탈로 얻어진 노예는 교환 물품과 잉여 생산을 위한 부가적인 노동을 제공했다.

해양성 수장사회의 사례에는 동남아시아 도서, 태평양지역, 북미의 서부 해안 등지의 사회가 포함된다.

동남아시아

세계체계의 주변에 있던 해양성 수장사회를 설명하면서, 융커Laura L. Junker는 교역과 노예 포획에 의존했던 선사시대 늦은 시기와 역사시대 이른 시기 동안의 필리핀 사회들에 관해 기술하였다. 그는 동남아시아 전역의 낮은 인구밀도와 사회의 분절적 구조를 강조하고 있다.

> 필리핀제도는 1천 년 기 초엽부터, 남중국해는 물론 말라카해협Malaccan Strait을 통해 인도양에 이르기까지 도자기, 비단, 유리구슬을 비롯한 사치품을 유통했던 중국, 동남아시아, 인도, 아랍 무역상들의 광대한 연결망의 동단이 되었다(Junker 1999: 3).

필리핀 수장사회들은 직접 무역에 종사하지는 않았다. 오히려, 그들은 집산지entrepôt를 형성함으로써 생산품을 유통하고, 부를 획득하기 위해 국제무역을 관장하고, 노예를 포획하였다. 융커의 모형에서는 원거리의 정치적 관계를 개시·유지하고, 경쟁자를 붕괴시키고, 노예를 포획·교역하고, 평화로운 시장거래를 보장하고, 수입품을 유통할 수 있는 전사적 성격의 사회가 필수적이다.

수장사회는 국제적으로 획득되거나 재지적으로 재창출된 전문 무기로 무장한 전사 집단을 뒷받침한다. 약탈로 획득된 노예는 의무 노동력을 제공했는데, 인구밀도가 낮거나 고립이 거의 없는 상황에서는 상대적으로 드물었다. 수장의 전사, 유력층 및 대규모 항구 취락을 뒷받침했던 루손Luzon섬에서 노예 노동력은 집약적인 무논을 조성하고 경작하였다. 여성 노예는 위신재로 연합을 협상하는 정치적 교환에 결부되어 있었다. 필리핀 내륙지역으로의 무역 연결망을 확보하고 보호함으로써 수장의 손을 통해 전문화된 (중국 시장에서 선호되었던) 삼림 산물이 통제되었다. 충분히 발달한 세계체계로 예시되듯, 무역업자는 상품에 세금을 부과하고 외래물품의 유통을 독점하면서도 수장으로부터 독립적으로 활동하던 국제적 요원이었다.

태평양

수장은 흔히 선박의 소유나 보호를 담당하던 전사에 대한 지원을 통해 교역을 통제한다. 아마 최선의 사례는 대만에서 출원하여 점유나 교역의 일환으로 멜라네시아, 폴리네시아, 인도네시아, 말레이시아 해안지대를 거쳐 인도양으로 급속히 퍼져나간 오스트로네시아 사회가 될 것이다.

선박 소유권은 재부 흐름의 병목을 만들어냄으로써 강한 이동성과 저비용의 교역·약탈을 가능하게 했다. 태평양의 일부 수장사회는 커다란 항해용 카누를 사용하였다. 뉴기니 남동쪽의 솔로몬제도에 속한 로비아나 라군Roviana Lagoon에 자리했던 강력한 해양성 수장사회는 훌륭한 사례였다. 초기 유럽 탐험가를 놀라게 했던 대로, 그들의 전투용 배는 대형의 판목선으로 높은 뱃머리를 갖추고 있어서 태평양에서 보이는 가장 정연한 해양기술력을 대변했는데, 요르트스프링 배와 놀랄 만큼 닮았다. 이런 배들은 축조에 3~4년이 걸렸으며, 각 단계에서는 고위험의 외양 원정을 관리하기 위한 의례가 결부되어 있었다. 이런 카누들은 빠르게 노를 저어 종종 200 km 정도는 아우를 30~60명의 용맹한 전사들을 탑승시킬 수 있었다.

로비아나의 정치조직은 사람을 사냥하기 위한 항해 원정을 조직하는 데에서 수장의 권력이 오며 확고한 계층이 있던 세습적 수장사회였다. 수장은 권력을 과시하고 강력한 조상을 소환하기 위해 항구와 묘당에 잘린 머리를 전시했다. 사람사냥 원정을 통해, 특히 패각 장식품을 제작하는 노예를 통해 교역의 재화를 얻기도 하였다.

솔로몬군도 북쪽에 자리 잡고 있었던 트로브리안드Trobriand 수장사회는 말리노프스키에 의해 유명해진 귀중품, 쿨라환Kula ring의 무역에 종사했다. 무역을 위한 항해에는 경관을 가로질러 복잡하게 짜인 관습으로서의 의례와 주술이 결부되어 있었다. 모든 단계에서 수장은 의례와 노동을 지원할 음식용 잉여를 주민들로부터 동원했다. 선박 건조와 항해를 재정적으로 후원하던 수장은 배의 소유주였고, 쿨라의 귀중품은 그의 손을 거쳤다.

태평양 중앙의 세계체계에서는 제외되었지만, 정복과 무역을 기초로 더 복합화된 수장사회나 국가와 흡사한 정치체가 발달하였다. 예를 들어, 2000년 기 동안 통가의 영주들은 해당 제도에 속한 169개 섬을 정복하고 사모아나 피지Fiji에까지 주도권을 확장했다. 수장이 소유했던 커다란 항해용 카누는 물품이나 불시의 공격을 단행할 전사 이송을 위해 원거리까지 신속하게 이동할 수 있게 해주었다. 노예는 그 경제의 주요 부분을 형성했다. 그리하여 확장된 정치체에서는 거대한 무덤에 묻히는 대수장을 정점으로 한 국가 수준의 뿌리 깊은 계층화가 이루어졌다.

구대륙 사막 · 초원의 수장사회

중앙집권력이 약한 수장사회의 다수는 목축, 금과 노예를 비롯한 귀중품의 약탈·교역 통제에 의존했었다. 유라시아 초원지대를 비롯한 지역, 아라비아, 북아프리카의 이목민집단 등 고대 문명의 주변에서는 중앙집권력이 약한 무역 수장사회가 발달하였다. 해양성 모형에서와 같은 기업가 정신이나 말과 낙타가 제공하는 대등한 이동성을 기반으로, 이목민 교역-약탈자들은 재부와 개인적 지위를 얻었다. 말과 낙타를 소유·사육하고, 사막 불모지의 배(라 할 수 있는 말이나 낙타)로 이동하며, 재부 흐름이 유도되는 오아시스를 통제하면서 수장은 이득을 취했다.

중앙집권력이 약한 이목집단 수장사회에 관련된 이 개념은 금속, 비단을 비롯한 직물, 노예 및 농업국가에서 선호되는 부가적 물품 등의 흐름을 통제하였던 청동기 및 철기시대 중앙아시아의 수장연맹에 대한 이해를 돕는다. 서기전 1000년 이후, 초원지대 사회는 군사나 정치세력으로서의 승마 유목민과 기동대가 되었는데, 종종 제국으로도 성장하는 연맹을 통해 광대한 지역을 가로질러 주도권을 확장하였다. 크라딘은 독립적인 이목민 전사 사이의 선물교환을 통제했던 유목민 지배자에 의한 권력 창출·유지에 대해 논의하고 있다. 야심을 가진 수장을 통해 유목민들은 대규모 약탈단을 조직했는데 이들은 종국에는 정복군대가 되었다.

이목민 정치체는 관료조직이 없었던바, 중앙집권력이 약했고 가문사회의 개념에 상응하는 독립적 가족의 특징을 지닌 분절적 공동체를 이루며, 개인 관계를 기반으로 삼았다. 해양성 수장사회를 되짚어보면, 이목사회들에는 자치와 위계, 탈중앙집권화와 중앙집권적 권위 등의 변증법적 과정이 내재했던 듯하다. 해맬레이넨Pekka Hämäläinen이 묘사한 대로, 놀랄 만큼 유사한 모형이 북미 초원지대를 가로질렀던 코만치Comanche '제국'의 확산에 대한 이해에 일조했다. 코만치는 말 사육을 관리하며 지역적 우위나 교역 통제력을 확대하기 위해 협박을 일삼던 구심력이 미약한 연합을 이루었다.

요점

약탈적 수장사회의 원심성 복합화에 관한 연구에 비춰볼 때, (매장에서 보이는) 불평등한 재부 소비로 증명되는 제도적 복합화가 수장사회의 일반적인 특징은 아니며, 도리어 정치경제에서 통제된 재부 유통의 중요성을 보여준다고 하겠다. 간략히 말하자면, 수장사회는 광역정치체를 규정하는 속성의 보편적 목록이 아니라, 잉여를 전용·할당하게 하는 그 정치경제의 다양한 특징으로 인지된다.

약탈적 양식에 기반한 약탈·교역의 사회는 (가문 집단에서 비롯된 강력한 동기가 있는) 분절적 사회구조와 재부나 무기의 강한 유인성에 의존한다. 신속한 병참학적 이동과 다량의 필수품 운반에 이바지하는 선박과 수송용 동물이 제공하는 이동성이 필수적이었다. 이동성과 수송력은 특히 교역의 세계체계와 연관되어 있던 물품과 사람의 장거리 이동에 의존하는 (주로 노예제에 연결된) 약탈-교역 복합체를 발달시키는 요체였다.

운반 기술이나 교역거점을 소유하여 그런 필수품의 흐름에 대한 통제를 주장할 수 있는 정도에 따라, 수장들은 중앙집중적인 권력을 뒷받침할 종속적인 연결망을 발달시키기 충분한 재화와 무기의 흐름을 통제할 수 있다. 그러나 그런 수장사회는 불안정하며, 교역로와 물품을 변화시킬 여러 요소에 좌지우지될 수밖에 없었던바, 결과적으로 급속하게 성장하거나 붕괴하게 된다. 약탈적 수장사회는 부상하는 정치체제의 연속선상에서 급속하고 예측이 어렵게 순환하는 한 극단을 대변함으로써, 기술로 강화된 환경에서 집약화된 농업을 통한 잉여 생산에 의존하는 반대 극단과는 대조된다.

더 읽어 보기

Bech, Jens-Herik, Berit Valentin Eriksen, and Kristian Kristiansen (editors). 2018. *Bronze Age Settlement and Land-Use in Thy, Northwest Denmark*. 2 vols. Højbjerg, Denmark: Aarhus University Press. 이 전문서는, 수장 소유 농장에서의 잉여 창출에 기반한 스칸디나비아 남부 수장사회 모형을 수립하는 데에 주요 자료로 사용된 〈티 고고조사사업〉에 대한 상세한 설명을 제공한다.

Beck, Robin A. 2007 (editor). *The Durable House: House Society Models in Archaeology*. Occasional Paper No. 35, Center for Archaeological Investigations, Southern Illinois University, Carbondale. 세계 곳곳의 사례를 바탕으로 가문사회를 묘사한 편저이다. 생산자원의 소유에 기초한 사회

적 불평등에 주목할 만하다. 볼렌더가 집필한 장은 바이킹시대 아이슬란드에 가문사회 개념 적용의 가능성을 주장하고 있다.

Clark, Geoffrey, David V. Burley, and Timothy Murray. 2008. Monumentally and the Development of the Tongan Maritime Chiefdom. *Antiquity* 82: 994-1008. 이 논문은 해양 정복과 무역에 기초했던 중부 태평양지역의 통가 수장사회와 국가에 관해 서술하고 있다.

Earle, Timothy, Johan Ling, Claes Uhner, Zofia Stos-Gale, and Lene Melheim. 2015. The Political Economy and Metal Trade in Bronze Age Europe: Understanding Regional Variability in Terms of Comparative Advantages and Articulations. *European Journal of Archaeology* 18: 633-657. 이 논문은 청동기시대 사회의 지역적 편차는 (주석, 구리 등의) 수출, (특히 항해에 적합한 배 등의) 무역 관련 기술, 이동 경로에 대한 통제의 상대적 유리함에 기초한다고 주장한다. 이 논문은 위신재의 양식에 관련된 병목의 의미를 설명하고 있다.

Gilman, Antonio. 1995. Prehistoric European Chiefdoms: Rethinking "Germanic" Societies. *In Foundations of Social Inequality*, edited by T. Douglas Price and Gary M. Feinman, pp.235-251. New York: Plenum. 길먼은 마르크스가 주창하여 유럽의 정치경제를 이해하는 데에 활용된 게르만적 생산양식을 기술하고 있다.

Hämäläinen, Pekka. 2008. *The Comanche Empire*. New Haven, CT: Yale University Press. 말 사육 통제, 침략을 통한 위협, 유럽 식민공동체와의 (특히, 총포) 교역 관계 통제 등에 기반한 광범한 수장체인 역사시대 코만치 '제국'에 관한 정연한 사례연구이다.

Hasslöf, Olaf. 1970. *Somand, Fisker, Skib og Varft: Introduktion til Maritim Etnologi* [Sailor, Fisherman, Ship and Shipyard: Introduction to

Maritime Ethnology]. Copenhagen: Rosenkilde & Bagger. 이 전문서는 남부 덴마크에서 출토되어, 스칸디나비아의 청동기시대 수공 기술의 전형을 추정하게 해주는 철기시대 요르트스프링 배의 특질을 계량적으로 살펴보면서 스칸디나비아 사회에서 선박의 중요성을 설명하고 있다.

Kristiansen, Kristian. 2002. The Tale of the Sword: Swords and Swordfighters in Bronze Age Europe. *Oxford Journal of Archaeology* 21: 319–332. 크리스티안센은 청동기시대 검의 사용흔 분석을 수행했다. 전사의 검에는 광범한 전투로 인한 상흔과 다시 날을 세운 흔적이 있고, 장식적인 수장의 검에는 전투 상흔은 없되, 치장으로 사용했음을 보여주는 마모는 있다.

Kristiansen, Kristian, and Timothy Earle. 2022. Modelling Modes of Production: European 3rd and 2nd Millennium BC Economies. In *Ancient Economies in Comparative Perspective: Material Life, Institutions and Economic Thought*, edited by Marcella Frangipane, Monika Poettinger and Bertram Schefold, pp.131–163. Cham, Netherlands: Springer. 크리스티안센과 얼은 유럽의 청동기시대 경제에 관해 요약하고 있다. 그 경제는 국제적으로 통합되었지만, 청동 교역과의 접목을 반영한 듯 개별적인 국소적 발달양상도 보여주고 있다.

Ling, Johan. 2014. *Elevated Rock Art: Towards a Maritime Understanding of Bronze Age Rock Art in Northern Bohuslän, Sweden*. Oxford, UK: Oxbow. 링의 박사논문으로, 스웨덴 보후슬렌Bohuslän 지방에 속한 타눔의 고고학적 전개에 주목하고 있다. 특히 세계문화유산으로 등재된 타눔 암각화 유적에 반영된 해양 경제에 초점을 맞추고 있다.

Ling, Johan, Timothy Earle, and Kristian Kristiansen. 2018. Maritime Mode of Production: Raiding and Trading in Seafaring Chiefdoms. *Current Anthropology* 59: 488–524. 이 논문은 이 장에서 다루어진 해양성 생산양식에 관련된 논리와 증거에 관해 개괄하고 있다.

Malinowski, Bronislaw. 1922. *Argonauts of the Western Pacific*. London: Routledge & Kegan Paul. 말리노프스키는 영국 구조기능주의 민족지학자 중 한 사람이다. 트로브리안드 제도에 관한 이 전문서는 사회적 위계를 유지하도록 기능했던 도서 간 쿨라의 교역에서 수장의 역할에 대한 인류학의 전통적인 관점을 보여준다. 수장은 항해용 선박의 제작을 후원함으로써 그것을 소유했다.

Price, Neil. 2016. Pirates of the North Sea? The Viking Ship as a Political Space. In *Comparative Perspectives on Past Colonisation: Maritime Interaction and Cultural Integration*, edited by Lene Melheim, Hakon Glorstad, and Zanette Tsigaridas Glorstad, pp.149-176. Sheffield, UK: Equinox. 프라이스는 바이킹 경제에 있어 약탈과 교역이 갖는 해양 활동에서의 역할을 서술한다. 바이킹사회에서 노예무역에 대해 그가 강조한 바는 매우 중요하다.

Sweet, Louise. 1965. Camel Raiding of North African Bedouin: A Mechanism of Ecological Adaptation. *American Anthropologist* 67: 1132-1150. 스위트는 아랍 이목민의 약탈-교역 복합체를 기술하고 있다. 이 사회는 정주적이며, 약탈과 교역에서 개인적 주도권을 가진 가족 단위(야영집단)로 조직되어 있었다. 수장은 오아시스 소유권을 통해 (특히, 노예) 교역을 통제할 수 있었다.

08
수장사회에 관한 고고학 연구의 설명모형
Models for Archaeological Research on Chiefdoms

수장사회는 지도자가 수천 이상의 인구집단에 대한 통솔권을 확장하는 사회정치적 과정을 보여준다. 수장은 (친족 기반의 마을을 넘어서는) 새로운 규모의 인간 조직에 대한 통제를 창출할 수 있는 유능한 정치 주체이다. 개별 수장사회들은 안정성과 범위에 있어서 매우 다를지언정, (공통적으로) 권력과 권위의 광역적 제도화를 보여준다. 그것들은 최초의 지배기구였지 하나의 사회형식은 아니었다.

수장사회: 고고학의 이례적 기회

수장사회는 국가 기원의 초석일 뿐 아니라, 그 안에서 정치적으로 작동한다고도 이해될 수 있다. 인류학적 고고학에서는 수장사회가 어떻게 그리고 왜 등장했는지에 관한 질문이 경험적으로 이해될 수 있으며, 고고학자만이 통시적 비교연구를 위한 자료를 가지고 있다고 하겠다. 사회진화는 인류학에서 오랫동안 지속되어 온 주제였고, 계속 그러할 것이다. 사회과학에서 어떤 주제도 광역적 정치기구의 등장만큼 인류학적 고고학에 독창적으로 부합하지는 않을 것이다.

수장사회를 이해하는 것은 권력을 이해하는 것이다. 이 책은 (종교적 이념, 전사의 무력, 경제라는) 서로 얽혀 있는 세 가지 기초적 권력 원천을 확인한다. 수장사회는 매우 다양한데, 일련의 중범위 middle-range 사회로서 이런저런 이름으로 불려 왔다. 해당 사회 전 분야에 또는 적어도 부분적으로나마 제도화된 광역적 통솔권 형성이 결부되어 있는바, 이 책은 그 모두를 '수장사회'로 부른다. 그런데 수장사회의 형성은 권력의 본질적 원천들을 창의적으로 혼합하는 특정의 정치전략에 기초하는바, 가변적일 수밖에 없다. 그렇다고 그 가변성이 (수장사회에서 비롯된) 국가에서 만큼 크지는 않다.

이 책은 수장의 대비적 전략들이란 지배기구를 물질적으로 뒷받침하는 정치경제를 통제하는 일반적 과정이라고 보는 특수한 입장을 견지한다. 간단히 말하자면, 수장사회를 연구하기 위해서 우리는 권력 집중을 목적으로 지역의 차원에서 어떻게 자원이 동원되고 분배되는지를 이해하여야만 한다. 그 다양한 방식들은 선택이 가능한 생산양식들로 모형화될 듯하다. 그런 경제양식들에는 정치기구를 재정적으로 뒷받침하도록 경제적 흐름을 유도하는 과정이 반영된다. 어떤 경우든 그런 과정들이 서로 다른 방식으로 조합되는바, 실제로 정치적 재원을 구축하기 위하여 전략들이 조합될 때는 모든 양식의 우열이 가려질 것이다. 서로 다른 과정을 보이는 그 양식들은 고고학 연구에 검증 명제를 제공하기 위한 모형으로 유용하다. 여타 사회문화적 인자들은 각자의 역동성을 가지면서도 그런 양식적 과정에 연결된다.

수장사회에서 보이는 4가지 생산양식

이 책에는 광역적 조직으로서 수장사회가 발달하는 각 경로를 대변할 4가지 생산양식이 상정되어 있다. 그것들은 통제를 위한 현저하게 다른 기회들에 연결된 상이한 권력 전략을 반영한다. 의례·영속·아시아적 양식은 더 많은 정주 인구와 잉여 동원을 뒷받침하는 농업집약화 정도의 연속선상에 있다. 약탈적 생산양식은 별개인데, 재부성 물품의 중앙집중화된 분배를 위해 형성된 광역적 연결망을 토대로 하는 저밀도 수장사회의 예를 떠오르게 한다.

일반적으로 으뜸 병목은 경작지자본으로 개선되어 비옥해진 토지이다. 수장이 후원하는 토목경관을 배경으로, 수장사회는 국가와 연관될 만한 증대된 규모와 제도적 구성체의 특성을 보일 수도 있다. 그런 제도상 복합도 증대는 전사의 정복 및/또는 세계체계와의 연결로 얻어진 잉여에 대한 통제의 확장과 연결된다.

의례적 생산양식

연대와 기저성, 분명히 두 측면 모두에서 첫째로 올 것은 의례적 생산양식이다. 그에 대해서는 남부 스칸디나비아의 신석기시대와 미국의 고기 후기나 우드랜드기를 예로 들어 설명된 바 있다. 많은 연구자가 이 시기 동안 수장사회가 있었다는 점을 부정할 테지만, 이 책은 그 광역적이고 제도적인 면모가 집단지향적 수장사회를 특징짓는다는 점을 제안한다. 의례적 생산양식에 결부된 핵심적 과정은 사회적 노동력을 동원하여 의례 장소를 축조하는 것이었다. 그런 곳은 장소의 영원성을 부여하는 기념비적 건축물을 갖추게 된다.

소규모 축조 활동은 소규모 친족서열집단kin-ordered group에 의해서도 수행될 수 있지만, 기념비적 규모로 확대되면 지역 인구집단으로부터 더 큰 규모의 작업집단이 동원되어야 한다. 지도자는 (규모와 작업의 복잡성으로 시사될) 축조 활동이나 관련 의식의 연관성에 따라, 의례 권력을 가질 수 있다. 부상하는 정치경제의 기초로서 노동력을 동원하고 위무하는 지도자의 역량은 잉여 축적을 가능하게 하는 포괄적인 재산권과 연결된 수장 역할에 기반한다. 의례 경관을 조성하고 기념물에서의 집단의식을 뒷받침하는 수장의 지원에 따라 주장되는 재산권이야말로 병목이 된다.

의례적 생산양식에 대한 본질적인 고고학 지표는 기념물 축조에 투여되는 노동력의 규모와 속도이다. 그렇다면, 수장은 실제 문헌 기록에 어떻게 나타날까? 민족지에 따르면, 수장은 마을 의례소의 규모를 넘어서는 의례 건축을 위한 노동력을 조직한다. 의례 기념물과 연관된 공동체는 외래의 의례 물품과도 관련된다. 수장에게는 먼 곳에서 온 그 물품들이 자기 지역에서 얻어지는 것들보다 통제하기 쉬운바, 신성의 의미를 표현하는 병목 생성의 한 방편으로 지역 의례 물품을 외래품으로 대체한다. 그러므로 주로 의례적 맥락에서 발견되지만, 종종 직접 개인에 결부되기도 하는 그런 물품 자체가 수장의 (사제로서의) 권력을 보여주기도 한다.

영속적 생산양식

두 번째는 영속적 생산양식으로, 이 또한 인구밀도가 높은 마을 공동체들로부터 부상하는 초기 수장사회에서는 기본이 된다. 이 책은 페루 고산지대의 산채 수장사회와 유럽 철기시대를 이 생산양식의 사례로 든다. 많은 연구자가 그 당시에는 수장사회가 존재하지 않았다고 믿고 있는데, 대체로 맞다. 소규모 공동체 간 상호방어에는 그다지 통솔권이 필요하지 않지만, 방어에 대한 요구가 늘어나면서 전쟁 지도자가 부상할 기회가 생겨난다.

그 핵심적인 과정에는, 집단이 소유할 뿐만 아니라, 경관에 투여되는 자본에 기반한 영속적 재산의 창출이 포함된다. (소규모 인구에서는 전형적인) 획일적이지 않은 인구성장으로 인해 토지 배분은 인구에 대비하여 쉽게 불균형을 초래할 소지가 있는데, 큰 집단이 약한 이웃 집단들로부터 토지를 뺏을 기회를 모색하면서 경쟁이 심해진다. 국소 집단들은 보호뿐만 아니라, (자신들의 터전을 지키겠다는 의지로) 재산권을 주장하기 위해 정교한 방어시설을 축조한다. 어떤 경우에는 의례적 양식에서도 노동력 투여가 기념물 축조에 비견될 정도로 방어시설의 규모가 증대되기도 한다.

투난마르까의 정치체는 만여 명이 거주하는 중앙의 방어유적이 어떻게 지역 취락위계를 압도할 수 있는지를 보여준다. 방어시설의 축조, 연관된 사회적 노동의례, 실질적 방어 활동 등을 조직하는 정도에 따라, 지도자는 보편적인 권위를 가지는 전사 수장이 될 수 있다. 부상하는 정치경제의 기초로서 축조 노동력을 동원하고 위무하는 지도자의 역량은 요새화된 중심지에 의해서 구현되는 잉여에 대한 포괄적인 재산권에 토대를 두고 있다. 잉여에 대한 권리와 함께 영속적 소유의 토지에 대한 방어적 경관이 병목이 된다.

영속적 양식에 대한 본질적인 고고학 지표는 방어시설에 투여된 노동력의 규모와 속도, 수천에 달하는 지역 인구를 포괄하는 위계적 취락체계 등이다. 축조의 규모는 노동의 조정을 요구하는데, 최대 중심지의 결정에 이웃하는 마을들은 쉽게 저항할 수 없다. 어떤 경우, 전문화된 무기의 중요성 증대가 권력의 원천이 된다. 그런 사회에 대한 고고기록에서 의례 권력은 거의 중요시되지 않는다. 고고학에서 보건대, 수장은 평등 기풍의 동등한 사람들 사이에서 처음 등장하는바, 멀리서 온 물품으로 그 지위를 구분하기가 거의 불가능하다. 으뜸이 되는 권력의 원천은 군사적 지배력인데, 방어를 돕는 집단에 대해 수장이 가질 권리에 결부된 잉여 동원이 부수한다.

아시아적 생산양식

세 번째는 아시아적 생산양식이다. 여기서 논의된 고전적 사례는 특히 광범위한 관개 복합체에 의존했던 폴리네시아 수장사회들인데, 세계체계로부터 또는 그 형성 이전에 탈락한다. 하와이 수장사회들은 그러한 정치체가 시장이나 도시 없이도 어떻게 국가와 같은 특성을 갖출 수 있는지에 관련된 현저한 사례이다. 그렇듯, 토목으로 이룬 농업시설에 기반한 수장사회의 다른 여러 사례는 (근동, 이집트, 페루 등지의 도시국가나 작은 왕국을 포함하여) 세계 곳곳에 있다.

아시아적 생산양식에 대한 본질적인 고고학 지표는 지배기구를 뒷받침할 잉여를 산출하는 생산시설에 투여된 노동력의 규모와 속도이다. 중앙집중적 저장은 그에 결부된 현물성 재정을 입증한다. 광역적 취락위계의 중심지는 대체로 (정당화 의식의 무대인) 주요 의례 기념물에 연관된다. 그에 더하여, 종교적 신성과 전사의 무력을 가진 지배계급인 수장을 구별하는 수단으로서 물품이 이 양식과 관련된다. 권력의 주요 원천이 토목경관의 소유권이지만, 거기에는 생산시설을 획득·보유하기 위한 의례적 정당화와 전사의 무력이 요구된다.

약탈적 생산양식

네 번째는 약탈적 생산양식으로, 이 책에서는 유럽 선사시대의 스칸디나비아 청동기 및 철기시대 사회가 예시된다. 다른 사례로는 동남아시아 도서 지역의 해양성 수장사회와 아시아 초원, 아라비아반도, 북아프리카 사하라사막 등지를 가로지르는 목축 사회가 있다. 연구자들은 일반적으로 정치적 위계, 불평등한 부의 분포, 광역적 조직 등에 근거하여 이들 사회를 수장사회로 인정한다. 민족지로도, 고고학적으로도 통솔자가 인지된다. 전사 유력층은 활발한 무역과 더불어 약탈적 습격을 주도한다.

약탈적 양식의 핵심 과정은 토지에 기반한 정치경제와는 사뭇 다른 듯하다. 상호의존적인 위신재경제를 창출함으로써 재부의 흐름을 통제하는 것을 목적으로 한다. 수장의 차별성 증대는 재지적 세원에서 어느 정도 자유로워지고 있음을 반영한다.

수장은 전사 무력을 바탕으로, 주로 상당히 떨어진 곳에서 획득된 재부를 토대로 삼는 정치경제에 대한 통제를 확립한다. 무역상이나 약탈자가 고가의 물품을 획득·보호하는 데에 활용되는바, 병목에는 재화의 신속한 이동을 위한 기술이 포함된다. 생산성 높은 토지에 대한 수장의 소유권은 이동 기술과 전사의 주도권을 통제하는 데에 중요하다. 더욱이 수장은 항구, 하천, 고개, 오아시스 등 이동의 주요 지점들에 대한 소유권을 주장한다. 일반적으로 세계체계와의 연결 정도에 따라, 비교적 다량의 재화 무역이 이 양식에 중요하게 된다. 상대적으로 장거리 교역량이 적거나 운송 기술이 잘 발달하지 못한 탓에, 약탈적 양식이 신대륙에서는 매우 제한적이다.

널리 퍼져 있되 분묘나 수장의 가옥에만 집중되는 재화와 무기의 대량·장거리 유통은 약탈적 양식에 관련된 주요 고고학 지표이다. 흔히 외래 재료를 써서 부속된 전문가에 의해 만들어진 특별한 무기가 그런 수장사회들을 특징짓는다. 그런데 놀랍게도 그런 사회들은 인구밀도가 낮아도 성립하며, 기념물 건축에는 거의 투자하지 않고, 수장사회를 특징짓는다고 주로 거명되는 취락위계가 없거나 미약하다. 보통 기념물 축조는 수장의 분묘나 가옥 같은 개인적 시설에 한정된다. 공공 기념물은 흔하지 않다.

정치경제에 대한 과정모형으로서 (생산)양식

　중요하게도, 정치경제의 이 네 양식은 정치유형이 아니라, 권력관계를 뒷받침하기 위해 의례·전쟁·잉여 생산에서 어떻게 경제의 흐름이 유도될 수 있는지에 주목한 과정모형이다. 한 사회의 특성은 역사적으로 결정되는 바 고도로 특수하며, 정치경제는 민족지 및 고고학적으로 관찰되는 사회구성체의 연속적인 변이를 반영한다.

　그렇긴 해도, 대체가 가능한 양식들을 모형화함으로써, 대체가 가능할 제도적 구조를 구축하기 위해 잉여가 전용되고 권력의 원천에 투여할 전략이 인지될 수 있다. 모두 합쳐보자면, 수장사회들은 하나는 물론 아니고, 몇 개의 형식으로조차 분류할 수 없다. 그들은 고도로 다변적이며, 권력 집중을 위한 현저하게 다른 전략을 구사하는, 광역적으로 조직된 정치 공동체이다. 중요하게, 수장의 표시가 재부의 축적과 관련될 필요는 없으며, 대신 자주 축조된 경관에서 구현되기는 한다.

　수장(사회)의 4가지 양식에 대한 요약은 수장이 얼마나 대안적이며 창의적인 방식으로 행동하는지를 강조한다. 그런 하향식 고찰은 정치적 과정을 강조하기는 하지만 인간사회의 여타 본질적 특성에는 적절히 주목하지 않는다. 인간사회는 광역정치체 내에서 개인, 가족, 공동체 등이 내재한 다차원적 조직으로 작동한다. 새로운 수준의 통합이 발현하더라도, 기존 조직의 형태가 대체되지는 않으며, 오히려 특성에 따라 어느 정도 변형된 방식으로 계속해서 기존의 기능을 수행한다. 그리하여 가족들은 마을 수준의 공동체 내에서 작동을 계속해가며, 공동체는 지역 수장사회의 일부로서 작동을 계속해간다.

　수장사회를 통째로 이해하기 위해서는 (나름의 작인, 조직적 형태, 작동원리 등을 가진 가족이나 친족 기반 공동체와 같은) 구성인자를 이해해야 한다. 지역 수장사회의 형성에 따라, 일상과 복지를 위한 대부분의 활동은 수장과 무관한 차원에서 잘 조정된다.

　작인이 수장의 활동을 통해 지역적 수준에서 확립되더라도, 개별의 목적, 주체, 독립적 행동들은 공동체나 가구 수준에서 계속된다. 그런 수준들은 대체로 권위부재이론에 따라 적절하게 이해될 수 있다. 수장사회는 실제의 것이든 상상의 것이든 편익을 제공함으로써 구성인자들을 병합한다.

- 의례적 양식은 국소적 친족서열집단에 정체와 의미를 부여한다.
- 영속적 양식은 토지와 관련된 재산권의 보호를 제공한다.
- 아시아적 양식은 고도로 생산적이며 지속적인 농업시설을 구축하고 유지한다.
- 약탈적 양식은 개인의 지위와 방어를 위한 재화와 무기를 유통한다.

집단행동이론으로 간취되듯, 수장이나 지배자가 세입과 권력을 극대화하려 하더라도, 그들의 실현 역량은 구성원과 집단의 목표를 달성하는지에 달려 있다. (농부든, 선원이든, 전사이든) 사람들의 손에 쥐어진 권력이 통솔자에게 가능성을 열어줄지를 결정한다.

대단원: 그 많던 수장은 어디로?

오늘날 국가가 어떻게 작동하는지 이해하려 한다면, 어떻게 고대국가가 수장사회에서 성장했고 현대 국가사회를 형성했는지를 고려해야 한다. 국가로 진화했다고 해서 수장이 사라지지는 않았으며, 오히려 반대로 그들은 이전의 갖가지 권력 역동성을 보유한 채, 창의적으로 국가의 통치에 적응하였다. 수장과 같은 주체들이 어떻게 국가에 부속된 작인이 되는지를 고려하여야 국가를 진정으로 이해하게 된다.

중세 유럽에서는 수장과 같은 주체들에 대한 강제적인 합병 및 정치경제의 궁극적 재편을 통한 국가 형성이 있었음이 알려져 있다. 서로마제국의 붕괴를 즈음하여, 유럽 전역에서 행정·군사 체계의 통합이 무너지고, 정치경제도 현물 기반의 봉건적 토지 소유로 회귀했다. 그들은 사회분화의 전통을 가진 채 로마에 정복당했던 산채 수장사회 등 수장사회 규모의 단위이다. ('영주lord'로서) 지방 수장들은 성에서 생활하면서, 농노들에 의해 경작되는 농업 자산에 대한 소유권 주장의 뒷배가 되는 전사들을 끌어들였다. 생계용 토지에 대한 접근의 반대급부로, 농노들은 영주를 뒷받침할 노동력을 제공했다.

(프랑스 국왕이자 신성로마제국의 초대 황제였던) 샤를마뉴 대제Charlemagne로 대변되듯, 대수장은 종종 지방 영주들을 제압하고 그들로부터 정복 전쟁을 위한 지원을 끌어낼 수 있었다. 그러한 '국가'의 고고학적 징후를 언뜻 보더라도, 그들이 실제 얼마나 최소한으로 제도화되었는지가 드러난다. 독일 서부의 아헨Aachen에 있는 샤를마뉴 대제의 수도를 방문하면, 실제로 (회당 건물과 아름다운 [그러나 자그마한] 기독교 묘당으로) 그 기세가 얼마나 약한지에 놀랄 수도 있다. 기념물 축조에 구현된 노동력 통제는 제한적이었다. 선사시대 수장사회와 비교해보면, 샤를마뉴 대제의 나라와 제국은 사정이 취약했다고 하겠다.

시장, 무역, 도시화 등에 기반하여 확장되고 있던 정치경제로, 중세 후기의 왕들은 비교적 구심성 있는 제도적 권력을 확립했다. 그러나 영주의 성은 여전히 중앙집권화된 권력에 맞서고 있었다. 프랑스 왕들은 흔히 교외의 영주들을 두려워한 나머지, 거처를 파리 밖으로 옮겨야 하는 위협을 느꼈다. 독립적인 영지를 가지고 있던 그 수장과 같은 주체는 계속해서 봉건제의 토대였고, 왕들은 충성을 조장하거나 강제해야만 했다.

실패한 국가인가, 성공한 수장사회인가?

데를루기안Georgi Derlugian과 얼은 현대사회에서 수장과 같은 주체가 어떻게 국가와의 협업 또는 갈등 속에서 실질적인 권력을 쟁취하는지에 주목하고 있다. 이 필자들이 현대 국가의 신화로 부르면서 시사하듯, 영역의 통제, 무력의 독점, 효과적인 사법 및 관료제도 등 국가의 속성은 대체로 배타적이다. 이러한 기준을 적용하면, 모든 국가는 어떤 측면에서는 실패하고 있다. 국가 통치의 이상화된 원리는 국가적 권위라는 실현되지 않은 꿈에 지나지 않을 듯하다. 오히려, 현대 국가는 언제나 공간과 활동에 대한 비균질적인 통치권을 가진 급조된 기구이다. 수장들은 자신의 이해에 따라 국가의 틈새 공간에서 성장한다. 그런 수장은 (재벌, 정치적 두목, 마약왕, 폭력배 두목 등) 여러 이름으로 통한다.

미국독립혁명은 영국의 군주제에 대항함으로써 '실패한' 국가를 만들어내고 말았다. 수장과 같이 행동하면서 무역상과 농장주들은 자신들을 부유하게 해줄 자유를 위해 싸우는 군대를 후원하였다. 군주제나 의회의 관리·규제로부터 자유로운 정치경제를 유지하기 위해 식민지개척자들은 (식민지 미국 땅에서 재부의 두 최대 원천인) 자유롭게 무역하고 노예를 소유할 권리를 지지하였다.

미국독립혁명은 느슨하게 조직된 제국 통치영역의 변두리에 있던 수장들의 반역으로 비칠 수도 있다. 미국의 이념은 자유시장과 「권리장전Bill of Rights」에 요약된 원칙들을 강조한다. 헌법의 입안자들은 국가 권력을 제한할 때의 장점을 보면서 지방 사안에 대한 개입을 제한함으로써, 정치가, 농민, 무역상 등이 국가의 규제 없이 활동할 수 있게 했다. 지난 200년 동안, 토지법은 공공의 이익을 위한 그런 자유를 유도하기에 알맞게 발달해 왔다. 미국은 개인적 이해를 지속하려는 수장과 같은 주체가 획득한 권력을 대변한다.

현대 국가에서 유순해진 수장들

현대 국가에서 수장은 그에 도전하거나 그를 전복하고 간혹 대체하는 무정부주의적 권력으로 처신한다. 안정적이고 제대로 작동할 현대 국가를 이루기 위해서는, 이전의 수장사회나 고대국가가 낮은 수준의 통합에서 했어야만 했던 것처럼 구성원들 간 이해와 권력의 균형을 맞추어야 한다. 현대 국가가 작동하기 위해서는 유순해진 수장들이 필요하다. 수장체가 법 구조를 오염시키는 상태에까지 이를 수도 있지만, (최근 대유행pandemic에 대한 대응에서 여실히 드러났듯) 내재한 수장들이 국가적 책무를 위탁받게 할 상태까지 추락하기도 한다. 국가체계 안에서 마피아 두목, 마약왕, 독점재벌, 지방의 정치 거물 등은 국가기관과의 타협을 통해 자신들의 정체성과 권력을 형성해간다.

국가에 예속된 수장의 목표는 최소한의 감독을 받으며 활동할 수 있는 자유를 창출하는 것이다. 국가의 목표는 억눌려왔던 행동으로 신속하게 회귀하는데 능숙한 수장의 도발적이며 창의적인 기풍을 길들이거나 때로는 유인하는 것이다. 현대 국가가 진정 효과적으로 되려면 두 가지가 필요한데, 첫째는 국가에 예속된 주체들이 자신의 이익을 좇아 작동하는 선천적 권력을 인지하는 것이고, 둘째는 수장들이 보편적인 사회적 공익을 위해 행동하도록 길들이는 강력한 통치법령을 유지하는 것이다.

현대 국가에서 기업이나 정부의 지도자들은 대체로 국가적 목표 밖에서 상당히 수장처럼 행동한다. 윈터스Jeffrey A. Winters가 묘사한 대로, 재벌은 엄청난 부를 축적하고, 그것을 써서 정부 관료를 매수하고, 선호하는 법안을 만들고, 자신들의 부와 권력을 지키기 위해 일단의 (현대의 전사인) 변호사를 고용한다. 대통령조차도 확립된 법을 회피하기 위하여 개인적인 충성을 활용하면서 대통령이라기보다는 수장처럼 행동한다. 이미 알아챘을 것이다.

국가 내의 여러 업무들을 국가가 직접 관리 또는 통제하기는 쉽지 않다. 그 역할은 국법 밖에서 통치할 수도 있는 수장과 같은 기업가들에게 주어진다. 국가 내 지역 및 국소 지점의 모둠을 관리하기는 거의 불가능함이 명백하다. 현대 국가에는 영역이 확장되는 밀집 도심, 주위의 시골 지역, 멀리 떨어진 지역 등이 포함되는데, 각각에서 국가는 그저 상징적일 뿐이거나 비균질적이다. (매수된 도심의 정부 관료, 미약하게 통제되는 지방통치자, 원거리의 관련 정보원 등) 각기 고유의 성격을 가진 현대의 수장은 국가의 그런 영역들에서 작동한다. 그런 수장들은 (자신들의 선사시대 조상들처럼) 기회주의적이고, 개인적이며, 비관료적인 권력을 갖는다. 비교론에 입각한 인류학적 고고학자는 그런 양상을 예상할 뿐만 아니라, 이해하기도 한다.

수장사회를 연구하는 고고학자들은 정치 주체에 대한 중대한 통찰을 제시한다. 우리에게는 다양한 정치구조의 장기적 영향을 보여주는 무한의 (지역 편년이라는) 가공되지 않은 실험 결과가 있다. 핵심 자원을 통제하는 수장처럼 활동하면서, 고고학자들은 그 활용법에 익숙해져야만 하는 비상한 데이터베이스를 보유하고 있다. 고고학자들은 사회과학이 사회적 변화의 역동성을 이해하는 데 있어 중요할 수밖에 없는 역사적 관점을 제공할 수 있다. 고고학자로서 우리는 학계 및 정책 논의, 양자 모두에서 인류학과 주요한 관련성을 갖는다.

더 읽어 보기

Derlugian, Georgi, and Timothy Earle. 2010. Strong Chieftaincies Out of Weak States, or Elemental Power Unbound. *Comparative Social Research* 27: 27-51. 역사사회학자인 데를루기안과 작업하면서, 얼은 현대 국가의 탄생에 책임이 있는 국가체계 아래의 수장과 같은 행위자의 동태적 특성에 주목한다. 이 논문은 실패한 개발도상국에 관한 학술대회 및 특집호에서 파생하였다.

Winters, Jeffrey A. 2011. *Oligarchy*. New York: Cambridge University Press. 윈터스는 많은 현대사회에서 특대의 역할을 가진 (엄청나게 부유한 개인으로서) 재벌을 이해하기 위해 인류학적 개념으로서 수장을 활용하고 있다. 그가 들고 있는 주요 사례 둘은 20세기 인도네시아와 미국이다.

과제: 수장사회 연구하기
PROJECT: Studying a Chiefdom

중간수준 사회(곧, 수장사회)의 정치경제와 사회구성체에 관련된 입수가능한 증거를 분석하게 되었다고 하자. 여러 고고사례 중 담당교수가 고른 하나를 기술·이해하는 것이 목표이다. 수장사회에 연관된 일련의 변수를 고찰하는 과제가 주어질 것이다. 수장적 양식을 창출하는 무수한 방식에서 그런 조합과 관련하여, 모든 변수가 나타나거나 어떤 경우에는 하나가 극히 중요하다고 예측하지는 말자. 여기서 수행할 체계적인 서술의 목적은 특정 수장적 구성체를 생성할 정치경제 양식을 제시하는 것이다. 이런 분석에는 4~7장에 다룬 다양한 생산양식 간 비교가 요구된다.

적절한 변수 측정의 방법과 관련하여 3장을 참조하자. 가장 중요하게 고려해야 할 것들은 아래와 같다.

- 광역적 취락위계
- 기념물 건축
- 매장 등의 맥락에서 재부성 물품의 성격 및 분포
- 방어시설과 무기의 성격 및 분포

이 변수들을 고려하는 가운데, (노동, 위신재, 무기 등) 경제의 주요 '매개 currency'가 특수하게 혼합되었음을 인지하게 될 것이다. 경제란 이들 요소의 흐름이라는 점을 이해하고, 그 체제 내에서 사정에 따라 이들 요소가 구심적으로 유도되게 할 잠재적 병목이 무엇인지를 제시하는 것이 중요하다.

여기서 여러분은 (가족[가문], 국소 공동체, 지역정치체 등) 다양한 사회적 수준의 경제조직 통제에 있어 발생할 난제에 대해 고려하고자 할 것이다.

여러분은 경제 흐름과 그 내의 병목을 고찰하면서, 어떻게 정치경제가 기본적 권력 원천을 통제할 수 있게 했는지(반대로 그렇게 할 수 없게 되었는지)를 기술하고자 할 것이다. 그런 권력이란 경제(토지, 노동력, 자본 등), 전사적 무력, 종교이념이다. 어떤 수장은 그 잠재적 원천들을 혼합·연결하는 특별한 전략을 창안함으로써 구심적 권력을 극대화하고자 한다.

(종교적 기념물, 방어시설, 경제적 시설 등으로 이루어진) 토목경관에 투여된 노동력, 소유권을 진전시키는 수단, 구별을 위한 물품의 생산·배분·소비 등을 대비하는 것이 매우 중요하다. 연구 대상이 된 특정 사례가 어떻게 앞서 제시된 4가지 생산양식과 연결되는지를 이해해보는 것이 목적이다. 그들 (생산)양식은 사회정치적 형식이 아니라, 연구 대상 사회의 역사적 독창성을 창출하는 통제와 저항의 과정을 반영한다는 점을 기억하자.

참고문헌

Bernardini, Wesley. 2004. Hopewell Geometric Earthworks: A Case Study in the Referential and Experiential Meaning of Monuments. *Journal of Anthropological Archaeology* 23: 331-356.

Blanton, Richard E., and Lane F. Fargher. 2008. *Collective Action in the Formation of Pre-Modern States*. New York: Springer.

Brink, Stefan. 2008. Slavery in the Viking Age. In *The Viking World*, edited by Stefan Brink and Neil Price, pp.49-56. London: Routledge.

Dalberg-Acton, John. 1895. *A Lecture on the Study of History*. London: Macmillan.

Engels, Friedrich. 1883. Speech at the Grave of Karl Marx, March 22. *MIA Encyclopedia of Marxism*. (online)

Falconer, Steven E., and Stephen H. Savage. 2009. The Bronze Age Political Landscape of the Southern Levant. In *Polities and Power: Archaeological Perspectives on the Landscapes of Early States*, edited by Steven E. Falconer and Charles L. Redman, pp.125-151. Tucson: University of

Arizona Press.

Firth, Raymond. 1936. *We the Tikopia: A Sociological Study of Kinship in Primitive Polynesia*. London: George Allen & Unwin.

Hastorf, Christine A., and Timothy Earle. 1985. Intensive Agriculture and the Geography of Political Change in the Upper Mantaro Region, Peru. In *Prehistoric Intensive Agriculture in the Tropics*, edited by I. S. Farrington, pp.569–595. BAR International Series No. 232. Oxford, UK: Archaeopress.

Junker, Laura Lee. 1999. *Raiding, Trading, and Feasting: The Political Economy of Philippine Chiefdoms.* Honolulu: University of Hawaii Press.

Lowie, Robert H. 1920. *Primitive Society.* New York: Boni & Liveright.

Mintz, Sidney. 2014. And the Rest Is History: A Conversation with Sidney Mintz by Jonathan Thomas. *American Anthropologist* 116: 497–510.

Price, Neil. 2016. Pirates of the North Sea? The Viking Ship as a Political Space. In *Comparative Perspectives on Past Colonisation: Maritime Interaction and Cultural Integration,* edited by Lene Melheim, Hakon Glørstad, and Zanette Tsigaridas Glørstad, pp.149–176. Sheffield, UK: Equinox.

Steward, Julian H. 1955. *Theory of Culture Change: The Methodology of Multilinear Evolution.* Urbana: University of Illinois Press.

Trigger, Bruce. 1990. Monumental Architecture: A Thermodynamic Explanation of Symbolic Behaviour. *World Archaeology* 22: 119-132.

찾아보기

ㄱ

가문 30, 36, 37, 91, 152-154, 163, 176, 188, 194, 210
　～사회 93, 94, 130, 156, 158, 185, 186, 188, 209, 210
강도남작 89
경관 29, 89, 91, 107, 110, 117, 120, 126, 136, 156, 162, 174, 180, 183, 196, 217, 218, 221
　거석～ 109
　구축된 ～ 29, 99, 109, 110, 120, 123, 129, 179
　기념물 ～ 99, 109, 110, 113, 123
　토목～ 29, 161-163, 166, 177, 183, 196, 216, 219, 228
경작지자본 29, 35, 37, 142, 159, 163, 216
경제구성체 66, 92, 96
경제양식 91, 97, 100, 104, 109, 123, 187, 188, 196, 216
경제적 불평등 37, 82, 84
고갱 31
『고대사회』 56
과정주의 67, 68, 71, 72, 74, 163
　～고고학 70-74, 77, 79, 184
　～고고학 확장판 73, 75, 77
구조기능주의 62, 63, 73, 213
권력 전략 7, 22-24, 46, 88, 91, 98, 167, 174, 216
권위부재 22, 41, 46, 93, 94, 101, 108, 158, 186
　～이론 93, 96, 222
　～적 41, 157
그레이브스 184
그리어 93
기념물 축조 86, 103, 108, 110, 111, 119, 122, 123, 125, 127, 128, 132, 186, 217, 218, 223
길먼 11, 48, 72, 186, 211
깁슨 46
깊은 역사 115

ㄴ

나이젤 72, 75
『남미 원주민 편람』 42
내원집단 137, 148-154
누어(남수단) 35, 36, 193

ㄷ

다선진화 65
다윈 51-55, 57, 65, 78
『달콤함과 권력』 104
달트로이 11, 89, 136, 140, 149, 154, 158
대수장 38, 39, 171-174, 177, 180, 181, 208, 216

223
대인 23
더넬 59
데를루기안 223, 226
데이비스 126
도덕경제 95, 96, 100, 171
도시국가 164, 166, 180, 181, 183, 184, 186, 187, 219
동인 68, 71, 182
동일과정반복 53
되셰리그(스웨덴) 115-117, 121, 122
뒤르켕 62
드레넌 47, 72, 83
드마라이스 11, 147, 158
떠남 88, 109

ㄹ

라이엘 52
라이트 70
라파포트 10
래드클리프-브라운 62, 63
래드포그드 184
러셀 144
레드먼드 157
레비 87, 94, 103
레비스트로스 94
렌프류 10, 69, 91, 104, 127
로렌츠곡선 84, 85, 103
로위 60
롤랜즈 41, 50, 90
리치 40, 41, 50
린네 52, 53, 60
링 187, 192, 194, 200-202, 212

ㅁ

마르크스 52, 56-58, 64, 78, 162, 211
  ~주의 64, 71, 79, 93, 94, 96, 98, 101,

103, 104, 109, 182, 186
마르키즈(프랑스령 마르키즈 제도) 28, 31-33, 49, 176, 183
마이어 51, 78
만 89, 104, 179
만타로(페루) 11, 137, 138, 144, 145
『만타로강 상류역 고고조사사업』 137, 144, 158
말리노프스키 50, 62, 63, 208, 213
매킨토시, R.J. 35
매킨토시, S.K. 35
『메소아메리카의 초기 마을』 70
멜빌 31
모건 56, 78
묄러 193
문화유형 56
문화적 일괄 60
문화전통 61
문화접변 60
문화특질 60, 61, 68
문화핵심 64, 69
미드 59
미시시피(미국) 123, 124, 128, 129
민족지 유추 81
민족지적 현재 26
민츠 74, 97, 104

ㅂ

베네딕트 59
베르나르디니 126, 131
벡 128, 130
벤타(헝가리) 11
보아즈 59-64
보이드 59
볼렌더 188, 211
분절 35, 38, 41, 72, 73, 84, 93, 185, 193
  ~사회 24, 35, 37, 38, 40, 41, 48, 49, 91, 150

~적 36-39, 93, 103, 139, 152, 156, 162, 188, 191, 193, 206, 209, 210
브라운 111, 130
브럼피엘 11, 72, 75
브링크 204
블랜튼 72, 95, 104
「비루분지의 취락분포유형」 68
비트포겔 64, 163, 178
빈포드 68, 69

ㅅ

사룹(덴마크) 117-119, 122, 130
사스트레 프라츠 158, 159
사회구성체 49, 57, 63, 66, 70, 72, 75, 97, 98, 184, 187, 221
사회적 행위자 73
사회진화 7, 46, 52, 56, 57, 67, 68, 70, 72-74, 76, 100-104, 167, 175, 215
   ~론 55, 56, 67, 76
사회형식 23, 66, 215
   ~론 70, 77
살린스 22, 23, 67-69, 78, 162, 167, 170
새비지 164, 183
샌더퍼 158
생산양식 56, 57, 64, 98, 99, 103, 175, 186, 216, 221, 228
   가내 ~ 78, 152, 170
   게르만적 ~ 186, 194, 211
   공납적 ~ 96, 97
   아시아적 ~ 99, 100, 161, 162, 164, 167, 170, 174, 179, 181, 219
   약탈적 ~ 100, 185-187, 206, 219
   영속적 ~ 99, 109, 133, 134, 156, 157, 166, 172, 174, 176, 218
   의례적 ~ 98, 99, 107, 108, 110, 111, 123, 127, 129, 166, 174, 180, 217
   자본주의 ~ 97
   해양성 ~ 187, 188, 192, 202, 205, 212

「생태계 깨고 들어가기」 75
샤를마뉴 대제 223
샤플스 158
샨(미얀마) 40, 41
서비스 66, 68, 69, 71, 72, 77, 163
『석기시대 경제학』 67
세계경제 31, 100, 158, 181, 186
세계체계 36, 182, 187, 204, 206-208, 210, 217, 219, 220
수리이론 163
수장사회 7, 8, 11, 21-50, 62, 66, 69, 72, 81, 83-87, 97, 138, 139, 148, 152, 155, 164, 171-174, 186, 208, 215, 216, 220, 221, 223
   개인주의적 ~ 91, 104
   단순~ 24, 122
   복합~ 50, 103, 141, 164, 172, 181, 183
   산채 ~ 133-138, 146, 158, 218, 222
   신정 ~ 99, 107, 129
   집단지향적 ~ 91, 104, 110, 123, 217
   초복합~ 38, 85, 90, 103
   해양성 ~ 42, 187, 204, 206, 207, 209
수장연맹 25, 46, 91, 187, 191, 195, 201, 203-205, 209, 220
수장연맹국가 35, 129, 167, 172, 174, 177, 181
『수장들은 어떻게 권력을 장악하는가』 88
수장체 23-25, 44, 90-92, 185-187, 211, 224
슈나이더 37
스미스 87, 105
스와찌(남아프리카공화국) 38, 39, 50
스위트 213
스콧 96, 105
스퀴어 126
스타인 164
스타인버그 11
스태니쉬 108, 120, 129, 132
스튜어드 64-69, 71, 79, 97, 102, 104

스펜서, C.S. 157
스펜서, H. 52, 55-58
신고고학 69-71, 74-77
실체주의 경제 62, 67, 78

ㅇ

아가시 53
아담스, R.L. 110, 130
아담스, R.M. 164, 182
아르투르손 111, 116, 130
알름호브(스웨덴) 114, 115, 120
액턴 8
앨런 157
앨런(소령) 136
얼 72, 88, 89, 104, 111, 130, 136, 143, 158, 163, 164, 182, 187, 192, 194, 202, 212, 223, 226
에반스-프리차드 35, 62
엔젤벡 93, 158
엥겔스 56, 57, 186
영속집단 99, 107, 133, 156, 163
옐렌 12
오베르그 42
오웬 158
〈와하카분지 고고조사사업〉 70, 77
완카 83, 85, 87, 134, 136-140, 144-147, 151-153, 155-159
요피 46, 164, 184
우르 166
울프 65, 68, 69, 71, 74, 79, 97
움파말까(페루) 141, 144-147, 150-152, 155
원초국가 164
웨버 168-170
위신 23, 32, 37, 40, 120, 131, 132, 139, 157
위신재 32, 50, 67, 90, 127, 154, 155, 185, 186, 207, 211
　　~경제 47, 185, 220, 223
　　~교역 41, 90, 100, 113

윈터스 225, 226
윌리 68
윌슨 74
융커 49, 206
의례경제 107, 108
『인간 협동의 진화』 107
〈인간관계지역자료〉 48, 78, 95, 101
인류학적 고고학 7, 67, 76, 78, 98, 215, 225
인종 53, 54, 57-59, 73
　　~주의 52, 54, 55, 58, 75

ㅈ

작인 70, 71, 74, 92-96, 100, 101, 103, 221, 222
재부형 재정 47, 89, 90, 95, 100
재분배 8, 63, 66, 67, 69, 72, 146
적응주의이론 72
전쟁 29, 33, 35, 36, 38, 40, 41, 43, 46, 68, 72, 86, 87, 90, 99, 102, 108, 111, 128, 133-140, 150, 154, 157, 167, 172-174, 180, 183, 204, 218, 221, 223
정치구성체 21, 96, 103, 195
정치생태학 10
『제국과 가내경제』 154
존슨, A.W. 11
존슨, G.A. 72
『종의 기원』 51
중간수준 21, 26, 45, 66, 72, 79, 82, 92, 110
중범위 사회 215
중심지 44, 68, 69, 82, 83, 86, 108, 115, 117, 121, 124-126, 129-131, 134, 135, 140, 141, 144, 145, 156, 165, 191, 196, 219
지니계수 84, 85
지프의 법칙 82, 83, 141
진화 46, 51-78, 81, 101, 102, 167, 174, 179, 182, 184, 222
집단행동이론 93, 94, 96, 222

ㅊ

차일드 67, 71, 181
챠윈(페루) 141, 143-145, 147, 151
취락분포유형 65, 68, 78, 174
취락위계 68, 70, 81, 83, 86, 135, 137-141, 151, 156, 174, 218-220

ㅋ

카네이로 10, 46, 90, 134
카스티요 11
카친(미얀마) 40, 41, 43
커치 11, 48, 167, 168, 172, 176, 183, 184
코스틴 144, 153, 158
쿠라스 158
쿠퍼 50
쿡 선장 169
크라딘 28, 90, 103, 209
크로버 59
크리스티안센, I.K. 189
크리스티안센, K. 48, 192, 194, 202, 212
키더 124, 131
킬리 111, 131

ㅌ

타눔(스웨덴) 192, 194, 195, 198-201, 203, 212
텔 아바다(이라크) 165, 166
토루 82, 112, 123-126, 128, 129, 152, 165, 166
통솔자 7, 23, 88, 107, 127, 128, 132, 156, 220
통치의 약탈이론 87
투난마르까(페루) 139-155, 157, 218
투루(탄자니아) 37, 38
트리거 109
티(덴마크) 11, 86, 192, 194, 195, 197-199, 201-203

〈티 고고조사사업〉 193, 196, 204, 210
티코피아(영연방 솔로몬제도) 26, 28, 30, 32, 175, 183

ㅍ

파거(-나바로) 95
파나마 42, 43, 45, 49, 90, 127, 186
파슨스 70, 137
파인만 11, 12, 48, 72, 75
팔코너 164
퍼스 30, 31, 62, 176
페일 74
편향적 전달 51
평등의 선 84, 85
평화로운 야인의 신화 131
폴라니 62, 66, 72
프라이스 191, 213
프리드 65, 66, 69, 71, 77, 163, 187
프리드먼 41, 50, 90
플래너리 70

ㅎ

하스토프 11, 136, 143, 154, 158
하우저 27, 28, 83, 85, 118, 166
해리스 61
해맬레이넨 209
해사구역 190, 191, 201, 205
핸디, E.S.C. 32, 183
핸디, W.C. 32
핸슨 151
헤르스코비츠 59
헤이든 40, 110
헬름스 42-44, 127
현물형 재정 89, 95, 100, 110, 119, 136, 161, 163, 164
호더 59, 74, 77
호프웰(미국) 123-127, 131

혼계 93
화이트 59, 64, 68
(지기)학대자 47
후기과정주의 74, 77
　　　~자 74
횟시 126
힐데브란트 131
힐리에르 151

옮긴이의 말

이 책은 얼 Timothy K. Earle의 『A Primer on Chiefs and Chiefdoms』(2021, Eliot Werner)를 옮긴 것이다. 곧이곧대로 하자면, "수장과 수장사회 연구 입문" 정도로 번역될 수 있겠다. 약간 변형하였지만, 일종의 입문서라는 점은 분명히 했다.

왜 입문서인가?

"말이 길어지면, 거짓말이거나 잘 모르는 얘기다." 이 과도한 단순화에 '그닥' 찬동하지는 않지만, 늘 부담이 느껴진다. 복합화 또는 계층화의 문제를 다룰 때, 특히 학부생들에게 설명할 때, 그렇다. 배경으로 설명할 사항이 꼬리에 꼬리를 물고 나오는 탓에, 본류로 들어가기 힘들다. 말이 많아지다 보니, 숨이 가쁘고 피로감이 든다. "내가 이런데, 듣는 학생들은 오죽할까?", "이 친구들이 뭘 좀 알고 있으면, 훨씬 더 말하기 편할 텐데…." 하는 생각이 자주 든다.

무엇무엇을 읽어 보라 하면서도 개운치 않다. 목록이 너무 길거나 개개가 너무 어렵다. 한글로 된 책도 읽지 않을 마당에, 영어라니…. 물론, ("제대로 못 가르치니 그렇지."라고) 자책도 하지만, 이내 "널리 포괄하면서도 분량이 적고 쉬운 책이 있으면 좋을 텐데…." 하는 생각이 든다.

두어 해 전 우연히 이 책(원전)을 발견했을 때, 반갑기도 하고 좀 위로도 되었다. 이 번역은 지극히 실전의 교육을 위한 목적에서 비롯되었다. 물론, 학부생이 아니더라도 초기복합화에 대한 고고학의 논의를 빠르게 이해하고 넘어가려는 독자에게는 유익할 듯하다.

왜 얼의 책인가?

　이 책 원전의 지은이, 얼은 수장사회 연구에서 둘째가라면 서러워할 학자다. 우리 연구자들도 웬만하면, 이 양반의 논문 한번은 읽었을 것이다. 논문은 읽지 않았더라도, 그의 이름이나 책 제목 정도는 알고 있을 것이다. 그렇다. 그는 인류의 초기 복합화 과정에 관한 (미국) 인류학적 고고학의 주류를 선도·대변해왔다. 『선사시대 교역체계Exchange Systems in Prehistory』(에릭슨Jonathon E. Ericson과의 공동편서, 1977), 『인간사회의 진화The Evolution of Human Societies』(A.W. 존슨과의 공동편서, 1987), 『전문화, 교역 그리고 복합사회Specialization, Exchange and Complex Societies』(브럼피엘과의 공동편서, 1987), 『수장사회Chiefdom』(단독편서, 1991), 『수장들은 어떻게 권력을 장악하는가』(단독저서, 1997), 『청동기시대 경제학Bronze Age Economics』(단독저서, 2002), 『청동기시대 사회 조직하기Organizing Bronze Age Societies』(K. 크리스티안센과의 공동편서, 2010) 등 저·편서는 그 반영이라 하겠다.

　그런 학문적 위상이 있기는 하지만, 옮긴이가 보기에 그는 심오한 이론의 논리적 근원을 다루는 연구자는 아닌 듯하다. 다만, 실제 사례를 잘 요약하고, '비교'하면서 끊임없이 이론과의 접목 또는 이론화―모형화라는 부르는 것이 더 타당할 듯하다―를 추구하는 학자다. 논의의 과정이 심하게 복잡하지도 결론이 모호하지도 않다. 그래서 그의 글은 재미있다―적어도 옮긴이는 그렇게 느낀다.

　그런 선명함을 느끼는 데에는 그가 꾸준히 시도해왔던 범주화나 양식화, 특히 경제 양식화가 자리하고 있지 않을까 한다. 이 책에서 얼은 '생산양식' 개념을 범주화의 도구로 삼고 있다. 뒤에 몇몇 학자들이 정교화하기는 하지만, 이 개념이 마르크스의 사적유물론에서 유래한다는 점은 널리 알려진 바이다. 그렇다고 얼이 전형적인 마르크스주의 고고학자Marxist archaeologist로 분류되지는 않는다. 다만, 그가 전문학자로서 학문적 이력을 만들어갈 무렵부터 이른바 '관리자적 managerial 통솔권'보다 '착취적 exploitative 통솔권'을 전제했다는 점에서 베버 Max Weber 보다는 마르크스류의 전통에 맥이 닿는 생각을 가졌음을 알 수 있다.

생산양식 개념의 적극적 활용은 오랜 기간 그가 주목해온 수장의 3가지 권력 원천―경제, 전사적 무력, 이념. 이에 대해서는 김경택 교수의 번역서, 『족장사회의 정치권력』(2008)을 참조하면 좀 더 자세한 지식을 얻을 수 있을 듯하다―의 연장선에서 이해할 필요가 있어 보인다. 그에게 '수장'은 그런 세 원천을, 사정에 따라 선택 혹은 혼합하여 쓰는 기회주의적 존재이다. 그 선택 또는 혼합양상과 고고학적 발현을 4가지 정도로 분류하여 포괄적인 개념인 4가지 생산양식―의례적, 영속적, 아시아적, 약탈적―으로 범주화하고 있다. 범주화는 단지 과정의 일부일 뿐, 얼은 '생산양식'을 사회정치적 형식으로 보지는 않는다. 오히려 연구 대상 사회의 역사적 독창성을 창출하는 통제와 저항의 과정으로서 이해·활용하고 있다.

세 가지 원천을 얘기하지만, 얼이 가장 주목하는 바는 경제이다. 경제적 수단이나 경로의 장악·통제야말로 영구적인 지배를 가능하게 하는 토대라는 점은 수장사회 연구에서 주류적인 입장이다. "바보야, 문제는 경제야!", "인간이 빵만으로는 살 수 없지만, 빵 없이는 어째도 살 수 없다." 등의 경구가 고고학 저작들에서도 종종 등장하는 점은 그런 사정을 알 수 있게 해준다.

어떻게, 이 책을 활용하면 좋을까?

입문서인 만큼, 포괄적인 내용의 신속한 파악이 중요하다. 그렇다 보니, 가독성을 높이는 조치가 절실할 수밖에 없다. 우선, 원문 병기를 최소화해야 하겠다고 생각했다―읽는 중 병기된 원문단어에 시선을 빼앗기면 속도가 떨어지게 되고 내용 파악에 사소하나마 지장을 초래하게 된다. 이것이 옮긴이만의 경험은 아니리라. 그래서 원전에는 없는 **찾아보기**를 만들어 넣었다. 이는 병기가 필요해 보이는 단어의 맨 처음 등장에만 병기하고 다른 곳에서는 생략함으로써 가독성에 방해될 요소를 줄여보고자 했다.

다음으로, 인명이나 지명을 외국어 표기법에 따라 최대한 음역하고, 일부는 적극적으로 의역하였다. 동의하지 않거나 잘못을 지적하는 독자들도 있을 것이다. 겸허히 받아들이겠지만, 다음 같은 사정이 있을 수 있다는 점도 생각해주면 좋겠다. 일부 번역서에서 발견할 수 있듯, 고유명사를 번역·음역하지 않으면 가독성이 떨어진다―이건 출판 전문가들의 조언이다. 비슷하지만 다소 다른 상황도 있다. 얼마 전 다른 글에서 어떤 기관의 이름을 번역할 일이 있었는데, 직역하면 어색해서 유학 중인 제자에게 미국 사람들은 뭘 염두에 두고 이름을 그렇게 지었는지 알아봐달라는 취지로 메시지를 보냈다. 그 친구의 답은 (보통명사로 이루어졌지만 합치면) 고유명사이니, 단순 음역하라는 것이었다. 그렇게 하면, '부담'은 벗어버릴 수 있을지 모르겠으나 그 나라 상황에 익숙하지 않은 대부분의 독자가 그 기관의 성격이 무엇인지를 이해하기 어렵게 된다. 그렇게 되면 문맥을 잃어버릴 수도 있다. 옮긴이에게는 그런 상황의 초래가 다소 무책임해 보였다. 그래서 '위험'을 무릅쓰고 나름대로 옮겨 보았다. 인명이나 지명의 음역은 Google 등 검색엔진, 이미 그 용어를 번역한 저작들, 가끔은 Youtube의 동영상을 참조해 가며 이루어졌다.

각 장의 끝에는 **더 읽어 보기**가 있다. 주요 저작에 대한 간단한 해설이 있어 '입문' 단계를 넘어서 심도 있는 지식을 전달하고 있다. 사실, 전문학자 중에도 복합화나 계층화를 언급하면서 (옮긴이 세대가 학부생 때 읽었던 운동권 서적류의) 다소 받아들이기 힘든 저작을 인용하는 경우가 종종 눈에 띈다. **더 읽어 보기**는 특정 주제에 관한 계통 읽기의 좋은 길잡이가 되어줄 듯하다. 다른 한편으로 여기에 제시된 저작은 본문의 인용된 것들이어서 자체가 참고문헌 역할도 하고 있다고 하겠다. 본문에서 거론되었으되, **더 읽어 보기**에 없는 저작은 책의 끝부분에 있는 **참고문헌**에 기재되어 있다.

무어라 감사를 드려야 할까?

이 책은 전라문화유산연구원의 세 번째 총서다. 먼저, 책의 번역과 출판을 지원해 주신 심갑용 이사장과 김미란 원장을 비롯한 전라문화유산연구원 관계자들께 감사드린다.

진인진에도 인사를 아니 드릴 수 없다. 몇 차례 편·역서 작업을 했다. 잘 팔리는 책도 아닌데, 언제나 흔쾌히 받아준다. (넉넉한 동네 형 같은) 김태진 사장, (공식적으로는 다른 기관을 운영하지만 사실상 나와 진인진의 연결고리인) 김지인 대표, (까탈스러운 요구에도 싫은 내색 한번 하지 않는) 배원일 팀장 등께 감사드린다.

"공부하는 셈 치고…"로 시작하지만, 부탁받는 당사자에게 교정과 교열은 수고로운 작업이 아닐 수 없다. (속마음이 짐작 가지 않는 바는 아니지만) 싫은 내색 없이 도와준 박주영, 박성현, 이은채, 지현준, 김수연 등 제군께 감사한다. 허울은 지도 교수와 지도 학생이지만 실상 이들은 내 끈끈한 동지다.

마지막 감사는 가족에게 돌려야겠다. 자신의 시댁과 친정, 아들, 여타 주변 사람 등에게는 한없이 너그럽고 상냥하지만, 나에게는 무뚝뚝하고 엄한 아내에게 감사한다. 아들 같은 남편을 건사하다 보니, 그렇게 변해버린 듯하다. 일요일 저녁, 기숙사로 향하는 아들의 뒷모습을 보면서 나태하지 말아야겠다는 각오를 다진다. 나의 가장 오랜 후원자이신 어머니께는 말로써는 다하지 못할 감사를 드린다. 조그마한 일이라도 끝내고 좀 허탈해질 때면, 돌아가신 아버지가 그렇게 보고 싶다.

N16-1동 152호에서
김범철

首長, 首長社會
복합사회 고고학 입문

초판 1쇄 발행 | 2024년 11월 1일

지은이 | 티모시 K. 얼
옮긴이 | 김범철
발행인 | 김태진
발행처 | 진인진
등 록 | 제25100-2005-000003호
본문편집 | 배원일, 김민경
주 소 | 경기도 과천시 관문로 92, 101-1818
전 화 | 02-507-3077~8
팩 스 | 02-507-3079
홈페이지 | http://www.zininzin.co.kr
이메일 | pub@zininzin.co.kr

ⓒ 김범철 2024
ISBN 978-89-6347-613-1 93900

* 이 책 내용의 전부 또는 일부를 다시 사용하려면 반드시 자료 제공 협조기관과 출판사 모두의 동의를 얻어야 합니다.
* 책값은 표지 뒷면에 있습니다.